U0944149

刘诗白从教65周年

纪念文集

西南财经大学经济学院编

Liu shibai Congjiao 65 Zhounian
Jinian wenji

Southwestern University of Finance & Economics Press
西南财经大学出版社

图书在版编目(CIP)数据

刘诗白从教65周年纪念文集/西南财经大学经济学院编.—成都:西南财经大学出版社,2011.11
ISBN 978-7-5504-0455-7

Ⅰ.①刘… Ⅱ.①西… Ⅲ.①刘诗白—纪念文集 Ⅳ.①K825.31-53

中国版本图书馆CIP数据核字(2011)第204001号

刘诗白从教65周年纪念文集

西南财经大学经济学院 编

责任编辑:方英仁
装帧设计:穆志坚
责任印制:封俊川

出版发行	西南财经大学出版社(四川省成都市光华村街55号)
网　　址	http://www.bookcj.com
电子邮件	bookcj@foxmail.com
邮政编码	610074
电　　话	028-87353785　87352368
印　　刷	郫县犀浦印刷厂
成品尺寸	160mm×240mm
印　　张	27
字　　数	290千字
版　　次	2011年11月第1版
印　　次	2011年11月第1次印刷
书　　号	ISBN 978-7-5504-0455-7
定　　价	78.00元

前言

今年是刘诗白教授执教65周年，又恰逢先生86华诞，我们特别编辑出版了这部《刘诗白从教65周年纪念文集》以示荣庆。

在半个多世纪的经济学教学和研究生涯里，刘诗白教授孜孜以求、终身以经济学治学为乐。他著述等身，对我国政治经济学的学科建设、教学和研究做出了很大的贡献，学界对此自有公论；他育人无数，教泽遍被大江南北的弟子；他情怀如诗，让人心向往之。

对刘诗白教授执教生涯及学术道路的追寻，可以追溯到他的求学时代。1942年，刘诗白教授考入武汉大学经济系。当年，他一边大量啃读马克思主义著作和西方经济学原著，一边积极投身于各种进步组织的活动，结识了著名经济学家彭迪先等一大批进步教授和学生。

1946年，刘诗白教授从武汉大学毕业，应彭迪先教授之邀，来到四川大学经济系从事经济理论研究，开始全身心投入到学术的海洋。1951年，全国高校进行院系调整，他由四川大学调到成华大学（1952 年改组为四川财经学院，1985 年更名为西南财经大学）主讲政治经济学、外国经济史、当代资产阶级经济学说等课程。在此期间，他主要的研究方向是当代资本主义经济问题。自 1958 年开始，刘诗白教授将研究的主要精力放到了社会主义经济理论及其现实问题上，并开始崭露头角、活跃于当时的经济学学术论坛上，引起了国内外理论界的关注。1964 年他被邀请参加了全国哲学社会科学学部扩大会议，成为与会经济学家中最年轻的代表，并得以与著名经济学家孙冶方、王亚南等前辈同组讨论。

1977 年，刘诗白教授被借调到中国社会科学院经济研究所，参加了许涤新主编的我国第一部《政治经济学辞典》的编审工作，此后还参加了《中国大百科全书》经济学卷、《〈资本论〉辞典》等的编写工作。

1980 年，刘诗白教授走上领导岗位，担任了四川财经学院副院长。与此同时，他行政与教研双肩挑，两者都不偏废，并于 1982 年开始招收自己的第一届政治经济学硕士生。1985 年开始招收自己的第一届博士生，同年财经学院改为西南财经大学，刘诗白教授担任校长。1988 年他被选为全国人大代表，1993 年担任全国政协常委、四川省政协副主席、民盟四川省委常务副主委。1997 年后，他从行政领导岗位上退了下来，但他的科研并未从此终止，作为终身教授，刘诗白教授目前仍担任着西南财经大学名誉校长、教授、博士生导师，四川省社会科学联合会主席，《经济学家》杂志主编，全国高等财经院校社会主义政治经济学、《资本论》研究会会长，学术团体“新知研究院”院长等职。并坚持亲自指导政治经济学、国民经济学和国防经济学（与南京陆军军官指挥学院联合培养）博士研究生。

刘诗白教授对我国马克思主义政治经济学理论、社会主义市场经济理论和四川省经济改革发展的影响和贡献是不言而喻的。他的产权理论独树一帜，被称为中国三大产权流派代表人物之一；他的现代财富论也被称为“现代国富论”……2009年，他入选了“影响新中国60年经济建设的100位经济学家”、“建国60周年四川省杰出贡献经济学家”，还荣膺“影响四川·改革开放30周年”最具标示性十大“风云人物”称号。

刘诗白教授的许多代表性论著，已有专文加以评述，在此不再一一赘述。由于在向他的众弟子发出征稿信以前，得知诗白教授希望以学术思想研讨为重，所以本书的第一部分收录了历年对诗白教授的著作作了精到评介的书评，第二部分是出自诗白教授弟子及在读博士生之手的一批新作，此外第三部分还收录了一些从不同层面、不同视角对诗白教授为学为人做解读的访谈录，以期读者能从中对诗白教授的学术经历及其学术贡献体会个中三味。

本文集基本上按出版时间的先后顺序编排论文，特此说明。对所有论文被收录的作者，编者无任铭感，专此道谢！

谨以本论文集表达我们对刘诗白教授的敬重和爱戴。

编写组

2011年9月

目录

三、访谈部分

一、书评及学术思想述语部分

《现代财富论》评介

张卓元

1776 年，英国经济学家亚当·斯密发表了影响深远的《国民财富的性质和原因的研究》，探讨了工场手工业时代的财富形态和财富生产，认为物质财富是财富的基本形式，劳动是财富的源泉，分工和交易，即市场经济可以极大地增加社会财富。200 多年以后的今天，当代人类社会的一个显著特点是以科学技术的迅猛发展为特征的一系列深刻的变化；与此同时，财富的形式、结构、形成也发生了与之相应的变化。当代经济学家必须回答当代财富的特征、性质和源泉。由三联书店年初出版的著名经济学家、西南财经大学名誉校长刘诗白教授的学术专著《现代财富论》就是对上述问题的深刻而生动的回答。

刘诗白教授在《现代财富论》里首先要回答的是什么是现代财富。财富结构的多样性是作者提出的重要命题。财富的结构是由生产力、社会生产的状况和产业结构决定的。当代世界正处在一个生产全面发展的时代。首先，物质生产在高技术基础上迅猛发展；其次，在国民总产值的比重已成为最大产业的服务业由于信息技术的引进，发展势头甚猛；其三，高技术经济固有的科技创新机制促进了科学知识产品的扩大再生产。同时，文化消费需求的快速增长推动了文化品、艺术品的生产的发展，促使文化产业勃然兴起。于是，由物质生产、服务生产和知识、精神生产三大部门组成的三维产业结构成为现代产业结构的基本特征。物质产品、服务产品、知识及精神等三大类产品成为现代社会财富的组成要素。

使现代财富较之于亚当·斯密时代的财富发生深刻变化的重要原因是科学技术本身的商品化及其迅猛发展。于是，考察现代知识和技术本身的生产，就成了该书的逻辑必然。作者区别了一般含义的知识生产和现代知识生产，认为一般含义的知识生产，是人们从事的创造知识产品，包括科学产品和文化产品的活动。而现代知识生产，是发达市场经济体制下的知识生产。其特征是：(1) 立足于物质生产基础上的精神生产，知识生产的性质、特征、规模、方向都要适应物质生产的要求。(2) 一部分知识生产立足于市场体制之上，转化为商品性知识生产。(3) 众多的知识生产部门的出现，形成了新的知识产品。(4) 发达的商品性知识生产与产品性生产并存和共同发展。

在当代，科技财富所以能迅猛发展，关键是相当多数的科技知识，采取了商品生产的形式。书中具体描述了商品性科技知识生产的途径。这些重要途径是：(1) 企业本身进行的知识生产，例如大公司，特别是高科技公司开发的科技成果及提供的科技服务。(2) 由专业性科技研发公司进行的知识生产。

(3) 以合同形式委托大学及各种科研单位进行的知识生产。

(4) 由个人（包括大学生及其他科技爱好者）进行的知识生产。

在以上分析的基础上，作者概括出被本书称作第四产业的知识生产和知识产业的快速发展，引起了现代化国民财富结构的变化，知识产品在总产品中所占比重日益增大，传统物质产品的比重下降。物质财富生产和以知识财富促进物质生产，成为当代经济发展的大趋势，也是知识经济的特征。作者的以上概括，从经济学的角度，精辟地反映了我们这个时代经济社会的特征。

刘诗白教授的《现代财富论》所关注的另一个具有时代特征的问题是既构成财富的重要内容，又作用于其他财富生产的文化和文化产业。在当今社会，出现了发达的文化生产，形成了文化产业，文化生产成为当代社会大生产的一个新的组成部分，文化产品成了现代国民财富的重要内容。文化正在被大规模的合并、嫁接于生产，发挥着促进经济增长和财富增值的功能。

《现代财富论》认为，在当代，文化艺术要素正在与物质生产、服务生产实现着广泛的结合。一方面，在经济市场化深度发展的基础上，实现了更大范围的文化活动转化为经济生产，文化成为生产要素和新的经济资源，成为促进国民财富增长的新杠杆，具有了生产力的性质；另一方面，在物质生产、知识文化生产、服务生产三种生产互促、互动下的现代经济的快速增长，为文化生产的进一步发展创造了物质基础和经济载体，由此促使文化生产与文化活动进一步兴旺发达。这种文化与经济的互促、互动是现代经济增长和社会发展的新颖现象和重要动因。

然而，文化生产毕竟不同于一般的商品生产。正是因为如此，作者强调，文化生产、特别是商品性文化生产，它的健康发展离不开制度的约束、政策的规制、政府的管理和正确思想的指导。为了求得文化财富又多又好的创造，以服务于社会主义事业，在商品性文化、精神生产领域，应该实行政府主导和有规制的商品生产模式，实行看不见的手、看得见的手和先进思想指导作用相结合。这样，我们就能够有效改进和克服市场负效应，形成生气勃勃、“活而不乱”、“管而不死” 的市场性的文化生产。精心构思和有效利用文化生产的这一新的杠杆，我国文化生产将由此获得新的动力。借助于文化生产力功能和文化与经济的互动，能够进一步加快我国经济的发展和优化人民财富的结构。

自然财富是社会财富形成的物质基础，自然财富边际有限。人类社会借助于知识、科技、文化的发展，超越了自然财富的有限性，展示了无限美好的前景。刘诗白教授的专著，紧扣财富发展的时代脉搏，进行了独辟蹊径的经济学分析，回答了要促进现代化财富增加、促进国家富强而必须回答的一系列问题，展示了一个资深经济学家与时俱进的思想风采。专著篇幅巨大、观点新颖系统、内容相当丰富。

刘诗白教授《现代财富论》所阐述的思想，对我国经济发展有极强的现实意义。中国工业化起步比较晚，发展起点又低，面临着赶超发达国家的繁重任务，不仅以资本的高投入支撑经济的增长，而且以资源高消费和环境污染为代价换取经济繁荣，致使我们既有的资源消费和环境污染的程度已经不能支持这种经济增长模式。我们必须认清世界经济和科技发展的大趋势，及时地提升经济增长模式。我们相信刘诗白教授专著的出版，将进一步推动各方面对现代社会财富问题的研究和讨论，使经济科学的研究更好地为国家工业化和现代化服务。

此文载于：经济学动态，2006（6）.

探讨现代财富及其源泉的力作

黄范章

什么是现代财富？什么是现代财富的源泉？刘诗白撰著的《现代财富论》一书（生活·读书·新知三联书店 2005 年出版），对这些问题进行了系统的研究。

为了区别于古典经济学所研究的财富，作者提出了现代财富的概念，并认为现代财富是由物质、服务、知识及精神等三大类产品组成的。这一判断是基于如下的经验观察：第一，物质生产在高技术基础上迅速发展；第二，在国民生产总值构成中已成为最大产业的服务业，由于信息技术的引入，发展势头甚猛；第三，高技术经济固有的科技创新机制促进了科学知识产品的扩大再生产。

作者提出现代财富结构多样性的命题，其目的在于：一是为了说明在社会分工规律和机制下，财富生产门类的多样性和社会财富具体形式的日益丰富多彩；二是为了指出当代社会生产已经由主要从事物质生产的时代，进入了三大生产部门并举，并以服务生产、精神生产为主导以及服务产品和知识产品成为社会财富的主要形式的时代；三是为了指出当代经济发展中出现了物质生产、服务生产、知识生产三大部门的互相促进，特别是知识生产——科学生产和文化产品——对物质生产和服务生产起着促进作用。

作者认为，当今世界财富结构的多样性是社会生产方式不断发展的结果。迄今为止，人类社会财富的生产可归结为三种递进的方式：用手工工具生产，用机器生产，用高科技生产。在此基础上，作者深刻分析了工具力、管理力、科学力在财富形成中的功能。正是随着生产力和生产关系的不断发展，财富的形式与结构才日益呈现多样性，形成当今物质生产、服务生产和知识及精神生产三大部门组成的现代产业结构，以及由物质产品、服务产品、知识及精神产品三大类产品构成的现代财富结构。

在探讨了现代财富结构的多样性之后，作者又努力回答现代社会财富的源泉问题。被马克思称为“政治经济学之父”的英国古典经济学家威廉·配第曾说过一句名言“劳动是财富之父，土地是财富之母”，这点出了财富源泉的多样性。作者认为，马克思通过对劳动二重性的分析，既科学阐明了劳动是社会财富的本源，是商品价值的唯一源泉，又科学阐明了商品及其使用价值是多种生产要素共同作用的结果，并由此得出劳动并不是使用价值即物质财富的唯一源泉，阐明了社会财富源泉多样性的思想。作者遵循马克思关于财富源泉多样性的思想，分析了在现代市场经济和高技术经济的生产过程中呈现出生产要素的多维化，除了劳动力、工具力、对象力和科学力，管理力、环境力等也成为生产过程的有效因素且对产品使用价值和社会财富的形成发挥重要作用。

随着人类社会的不断进步，人类创造、开发社会财富的能力也日益增强，社会财富的结构及其源泉将日益多样化。这就要求经济学者与时俱进，不断探讨社会财富的新结构、新要素及新源泉，将经济理论研究推向时代的前沿。该书就是进行这种探索的一部力作。

此文载于：人民日报，2005-06-30.

科技创新：现代财富创造的动力和源泉

——刘诗白经济思想研究之一

张文贤

刘诗白教授的《现代财富论》第一卷是对现代财富生产的特征及其生产机制的研究。主要宗旨是深入研究现代社会财富的性质、结构、源泉和加快财富创造的经济机制和规律，特别是弄清当代发达市场经济和高科技经济条件下社会财富创造的新情况和新特点，从而基于实践经验的总结，进行理论思考，寻找一种“以人为本”和科学发展观的最佳的财富生产模式。

作者以马克思主义理论为指导，站在“巨人的肩膀”上，高瞻远瞩，以崭新的视野，广阔的背景，对财富创造这一人类社会基本实践进行了经济学的考察。

《现代财富论》的理论创新和学术贡献主要表现为：

一、确立了全面的社会财富观

自从 1776 年亚当·斯密出版了《国民财富的性质和原因的研究》（简称《国富论》）以来，财富问题始终是全世界经济学研究的永恒主题。亚当·斯密是经济学之父，他的《国富论》被奉为经济学的圣经。经济学界甚至有人把亚当·斯密"有没有说过"作为判断是非的标准。1982 年诺贝尔经济学奖得主、美国经济学家乔治·约瑟夫·斯蒂格勒（George Joseph Stigler）曾经说，参加学术研讨会时经常听到的语录是："这个，亚当·斯密早就说过！"或者"亚当·斯密才没有说过这个！"①

《国富论》是一部划时代的巨著。它的出版，标志着经济学作为一门独立的学科的诞生。《国富论》共分五卷。它从国富的源泉——劳动，说到增进劳动生产力的手段——分工，因分工而起交换，论及作为交换媒介的货币，再探究商品的价格，以及价格构成的成分——工资、地租和利润。亚当·斯密反对政府干涉商业和商业事务、赞成低关税和自由贸易的观点在整个十九世纪对政府政策都有决定性的影响。事实上他对这些政策的影响今天人们仍能感觉出来。用亚当·斯密的话来说，每个人"所想到的也只是他自己的利益"，但是又好像"有一只无形的手在引导着他去尽力达到一个他并不想要达到

① 亚当·斯密．国民财富的性质和原因的研究［M］．杨北宇，译．北京：华夏出版社，2005：6．

的目的。他追求自己的利益，往往使他能比在真正出于本意的情况下更有效地促进社会的利益。”①

《国富论》的巨大贡献在于：(1) 发现了“看不见的手”(“无形的手”) 这个不以人的意志为转移的客观规律；(2) 发现了分工是提高生产率的关键；(3) 提出了劳动价值理论；(4) 反对殖民地政策；(5) 主张“自由放任”制度，反对垄断，倡导自由贸易；(6) 具体规定政府的主要职责是对外抵御敌国，对内执行司法，“创建并经营某些公共工程”；(7) 强调政府必须重视和推动公众教育，从而使公众提高公正判断的能力。特别是他发现了“看不见的手”以后，使人们把“看不见的手”当作市场经济永恒的基本原则，当作摘取了经济学“皇冠上的明珠”。我们都清楚，市场经济事实上有许多缺陷，但是，在人类社会真正的计划经济到来之前，市场经济的客观规律和原则是永远不会过时的。

亚当·斯密提出了一个有形的物质财富的概念。他说：“制造业工人的劳动可以固定并且实现在特殊商品或可出售的商品上，可以经历一些时候不会立刻消失，仿佛是把一部分劳动储存起来，在必要时再提出来使用。”② 按照这一定义，艺术表演、科学理论等精神活动成果因为是“无形”的而不具有财富的性质，人类的劳动经验、技巧、管理能力也不是财富。

---

① 亚当·斯密．国民财富的性质和原因的研究［M］．杨伯宇，译．北京：华夏出版社，2005:327．

② 亚当·斯密．国民财富的性质和原因的研究［M］．杨伯宇，译．北京：华夏出版社，2005:242．

重商主义者醉心于金银，因为金银是货币，是交换价值的独立的存在，它们是不会毁坏的永久的存在。因此，斯密认为积累金银，储藏货币，就成了重商主义所宣扬的“致富之道”。斯密和重商主义一样，他在研究哪一种花费收入的形式能够促进财富的增长时，也是把“耐久性”作为考虑问题的出发点，只不过重商主义根据金银的“耐久性”，直接得出金银就是财富的论断；而斯密根据消费品的“耐久性”，作出把收入花费在耐久物品上能促进财富增长的结论。

《现代财富论》的作者认为，斯密不曾把握住财富是使用价值，即满足主体需要的有用性这一基本点，而只是强调使用价值的特殊形式——固定化和物质化的形式。“事实上，非固定化和非物化的精神产品，如像生产经验、劳动技能及其他文化遗产，还是会一代代地保存和流传给后代。何况，现代科学技术条件——录音、录像设备——业已使一切精神产品都可以保存于某种固定的物质框架与载体之中，从而使精神产品具有可储存和再消费的性质，而不再是随生随灭的。更重要的是，杰出的精神产品，也完全具有那种固定化的、物质财富所具有的延续消费和长期为后人造福的功能。”① 作者由此得出结论说：“可见，以产品是否具有固定形态或物化形态来作为标准，和由此否定精神产品的财富性质是不能成立的。”②

刘诗白教授指出，人们首先应该确立一种全面的财富观

① 刘诗白．现代财富论［M］．北京：生活·读书·新知三联书店，2005：69－70．

② 刘诗白．现代财富论［M］．北京：生活·读书·新知三联书店，2005：70．

念，特别是整体的财富观念。在社会主义条件下，通过大力发展生产力，依靠完善的社会主义市场经济体制和社会主义文化体制，人们就能够加快形成生气勃勃、活而不乱的包括物质生产、服务生产、精神生产在内的社会大生产，加快推进社会财富丰裕化和共同富裕化。

二、论述了现代财富结构的多样性

1867 年 9 月 14 日，《资本论》第一卷在德国汉堡出版。这部科学巨著以批判的眼光和辩证的逻辑思维方法，深刻地揭示了人类社会市场经济发展的普遍规律和关于社会主义生产流通的天才预见。《资本论》作为工人阶级的圣经，马克思花费 28 年时间，分析批判了魁奈和斯密等人的社会资本再生产理论，设计了他自己的《经济表》，发现了实现社会资本简单再生产的基本条件，揭示了社会资本再生产和流通的基本规律，明确地告诉我们，要使社会再生产能够顺利进行，生产资料生产和消费资料生产之间必须保持适当的比例关系，使社会再生产从物质方面和价值方面都得到补偿。

马克思指出："不论财富的社会形式如何，使用价值总是构成财富的物质内容。"[①] 他还说："资本主义生产方式占统治地位的社会的财富，表现为'庞大的商品堆积'，单个的商品表现为这种财富的原素形式。"[②]

---

① 马克思．资本论：第 1 卷［M］．北京：人民出版社，1975：48．
② 马克思．资本论：第 1 卷［M］．北京：人民出版社，1975：47．

《现代财富论》继承和发展了马克思的再生产理论，提出了财富结构多样性的观点。作者认为，现代社会财富有两大类别：商品财富与非商品财富。此外，自然财富是社会财富形成的重要源泉。现代社会财富具有多样性，表现为由物质财富、服务财富、知识及精神财富组成的三维结构。现代财富生产呈现出物质生产、服务生产和知识、精神生产三大门类在市场经济体制基础上并行发展和互相促进的态势。财富结构决定于生产力、社会生产的状况和产业结构。而现代产业结构的特征是：由物质生产、服务生产和知识、精神生产三大部门组成的三维产业结构，从而使物质产品、服务产品、知识、精神产品等三大类产品已成为现代社会财富的组成要素。

马克思在谈到第Ⅱ部类时指出："因为这一部类的全部产品（不仅是产品中补偿不变资本的那部分，而且也包括代表工资的等价物和剩余价值的那部分）是由原料和机器组成的，所以这一部类的收入不能在它自己的产品中实现，而只能在第Ⅰ部类的产品中实现。"①

也就是说，第Ⅰ部类只能按它补偿的不变资本所需的量，从第Ⅱ部类购买产品。而第Ⅱ部类也只能把自己产品中代表工资和剩余价值（收入）的那一部分用在第Ⅰ部类的产品上。在这里，马克思把再生产分为两大部类。但是，这两大部类还是局限于物质生产领域。

刘诗白教授在《现代财富论》中，结合现代社会经济和

① 马克思，恩格斯．马克思恩格斯《资本论》书信集［M］．北京：人民出版社，1976：184．

科学技术的发展情况，提出了三大部门组成的三维产业结构。作者指出：简单的物质生产过程是包括劳动力、劳动工具、劳动对象在内的三维要素结构，就机器大工业生产方式来说，物质财富的创造力应该归之于劳动力、工具力、劳动对象力和科学力四要素。在现代发达市场经济和高技术经济的生产过程中，呈现出生产要素的多维化，除了劳动力、工具力、对象力、科学力而外，管理力、环境力等等也成为生产过程的有效因素并且对产品使用价值和社会财富的形成发挥重要作用，可见生产方式进步实现了社会财富新源泉的开发和富源的多样化。因此，如果说，马克思的《资本论》主要考察了19世纪机器大工业生产方式的财富结构，那么，刘诗白教授的《现代财富论》为我们揭示了人类社会的财富生产的三种彼此递进的方式，特别是20世纪以来信息革命引起的用高技术生产财富的蓝图。

三、发现了现代社会财富的新源泉

《现代财富论》为我们展示了人类社会财富创造和形成的绵长的历史画卷，高度概括了从原始社会到现代社会人类的社会财富生产力提高的历史轨迹。即从主要依托于人力，到主要依托于工具力，再到主要依托于科学力的发展过程。

毫无疑问，劳动是创造财富的源泉。但是，正如马克思所指出的："劳动并不是它所生产的使用价值即物质财富的唯一源泉。威廉·配第说得好：劳动是它的父，土地是它的母。”①

刘诗白教授指出，简单的物质生产过程是三维要素结构，就机器大工业生产方式来说，由于科学知识成为独立的生产要素，因而，物质财富的创造力应该归之于劳动力、工具力、劳动对象力和科学力四要素，以及四者的有效整合。在现代发达市场经济和高技术经济的生产过程中，呈现出生产要素的多维化；除了劳动力、工具力、对象力、科学力而外，管理力、环境力等等也成为生产过程的有效因素，并且对产品使用价值和社会财富形成发挥重要作用。可见，生产方式的进步实现了社会财富新源泉的开发和富源的多样化。

他认为，人类经历最久的农业经济时代，是主要依托于人力创造物质财富的时代。工业革命和机器大生产方式的确立，意味着使用价值与财富形成立足于机器力的时代的到来。刘诗白教授说，主要依托科学力（知识力）创造财富是人类进行财富创造的最高形式，也是财富创造效率最高的方式。这种方式，在当代世界经济发展新时期表现得日益明显，是当代正在蓬勃发展的高技术经济的固有的特点。主要表现为：（1）高技术是当代科学的结晶；（2）科学管理和经营是现代市场经济的特征；（3）人的智能的提高是高科技经济的发展需要。但是，不管时代千变万化，劳动始终是财富生产的原动力。现实的生产过程都是多个生产要素在有机组合中发挥功能的过程，也是活劳动要素发挥全覆盖作用的过程。即使是一个完全自动的机器体系，如像计算机自控的智能机——包括无人驾驶

① 马克思．资本论：第1卷［M］．北京：人民出版社，1975：14．

飞机、航天器等——的运转，也需要有活劳动对启动键的揿动，发挥劳动的生产点火功能。因此，即使是当代智能机器的产品，本质上仍然是活劳动的产物。科学力（知识力）本质上是劳动力，这种力量具有高度财富创造力，体现的是高级形态的人类劳动，那是知识创新劳动的生产力。

四、丰富和发展了内含扩大再生产理论

马克思主义政治经济学把扩大再生产分为外延和内含两种不同类型。“积累，剩余价值到资本的转化，按其现实内容说，就是规模扩大的再生产过程，而无论这种扩大是在外延方面表现为在旧有工厂之外，设立新的工厂，还是在内含方面，表现为扩充以前已有的经营的规模。”①

刘诗白教授在《现代财富论》中指出，内含的扩大再生产以提高生产要素的质和量为特征，从而是以科技要素的引入与物质设备和劳动力的质的提高为基础。科学技术含量增多的物质设备和劳动熟练程度得到提高的劳动力，使生产方式进一步现代化，促使产业升级，引起劳动生产率的大幅度提高，使GDP大幅度增长。

我们当前在经济建设中的战略任务，是要转变经济增长方式。从本质上分析，其关键就是要从外延的扩大再生产转变为内含的扩大再生产。我们不能依靠消耗自然资源甚至以破坏生态平衡为代价来扩大再生产，我们要提倡低碳经济，发展循环

---

① 马克思．资本论：第2卷［M］．北京：人民出版社，1975：340．

经济，节约能源消耗，只有一条出路，就是发展内含扩大再生产。

内含的扩大再生产的实质是依靠科技进步来提高劳动生产率和依靠提高和增大生产要素的能量来扩大生产规模，加快经济增长。

刘诗白教授认为，以信息技术和其他高技术为基础的扩大再生产是当代内含扩大再生产的最新形式，这种高技术型的扩大再生产，借助高科技含量的物质生产基础这一当代最先进、最强大的生产力，使用和发挥高智力的作用，使劳动生产率大大提高，它使生产资料部类实现了以实物形态计量的高增长。同时，当代高技术生产方式以物质耗费少为特征，如知识密集型产品，借助于复制，在达到经济规模后，边际物耗增量趋近于零。

他说，这种依托于高技术生产力的高度内含扩大再生产形式，解除了经济高增长中会出现的人力、自然资源（矿产、能源、水资源、农地等）供给的制约，它为土地、矿山、水等自然资源耗竭十分严重的后工业经济时代的经济增长提供了技术基础，使世界上那些“少土寡民”的国家和地区经济的高增长有了可能性，特别是为不发达国家实行超赶式发展创造了技术经济前提。

《现代财富论》为此专门分析了现代扩大再生产与科技生产力的倍数作用，论述了现代高科技经济和以高科技为基础的扩大再生产的特征。在当代最新的高技术生产方式中，科技创新不仅成为现实的生产要素，而且成为了决定性的生产要素。作者指出，现代经济增长中存在着科技生产力倍数的效应，它加强供给增长，从而会催化和加剧有效需求不足。刘诗白教授由此兴奋地得出结论：人们可以看见，当代高科技以其技术生产力的高倍数，引起供给能力跳跃式的增长。

五、提出了现代知识生产的科学命题

我们要从人口大国转变为人才强国，必须从战略上把经济建设的重点转移到发展创新型国家的道路上。因此，如何把这样的战略目标变为现实，正是经济学家的重大历史使命。

刘诗白教授在本书第三章讨论“科技创新—现代财富创造的决定性因素”时，专门从宏观的角度论述了国家科技创新体系与科技进步。他指出，科技创新体系包括进行研究开发的国家科技体系，以及适应于科技创新和科技成果转化为生产力的经济体制和结构。国家科技体系，是指一个国家的全部科技研发机构及其拥有的研究开发资源，包括被使用的人力资源和物力资源。作者认为，进行科技精神产品生产的国家科技体系就是由科技工作者群体形成的社会科技大脑和社会研究开发实验手段的组合。这里，他提出了一个公式：社会科技大脑 + 社会实验手段——科技发明和创新。这一简单公式表明，一个国家要促进科技创新，必须要大力构建国家科技体系以及与其运转相适应的经济体系。

生产方式的转变可以归纳为从劳动密集型走向资本密集型再走向技术密集型，发展到知识经济时代，则进一步走向知识密集型经济模式。

《现代财富论》用大量的篇幅对现代知识生产及其经济、

社会功能进行了理论分析。作者指出，物质技术进步的源头是科学。技术快速进步依托于科学知识的快速进步。知识生产包括科学知识生产和文化、精神生产。现代知识生产又不同于一般含义的知识生产。现代知识生产，是发达市场经济体制下的知识生产。一般含义的知识生产，就是人类从事的创造知识产品包括科学产品和文化产品的活动，它存在于人类产生和智能成熟以来的任何时代。现代知识生产是立足于物质生产基础上的精神生产，是立足于市场体制基础上的商品性知识生产，因此形成了新兴的知识产业。知识生产和知识产业的快速发展，引起了现代国民财富结构的变化，知识产品在总产品中的比重日益增大，传统物质产品的比重下降。物质财富生产和以知识生产促进物质生产，成为当代经济发展的大趋势，也是知识经济的特征。

20 世纪 80 年代，美国未来学家阿尔温·托夫勒出版了《第三次浪潮》，在世界各国掀起了一股科技革命和知识经济的浪潮；紧接着，美国又一位未来学家约翰·奈斯比特相继出版了《大趋势》、《亚洲大趋势》、《中国大趋势》等引起轰动的著作，一个不可逆转的趋势是知识经济时代的到来。

刘诗白教授以经济学家独特的眼光，为未来学家的科学预见作了深刻的经济学分析。他指出，知识是财富生产的精神力量。知识生产是发达市场经济中新的生产形式。在当代高技术经济时代，科学的生产功能前所未有的增强。20 世纪末以来出现了以信息科学为代表的新兴科学、技术知识的快速进步和科学知识进步向高技术的快速转化，产生了智能机自控的新生产方法和新的工艺流程，推动了企业组织形式、营销方式的革新，而拥有高科技含量和高效用的新产品的创造及其正在引发的“产品革命”，正是现代科学的生产功能的集中体现。

刘诗白教授满怀信心地得出结论：大力进行制度创新，构建起以市场机制为基础、商品性知识生产与产品性知识生产相结合的新型知识大生产体系，充分发挥知识生产中市场“搞活”功能和政府的计划、指导功能，中国完全有可能实现科学知识的快速进步。

尽管《现代财富论》出版于2005年，但是，今天读起来仍旧给我们常读常新的感觉。其理论创新和学术贡献远不是一篇短文能够概括的。事实上，作者对科技创新、文化生产、服务劳动等新经济范畴都有精辟的论述和独到的见解。特别是对马克思的劳动价值论在高科技时代的新特点、新趋势作了极其深刻的分析，得到了丰富和发展。

财富是经济学的永恒主题，有些内容有待我们继续挖掘和探讨。比如，关于财富创造：虚拟资本和网络经济在财富创造中的地位和作用，资本经营可以增加价值但是能否创造财富；关于财富消费：马克思早就提出，每年生产的巨量物品，像大河的无穷无尽的波浪一样滚滚而来，并且消失在没有人记得的消费的汪洋大海中。但是，正是这种永恒不断的消费，不仅对一切享受来说是条件，而且对整个人类生存来说也是条件。这个年产品的数量和分配，比一切都更应该成为研究的对象。还有，关于财富积累、公共财富的管理、社会的生态平衡、自然环境、健康幸福的生活指数、财富的使用价值等等，都是我们面临的崭新课题，也是21世纪经济学家的历史使命。财富理论应该纳入社会主义政治经济学的重要范畴，而且成为主流经济学，经济学家应该迎接这种挑战。

因为刘诗白教授在《现代财富论》第一卷中主要讨论财富的创造，而将财富的分配作为第二卷的主要内容。关于财富的分配，则是一个更加复杂、更加敏感、更加迫切的经济学难题，比如，现实存在的贫富差别和防止两极分化的问题，如何处理国富与民富的关系问题，如何实现“分配的正义”问题，如何进行国民收入的初次分配和再分配的问题，如何处理公平与效率的关系问题，所有这些，也是管理学、伦理学、社会学甚至心理学、政治学的难题。

我们热切地期待着刘诗白教授新的著作早日问世！

此文载于：经济学家，2011（5）.

经济视野中的文化生产

——《现代财富论》读后感

章玉钧

刘诗白教授的新著《现代财富论》（生活·读书·新知三联书店2005年出版），初读之后，我认为是他50多年学术生涯中带总结性的宏篇巨制，是知识经济、发达市场经济时代的“国富论”，是我国马克思主义理论研究和建设工程的一项理论成果。诗白教授治学严谨，笔耕不倦，与时俱进，探索创新，为众我后学者树立了榜样，谨以这篇读后感表达对刘诗白教授八十寿辰的祝贺。

马克思的价值论和财富论，是从不同角度提出的里表相依的理论。为了剖析和揭示资本主义的内在规律，《资本论》把重心放在价值论上，在批判地吸取前人成果的基础上，科学地阐明了劳动价值论，创立了剩余价值学说。同时，马克思对由使用价值构成的、表现为“庞大的商品堆积”的财富也有精辟的论述，并预言在一个以共同占有生产资料为基础的社会里，耗费在产品生产上的劳动，不再表现为产品的价值，财富论将具有更重要的理论和实践意义；共产主义社会将使“集体财富的一切源泉都充分涌流”。《现代财富论》对马克思主义政治经济学的继承和发展，既表现在深化对社会主义劳动和劳动价值论的研究，按马克思的原意把劳动的“物化”理解为“对象化”，而不是狭隘地等同于“实物化”、“固定化”，从而大大发挥了马克思科学方法对现代经济诸多新事物、新现象的阐释功能；更表现在面对全面建设小康社会和构建社会主义和谐社会的要求，把长期被人们忽略的财富论的研究摆到全书的中心位置，把社会财富作为核心范畴，深入分析了现代社会财富的性质、结构、源泉和加快财富创造的经济机制和规律，尤其是明确提出现代的产业结构由物质生产、服务生产和知识、精神生产三维组成，而以知识、精神生产（作者划定为第四产业）和服务生产（即第三产业）为主导。在这个架构下，对知识、精神生产及其两大相互渗透的板块——科学生产和文化生产作了相当翔实和具体的分析，提出了许多新颖独创的学术观点和颇有深度的意见建议。这里仅就文化生产、文化经济问题谈谈读后的体会。

1. 文化生产在现代经济中的定位

在经济不发达的社会里，文化对经济是疏远的、边缘化的，不被人们普遍享有和普遍重视的。长期的计划经济体制又留下了一些错误的文化观念，如笼统地认为“文化是事业而非产业”，“文化是花钱的，经济是赚钱的”，“文化靠国家投入，不能进入市场”，“现在财力困难，先把经济搞上去，才谈得上发展文化”，等等。《现代财富论》一扫这些陈旧观念，明确地指出，在走向知识经济的时代，在发达的市场经济中，商品性文化生产成为当代社会大生产的新的组成部分，文化产品成为现代国民财富的重要内容，文化产业成为促进经济增长和财富增值的支柱产业。同时，文化具有凝聚民族精神和育人的功能，是民族存在和发展之本，关系到综合国力的提升。的确文化的经济化，经济的文化化，经济、文化的复合化、一体化已成为当代发展的大趋势。过去不少地方爱搞“文化搭台，经济唱戏”，其实，文化不应当只是“敲门砖”或“跑龙套”的角色，它在现代经济舞台上扮演着纵横驰骋、顾盼生辉的明星、主角。

2. 市场机制是文化生产的经济利益推进器

书中追溯了文化产品作为商品来生产和经营的历史进程，得出一个结论：文化在近现代之所以能迅猛发展，并能变为一种经济生产，原因就在于商品经济机制的引入。发达的市场经济改变了文化产品的生产方式和文化资源的配置方式。文化生产发展成为由数量庞大的文化生产者参与、分工细致、专业众多的大产业。我们看到，在发达国家，一系列知识密集型的文化产业成为支柱产业乃至主导产业，在国民经济中的地位迅速跃升。美国电影业、大众传播业等文化商品的出口收入已经超过了汽车、石油等产业的出口收入，一批在全球范围配置文化资源的跨国企业成为文化产业的“巨无霸”。为了满足人民大众日益增长的多种多样的文化需要，也为了应对国外强势文化对民族优秀文化的挤压，增强在国际竞争中的软实力，迫切要求我们加快文化体制的改革，以市场机制为动力，整合优势文化资源，形成活力大、实力强、效益高的大型文化产业集团，带动经济的增长和文化的繁荣，切不可短视犹豫，贻误时机。

3. 正确看待文化生产应提倡“兴雅”还是提倡“兴俗”的问题

文化“雅俗之辩”由来已久，当前也还存在不同的看法。一些人把高雅文化遭冷遇的原因，简单归结为市场的冲击和破坏。《现代财富论》在441页的一条注释中，回眸18世纪工业革命以来的世界文化发展，发现一条十分明显的由古典殿堂文化位居主流，到近代市民文化兴起，再到当代大众文化大发展的轨迹。作者认为，这是一场由市场力量推动的，由以高雅文化为主导，转变为大众文化快速发展的历史性变革。对此不能只从文化的艺术素质（雅俗、精粗）加以评价，要看到文化的供需双方发生了巨大变化，即众多自由职业者进入文化生产领域，打破了少数精英、“天才”对文化生产的垄断，众多群众进入文化精神消费领域，打破了少数精神贵族对文化消费的垄断。大众文化的兴起，是一场市场作用下适应现代消费需求的文化产品的扩大再生产和文化财富量的增大，不宜以某些“粗品”乃至“劣品”出现而因噎废食，更不能对俗文化持贵族式的鄙夷态度。大众喜闻乐见的俗文化里蕴藏着许多文学艺术珍宝，是高雅文化及其优秀作品从中吸取营养的源头活水，人类文化本身有着成长、提高的巨大潜力和空间，想一想杨丽萍编导“云南映象”歌舞的辉煌成功就可以明白个中缘由。当然，人们的文化需求是多样的、多层次的、经常变动的，雅、俗文化不可偏废，高雅的经典文化和民族民间文化中的无形文化遗产都需要得到特殊的扶持和保护，伪劣腐朽的文化商品要依法规制和取缔，要处理好普及与提高的关系，让经典文化和民间文化相互沟通、融合，提炼艺术精品，给人们以真、善、美的启迪和享受。

4. 文化生产中商品性与意识性、艺术性之间的内在矛盾及其调适之策

作者从文化产品是带有意识性的特殊商品这一判断出发，揭示出文化生产中存在商品性与艺术性、意识性的矛盾。对于这种矛盾的调节，市场是失灵的。在文化商品的市场竞争中，往往是“强胜弱汰”，而不同于“优胜劣汰”。在当代经济全球化的背景下，强势经济携带其强势文化像龙卷风一样席卷全球，展示其文化霸权主义之威风，力图使全球文化单一化、同质化，对处于弱势的民族和地区的本土文化形成极大的冲击，严重威胁着多元文化共存的文化生态，危及人类文明的可持续发展。我们决不赞同狭隘的民族主义的文化观，坚决主张以开放的胸襟和多元的视野，加强不同文化间的相互交流合作和平等对话，但为了捍卫人类文化的多样性和国家的文化安全，也决不能把文化强权当作公理，放弃自己的文化阵地。在国内文化生产中，也随处可见由于文化生产偏离艺术、社会价值创造的本质目标，文化工作者陷入“市场陷阱”而导致的文化生产“畸化”现象和文化市场里庸品驱逐良品的现象。再加上文化公共物品仍要由政府来提供，因而在文化生产中不能实行“全盘商品化”，而应使市场的搞活、调适功能与政府的管理、指导功能相结合，让“看不见的手”和“看得见的手”同时发挥各自的作用，放大正效应，减少负效应。作者的结论是，在发展商品性文化生产中兴利除弊，关键在于构建起能实现社会效益优先、经济效益与社会效益相结合的完善的社会主义文

化生产体制和文化与经济良性互动的机制。围绕这种体制、机制的形成，作者提出了九条重要的对策建议，都是有较强的针对性和可行性，可供国家在构建和完善文化体制和政策体系时参酌施行。

2005 - 08 - 16

中国三大产权流派代表人物之一
——刘诗白

杨献东

问：刘诗白教授，能在西南财大50周年校庆之际拜访您，感到非常荣幸，此时，您作为学校的重要奠基人之一，一定有许多感慨，能否请您介绍一下西南财大这50年的历程和现状？

答：今天，我亲身见证了学校50周年庆典的盛世荣光，但更难忘半个世纪的艰辛与欢愉。新中国成立之初，高教部贯彻国家关于对“政法、财经各院系采取适当集中、大力整合、加强和改造师资，为今后发展创造条件”的方针，将重庆大学、华西大学、贵川大学等综合大学的经济、管理类系科和成华大学、重庆财经学院等17所院校、系科，以成华大学为校址，于1952年10月11日，迎着新中国经济文化建设的朝阳，合并组建成立四川财经学院，地址就在诗圣故里杜甫草堂西侧的“光华村”，学校开始了第一次创业。由于各前身院校悠久的历史沿革和丰富厚重的办学理念，所以在光华校园融合而成为一种新的大学信念与力量。“严谨、勤俭、求实、开拓”的优良校风影响至今。成立伊始，川财便成为当时师资力量强、办学规模较大的全国4所综合性财经院校之一，名师荟萃。有马克思《资本论》最早的中文翻译者和早期传播者陈豹隐，经济学家李孝同、彭迪先，经济史学家汤象龙，金融学家梅远谋、温嗣芳，会计学家杨佑之，统计学家刘心铨、高成庄，财政学家许廷星，工商管理学家吴世经，工业技术专家杨声，农业经济学家王叔云，人口学家刘洪康等。他们精心培育学生，关爱激励青年教师，为我国的经济管理科学和高等财经教育事业付出了毕生的心血，他们的学术思想、治学精神、人品情操、执教经验已成为西南财大人最为宝贵的精神财富。

1961年，学院更名为成都大学，“文革”期间被迫停办。1978年四川财经学院恢复，步入建校史上的第二次创业阶段。改革开放，春满神州。高等财经教育获得了空前快速的大发展，学校迈进发展的黄金时期。1980年学校交由中国人民银行为主管理。1985年更名为西南财经大学，1995年起进行国家“211工程”重点建设，2000年以独立建制划转教育部管理。

现在进入新世纪，面对新的社会经济形势和高等教育的深刻变革，为贯彻好科教兴国的方针，西南财大实施了更艰巨、更辉煌的第三次创业。已走过50年历程的学府，师生代代相继。如今，曾康霖教授在金融学论的系统研究及创立金融经济学的显著成就，何泽荣教授在国际金融领域及涉外经济专业建设中做出的突出建树，赵国良教授在经济体制改革理论与实践的结合上所做出的特殊成效，蒋明新教授在工商管理学前沿理论及其博士生培养上的优异成绩，以及我在社会主义经济理论和为四川经济发展所做出的一些工作，都已经成为西南财大学科建设的可贵财富，显著地提升了学校的名誉和声望，由我们培养和影响的一大批中青年学者，继承传统、志存高远、开拓创新，已成为今日西南财大的脊梁。

半个世纪来，西南财大共为国家培养了11万名层次经济管理人才，有优秀的银行家、工商企业家、经济学者和党政领导，为国家的经济、金融和经济管理科学的发展作出了杰出贡献。学校还聘请了200多名兼职教授来校讲学，成效显著，且与几十个海外大学、金融、学术机构建立了密切的合作，加强了国际教育与学术交流。

西南财大始终立于我国高等财经教育的潮头，是西部地区唯一进入国家“211工程”的财经类院校。金融学科，在全国高校重点学科申报评审中名列第一。政治经济学是全国财经类院校中该专业唯一的重点学科，西部地区首家拥有应用经济学一级学科博士授予权的高校，西部地区首家设立经济学科博士后流动站。全国财经院校中唯一的大学生文化素质教育基地，全国首批注册会计师CPA培养基地，拥有西部地区经济、金融类文献资源最丰富的图书馆。全国高校金融学科唯一的教育部重点研究基地——中国金融研究中心。

总之，经历了50年风雨沧桑的西南财大，就是新中国高等财经教育从起步、坎坷到兴盛的历史缩影。多年来，广大师生员工熔铸成了一种具有强烈感召力的奋斗精神——深切关怀祖国未来和民族命运，热忱关爱经济、管理学科的发展，高度关切四川和学校自身的进步与振兴，从而凝聚成了“励精图强，团结拼搏，朝气蓬勃，争创一流”的炽热而隽永的西南财大信念。“经世济民、孜孜以求”，是半个世纪锤炼而成的大学精神。

问：刘老，听说您的父母都是杰出的知识分子，所以您从小就受到浓郁的文化熏陶，请回忆一下您青少年时候受教育的情况。

答：1925 年，我出生在重庆一个教育世家，父亲曾任成都法政专科学校校长，在抗战时期担任过四川省教育厅厅长。他是一位崇尚民主的爱国知识分子，热衷于社科文化研究，博览群书，从中国的诸子百家，到西方的启蒙学者，甚至马克思和列宁的著作，均有涉猎。而母亲则工于诗词歌赋，其造诣不俗，与当时有名的女词人沈祖芬是好友。书香门第浓郁的文化熏陶，使我从小就热爱文学和社会科学。我的学生时代，正值旧中国外受帝国主义列强掠夺，内遭新旧军阀和专制政府横征暴敛，人民群众处于水深火热灾难境地的时期。1937 年，日本侵略军大举进攻上海，“八一三”事变爆发，我一家从上海逃亡到重庆。一路上，我耳闻目睹侵略者的野蛮暴行，在我幼小的心灵中萌生出救国兴邦的最初愿望。在重庆读中学时，大后方风起云涌的抗日救亡运动和国统区无产阶级革命文化的传播，对我影响极大。我从高尔基、托尔斯泰等俄国作家著作中了解到十月革命的历史；鲁迅的《呐喊》、《彷徨》，郭沫若的《女神》、《星空》，以及茅盾、夏衍等革命作家的大批文艺作品，我爱不释手；《母亲》、《战争与和平》等译作更是我科学民主思想产生的启蒙读物。

问：刘教授，据我了解，像许多著名学者一样，您在新中国建立后的50年里，也经历了酸、甜、苦、辣各种滋味的时期。能具体回忆一下吗？

答：新中国建立后，1951年全国高校进行院系调整，我由四川大学调到成华大学讲授政治经济学、外国经济史、当代资产阶级经济学说等课程。1958年以前我主要研究当代资本主义经济和社会主义经济问题。1958年以后，研究重心则主要集中于社会主义经济理论问题，如论证人民公社必须发展商品生产，重视价值规律；发展农村家庭副业；社会主义经济效果等问题。这些最初的探索，为我日后研究社会主义经济理论和体制改革奠定了基础。

在"文化大革命"中，我国遭受了空前未有的厄运，我也被打成"反动学术权威"，多年来从事教学科研的讲稿、笔记，花费了许多心血写成的近20万字的《当代资本主义经济危机》书稿及书籍被洗劫一空。

恰如马克思所说："在科学的入口处，正像在地狱的入口处一样。"新中国建立以来至改革开放以前的30年间，我国社会主义革命和建设历经坎坷，政治斗争风风雨雨，"十年浩劫"狂潮急浪，使理论研究成为政策的解说和注释。更为可怕的是，在传统体制下形成的"唯书"、"唯上"不良学风阴魂不散，凡事先问姓"社"姓"资"，缺乏科学研究所需的求实创新精神。对此，即使是刻苦钻研、呕心沥血甘坐"冷板凳"的科学研究工作者也难有作为。我尽管自嘲"在50年代就写了不少这样的只能放在抽屉内由老鼠的牙齿去批判的作品"，但我的不少作品，包括"文革"前的一些作品，应该说还是有积极的意义的。

如早在50年代，我就倡导拓宽政治经济学研究范围，我在《论马克思列宁主义政治经济学的对象》一文中提出，研究对象与研究范围是两个不同的范畴，研究范围总是大于对象范围。我在肯定社会生产关系是政治经济学的基本研究对象的同时，论述了政治经济学的研究范围中应该包括生产力和上层建筑的某些方面，而不能像传统研究方法那样只研究生产关系的本质特征。此后，我进一步指出，社会主义政治经济学要把研究的范围拓宽，把生产力发展运动的规律和经济运行机制纳入其研究范围，要对社会主义经济运行中的具体经济问题进行深入研究和总结，以指导经济活动的实践，而不能把政治经济学的任务和内容只限于几条抽象的“规律”。这篇发表在《经济研究》上的文章，在当时即引起了国内外理论界的关注。

又如 1962 年我在《江汉学刊》上发表的《关于社会主义经济效果》一文，从理论上较完整地阐述了讲求经济效果的重要意义。由于我是当时学术论坛上活跃分子，曾被邀请参加了 1964 年全国哲学社会科学学部扩大会议，成为与会经济学家中最年轻的代表。在这次会议上，来自西南的我得以与孙冶方、王亚南等经济学先辈同组讨论，深受他们的启发。

科学的入口处就是地狱的入口处。可以说，正是因为有一批不怕下“地狱”，板凳甘坐十年冷的经济学家，在改革以来思想解放的大背景下，中国才出现了“百花齐放、百家争鸣”的思想大活跃，学术大繁荣的生气勃勃的大好局面。

1978 年我被借调到中国社会科学院经济研究所工作两年，参加许涤新主编的我国第一部《政治经济学辞典》的编写工作。此后还参加了《中国大百科全书》经济学卷、《〈资本论〉

辞典》等的编写工作。党的十一届三中全会奏响了思想大解放的号角，我国迎来了经济体制改革和经济理论创新的新时代。80 年代我承担了大量学校行政工作和社会政治活动，但是我一直坚持从事科学研究。由于亲身经历过 50 年代中期以来，特别是“文化大革命”的曲折，对历史的冷静思考使我深信中国社会主义的振兴，关键在于搞好改革开放。作为一个经济理论工作者来说，最为重要的则是按照小平同志所提出的“解放思想，实事求是”，结合中国的实际和国情，进行理论探索和创新。近 20 年来，我一直致力于社会主义经济理论研究，其中包括对政治经济学的研究对象、所有制及社会主义商品经济、价值规律与市场机制、家庭联产承包经济、向市场体制转轨、搞活国有大中型企业、股份制与产权等重大经济理论问题的研究。在上述领域的理论经济研究中我提出了不少在经济学界较有影响的、独创性的见解。

我还积极参加国际学术交流活动。1984 年，我赴美国考察，访问了美国 10 多所大学；1987 年赴澳大利亚和新西兰访问，并在澳大利亚的墨尔本大学、堪培拉大学和新西兰的维卡托大学讲学；1988 年应邀到美国哈佛大学、西北大学、田纳西大学、玛里塔学院及加拿大圣玛利学院等校讲学；1996 年和 1997 年赴德国高等财经学院访问。我在这些大学讲授中国经济体制改革问题，受到国外经济学家的好评。

问：您一贯主张，经济学是致用之学。经济理论研究要以马克思主义为指导，立足实际，有所创新，有助于实践，这些是你进行学术研究的宗旨。刚才您提到研究对象与研究范围是两个不同的范畴，要拓宽社会主义政治经济学的研究范围。请介绍一下您提倡的政治经济学要拓宽研究范围的内涵。

答：关于政治经济学的研究对象和研究范围，国内外经济学界长期存在争论，我对这个问题的见解引起了经济理论界的重视。

早在 50 年代，我就倡导拓宽政治经济学研究对象。我的基本观点是：为了适应生产力和社会主义经济建设事业发展的需要，政治经济学必须拓宽研究范围，并提出研究对象与研究范围是两个不同的范畴。[①] 我认为，科学的对象是科学所要探究其规律的客观存在的特定领域；由于客观事物质的区别，决定了各个学科的对象的区别性。但是，客观事物之间所具有的相互联系、相互制约的性质，决定了科学的研究过程不仅要探索属于其对象的特定领域的规律性，而且还要对某些不属于其对象范围，但与研究对象有密切联系的事物加以考察。因此，研究范围总是大于对象范围。根据以上逻辑推论，我在肯定社会生产关系是政治经济学的基本研究对象的同时，论述了政治经济学的研究范围中应该包括生产力和上层建筑的某些方面，而不能像传统研究方法那样只研究生产关系的本质特征。这个观点，在当时即深受国内外理论界的关注。

我认为，联系生产力来研究生产关系，政治经济学的基本方法，社会主义政治学要把研究的范围拓宽，把生产力发展运动的规律和经济运行机制纳入其研究范围，从而更好地服务于社会主义经济建设这一中心目标。为此，就必须深刻地分析社

① 刘诗白．社会主义政治经济学与经济运行机制的研究［J］．经济科学，1986（2）．

会主义再生产过程中生产、分配、交换、消费诸环节的运动，要对社会主义经济运行中的具体经济问题进行深入研究和总结，以指导经济活动的实践，而不能把政治经济学的任务和内容只限于几条抽象的“规律”。

社会主义经济运行机制包括宏观、微观和中观的经济运行机制。宏观的经济运行机制是从国民经济总体上来研究社会再生产和各种经济活动；微观的经济运行机制是从企业的角度来研究生产、分配、交换等经济活动；中观的经济运行机制是从一个城市、一个部门的角度来研究活动。我曾说过：“由于社会主义国民经济活动的延续与演变是在上述整体活动与局部活动的相互并用中体现的，因而对社会主义经济运行机制的研究，就是要揭示共同形成国民经济活动的各个不同种类与不同层次的经济活动之间的内在联系和它们之间的数量。”[①] 我认为，要研究经济运行必然涉及具体的经济数量关系，如需求量、供给量、货币发行量、投资量、工资量等等。只有通过数量分析，才能阐明经济活动与经济过程之间量的关系，使人们可以从复杂的经济现象中分离出若干独立变量，找出各种变量之间的相互依存关系，区分出内生变量和外生变量，制定各种经济方程式，建立起各种数学模型，从而利用它们来进行经济预测，制订经济计划。我主张有效的宏观调控必须建立在对经济过程精确的数量分析与计量的基础之上，否则就难以避免决

① 刘诗白．社会主义政治经济学与经济运行机制的研究［J］．经济科学，1986（2）．

策失误和“瞎指挥”。[①] 80 年代中国启动了市场取向的改革，国民经济运行过热和通胀多次出现，深入研究经济运行的客观规律，进行有效的宏观调控越发重要。我认为：“如果人们对于在特定社会主义经济体制下展开的各种各样的经济活动的运行机制缺乏研究，对于各种经济要素之间的每方位的经济锁链关系缺乏数量上的分析，那么，人们将因为心中无数而不能预先发现他们所选择和从事的某种经济、发展战略的发展、演变和在国民经济的其他的各个领域（如交换、分配、浪费）所要带来的反响。人们也将难以在经济发生带病运转时，及时作出正确的诊断和采取敏捷与果敢的对策；人们将会难以有效地控制和驾驭它按自身固有的规律向前运转的、极为复杂的社会主义经济大机器，甚至会在这架机器发生故障和运转失控时，表现出行动缓慢或者手忙脚乱。”[②]

基于政治经济学必须拓宽研究范围的认识，我认为，社会主义政治经济学的基本内容应是人民财富学。90 年代初期，我在人民出版社出版由我主编的《社会主义经济学原论》一书中，实际上把对“人民财富”的研究作为贯穿全书的一条主线。这一构架的新颖独特之处在于：把人民财富的最大增值、合理分配与优化使用作为社会主义政治经济学的基本内容；把人民财富上升为一种理论形态进行全方位的分析、归纳和科学概括。简言之，必须以富国裕民为要旨。

---

① 刘诗白．经济科学必须加强数量分析［J］．社会科学研究，1985（6）．

② 刘诗白．政治经济学需要数量分析［J］．求索，1986（3）．

问：您作为较早的所有制多元化改革的倡导者，主要在哪些著作中说明了您的观点？

答：我国长期实行单一公有制体制，对社会主义所有制的多元性，过去一直是我国理论研究的“禁区”，我在《社会主义所有制研究》和《论社会主义所有制》等专著中进行了社会主义所有制的多维分析和理论探讨。

为了探索国有经济放开搞活的途径，1979年我在《经济研究》发表的《试论经济改革与社会主义全民所有制的完善》中提出了“不完全或不成熟的全民所有制”这样一个命题。这种所有制的特点可以概括为：生产资料的全民占有关系与产品的企业局部占有关系，企业活动不仅体现全民利益，而且体现部分企业局部利益；企业劳动者不是完全从统一的社会基金中取得收入，还要从归企业占有与支配的企业基金中取得一部分补充收入。这篇文章中对现有社会主义全民所有制不完全性的论证，旨在从理论上阐明把统收统支、吃国家大锅饭的国营企业改造为实行自负盈亏的市场主体的必然性和合理性。因为，自负盈亏不仅可以通过企业对国家上缴税金使企业成果归全民占有，而且可以通过企业独立支配自有资金，实现企业和职工的局部利益，并使企业自行发展。

1981年，在成都召开的首次全国所有制理论讨论会上，我提出了社会主义社会所有制结构的多元性、所有制形式的多样性、公有制具体形式的多层次性的“三性”观点。“三性”观点是针对长期以来流行的社会主义“纯公有制论”、“单一公有制”，以及“全民所有制＝国营企业”的观点而提出的。我认为，作为主体合格的社会主义公有制与其他各种社会主义所有制形式将长期并存；其具体形式，除全民和集体外，还有“全民+集体”、“全民+集体+个体”、“集体+集体”等多种联合所有制形式。公有制是多层次性的，如全民所有制在经营形式上，将会出现国有国营、国有企业经营、国有集体租赁、国有个体租赁等；在资金结构与分配结构上，将出现吸收部分职工资金和实行按股分红，还可以吸收集体资金、社会个人资金以及向其他企业投资等按股分红形式。1981 年 5 月的《论社会主义商品经济与社会主义所有制具体形式的多样化》一文的重点就是论证社会主义公有制实现形式的多样性。

1985 年，上海人民出版社出版了我的专著《社会主义所有制研究》。该书根据马克思主义关于所有制的一般理论和经典作家关于社会主义所有制的理论，结合我国改革实际，对社会主义公有制的内涵，重新进行了理论论证。

我的上述认识并非仅仅来源于理论推导，更多的是基于对改革实践的思考。始于 1979 年的四川省国营工业企业扩大企业自主权改革试点，给我以有益的启示，即构建社会主义经济新体制的微观经济基础，必须在全民所有制组织结构与模式的改革上下工夫。以公有制为主体，多种所有制经济共同发展，是我国社会主义初级阶段的一项基本经济制度。党的十五大更是明确提出，要全面认识公有制经济的含义，公有制实现形式可以而且应当多样化。而我的这些观点，在全国经济理论界较早地提出来，此后改革实践证明我的这些理论探索是正确的。

问：您对社会主义商品经济和市场经济的探索也有较早的预见性。请回顾一下您的观点。

答：对于构建科学的社会主义市场经济理论，不少学者为此经过长期而艰难的努力。我作为我国较早提出并论证社会主义经济具有商品性的学者之一，坚持用“所有制论”来论证社会主义经济的商品属性，并由此提出大力发展社会主义商品经济、高度重视市场经济机制的作用，以及提倡使用社会主义市场经济体制的概念。

早在50年代末期，我就曾经著文论证过人民公社必须发展生产，重视价值规律的作用，但真正较系统地研究社会主义商品经济理论，则是在粉碎“四人帮”以后。1979年以来我发表了一系列文章，如《论发展社会主义商品经济与利用市场》、《论社会主义计划管理与利用市场机制》等。1983年又出版了专著《社会主义商品生产若干问题研究》。在我看来，社会主义现阶段不完全的社会公有制和全民所有制企业之间的利益差别性，是决定社会主义经济商品性的内在条件和根据。因而，社会主义要大力发展商品经济，尤其对中国这样一个未经历完全的资本主义商品经济化，从而在许多领域还带有自给自足性质的国家来说，更是如此。社会主义发展商品经济，一方面带有补课的性质，即通过它去完成资本主义商品经济化所理应完成的推动社会分工与生产社会化的使命；另一方面，它又是进一步推动社会主义社会化大生产向前发展所必需的。

在80年代初，我就致力于论证市场机制在搞活经济中的重要作用。社会主义经济既然是商品经济，那么市场机制就是社会主义经济的内在的调节机制。或者说，发展商品经济的关键是发挥市场机制的作用。这就要求计划调节必须充分反映价值规律，必须立足于市场机制的基础之上。这种市场机制作为资源配置的基本手段的经济形式，实际上就是今天已经写入党的文献的市场经济。早在 1979 年 4 月，在无锡召开的全国价值规律作用讨论会上，我曾经提出“社会主义经济仍然带有市场经济性质，是崭新的社会主义的市场经济”。我认为：“社会主义经济中，无论是个人副业经济、集体所有制经济，以及全民所有制消费品生产等领域的经济活动，都具有市场经济的性质。这些领域的生产不仅离不开市场交换，而且不同程度上要从属于市场上价值规律的调节。”[①] 当然，囿于客观与主观条件，大多数场合我仍然使用的是有计划商品经济这一概念。但是，我提出的“崭新的社会主义市场经济”观点还是较超前的，我国市场化改革的实践，证明了我这一论点的预见性。

问：您对企业股份制改革的探索也研究得较早。请阐述一下您早期研究的思路。

答：80 年代以来，我国企业沿着所有权与经营权分离的思路进行了一系列改革。扩权、利改税、租赁、承包……但国有企业并未真正搞好搞活。究其根源，在于传统的产品经济模式，导致企业产权不明。干了几十年还不知“家底”有多少，人人负责实际上人人都不负责，何谈搞活企业？股份制本是现代企业的组织形式，尽管在 80 年代初期、部分企业已经悄悄地在进行改制试点，但在我国理论界，对此却一直讳莫如深。

一批中国经济学家较早从理论上阐述社会主义股份制。在 80 年代中期，我就论述了股份制出现具有必然性。在《试论

---

① 刘诗白．论社会主义计划管理与利用市场机制［M］//社会主义经济中计划与市场关系．上册．北京：中国社会科学出版社，1980．

社会主义股份制》[①] 一文中论述了社会主义股份制存在的原因，认为在社会主义商品经济体制下，作为独立商品生产者与经营者的企业，其资金的形式将日益采取自主的资金联合形式，而实现资金的自主联合，股份制就是一种具有较高灵活性和较强吸收力的经济形式。股份制体现了一种利益共享、风险共担的联合投资关系，能够高效率地把社会上分散的、闲置的资金组合和凝聚起来，以适应现代化大生产的需要，因而是现代市场经济条件下有较强生命力的一种企业组织形式。

我认为，社会主义条件下股份制的出现，将对传统的社会主义所有制具体形式产生重大影响。股份制不仅是一种新的企业组织形式，而且也是一种新的财产组织形式。国有企业的股份化，是微观经济基础的重大变革，它使原有的单一国家所有制或单一的集体所有制转化为“一企三制”，从而产生交错的和联合的所有制形态。这实际上是把集体所有制要素引入传统的全民所有制企业之中，把全民所有制要素引入传统集体所有制企业之中；与此同时，把私人个体占有要素引入公有制企业之中。这样，企业的所有制不再是单一的，而成为多元的结构。这种多元的所有制把国家、企业和个人的利益有机地结合起来，它是社会主义公有制的进一步完善和发展。

针对社会上一些人对股份制的错误认识我明确提出，“当前实行股份制是前进而不是倒退”。我认为，包括股份制在内的企业改革，是可贵的群众性实践，表明了改革的深化，不存在倒退的问题。股份制在一些试点的国有企业已经取得成效，

① 此文载《经济研究》1986（1）。

表明这一企业组织形式和财产形式的有效性。至于原来实行的单一的全民所有制模式，现在改制实行股份制，这不是倒退，而是适应社会主义商品经济发展的需要而在企业组织形式上进行的创新。我当时就认为："股份制企业产权制度的实质，在于财产权的两分，它使所有权放弃直接支配权，而却不削弱收益权，使经营者享有出资人财产的支配权，但却不侵蚀所有权。股份制企业产权制度，是现代发达商品经济的一项具有重要意义和深远影响的体制创新，它是经济主体为适应社会化大生产和市场经济运行所产生而实现的一次财产责、权关系的调整。"①

问：您对80年代末期经济紧缩负效应的成因、特征和治理方法颇有研究。请谈谈大体内容。

答：如何认识对宏观经济实行紧缩中出现的种种负效应和应该如何缓解与调节这些负效应，是1988年我国实行治理整顿以来的现实向人们提出的重大课题。那时对于市场疲软与资金短缺，人们认识不一。有的同志说，这是双紧的恶果，以为宏观的紧缩政策错了；有的同志说，本来就应该实行"软着陆"，而无需实行"双紧"；不少基层的同志则为市场疲软，产品积压，生产滑坡而忧心忡忡，总觉得形势"一团糟"，对如何进一步治理整顿缺少信心，消极悲观。

我认为，市场疲软和资金短缺的出现，并不是治理整顿的双紧方针不对头。从根本上说，它是我国现行不完善经济体制和不完善经济机制下，实行较严格的宏观经济紧缩政策难以避

① 刘诗白．再论社会主义股份制［J］．改革，1988（3）．

免的现象。我国的治理整顿要通过解决国民经济中存在的总量失衡与结构失调两大问题，达到从根本上克服经济过热，需求过旺，控制通货膨胀，实现国民经济持续、稳定、协调发展。为此，首先必须解决总量失衡，要实行以抑制总需求为直接目的的双紧政策。由于多年来我国经济不均衡要素大量积累，造成了严重的通货膨胀。加之我国人口多，收入低，人们习惯于价格固定，又缺乏收入补偿和就业保障机制，对涨价承受力低，因而必须采取有效手段来抑制总需求膨胀，把物价涨势刹住，这不仅是一个迫切的经济问题，而且是一个政治问题。因而实行双紧政策，采用紧缩投资、信贷、货币、财政、进口多管齐下，就是客观必然的。

以实行严格的宏观政策肇始的治理整顿，标志着我国经济进入了紧缩、调整时期。从1988年9月开始，到1989年底，可以说是治理整顿的第一阶段，其主要特征是实行较为全面的宏观紧缩，其主要任务是抑制社会总需求的过猛增长。这一经济紧缩过程表现为：

(1) 资金供应减少，一部分企业和一定经济领域流动资金不足，但不是金融信贷危机；

(2) 社会总需求增长放慢，市场购销活动由旺转平，转疲，一些产品滞销，但不是全面的市场萧条；

(3) 对一部分企业实行关停并转，但不是企业大破产；

(4) 待业人员增多，但不是大量失业；

(5) 局部领域经济活动降温，经济增长放慢，但不是社会总体再生产的中断。

以上五点表明，这是一个国家掌握的、有计划的、有步骤的经济紧缩与经济调整，它与资本主义经济中，在自发性的市场机制作用下，以爆发性的危机形式，通过经济大崩溃和社会大动荡而实行的调整有根本的不同。

社会主义的经济紧缩过程，特别是它的肇始阶段，以抑制社会总需求的过度增长为主要任务，以实行减少投资量和信贷供应量，控制消费基金的增长，以及控制紧缺原材料的计划供应与市场供应，紧缩进口等多方面和互相配套的紧缩政策措施为特征。而上述政策在发挥它的紧缩需求功能，收到把物价涨势控制住的积极成效的同时，又难以避免会引起市场购销活动的某些衰减，使资金供应感到不足，特别是经济收紧的“紧急制动”，难免要打乱过去的过热运转型的经济机制，造成暂时的“机制紊乱”，由此加剧局部领域经济活动的“衰减”，使企业停产或半停产范围扩大。可见，宏观紧缩总是正效应与负效应同时存在，如果没有任何负效应，意味着过度膨胀着的总需求尚未被抑制住，也就谈不上有正效应。

另外近几年来金融宏观调控的反思是由于我国当前尚不完善的体制与具有资金膨胀惯性的经济机制。在实行紧缩信贷中应该注意以下几点：

（1）切实掌握好信贷紧缩的“力度”，不要发生紧缩过度，以至出现“紧急制动”下，由于资金缺乏而出现的经济“休克”，即总体再生产运行的难以为继。

（2）金融宏观紧缩应着重于压缩投资的增长，而对于维护日常再生产的流动资金的供应，则应予以保证。

（3）金融宏观紧缩的初始阶段，在流动资金供应上实行从紧，要求讲求信贷紧缩方法。切实贯彻有压有保，做到充分保证效益好的企业和重点企业的资金需要，只是对那些效益差的、长线的、不符合产业政策要求的企业的资金供应进行限制。

(4) 金融宏观紧缩，应该适应再生产活动的节奏，在资金供应上该紧则紧，该松则松，防止与再生产活动要求相违反的松紧失序。

(5) 在金融宏观紧缩中要做到“及时调节”，密切观察和针对紧缩中出现的新问题，及时采取有效对策进行调节，包括银根紧缩力度的调节，做到紧中有松，大紧小松，紧松适度。

总之，深入研究宏观紧缩期的经济机制，探索和采取恰当稳健的金融宏观紧缩措施，以充分地发挥紧缩的效应，尽量减少负效应，这是保证治理整顿顺利发展的根本条件。

问：您对产权制度的研究也较为深刻，被誉为“中国三大产权流派之一”。您对国有企业产权制度改革怎么看？

答：80年代中期以来我在一系列论文中，对过去理论所认为“离经叛道”的产权问题，进行了不懈的探索。在该问题上有人称我为中国三大产权流派之一。

我认为，传统国有制企业模式是计划经济的产物。在传统计划体制下，国有企业由政府分钱、分物来维持其运行，尽管企业缺乏活力和效率，但总体上仍然维持着一种高投入、低产出、慢节奏的运转。改革以来，引入了市场机制，采取了扩权让利等多种措施，力图把企业推向市场，但种种改革措施，并未使企业真正活起来，其原因就在于国有企业的产权制度改革的滞后。

市场经济是自发的市场机制成为主要调节者和在资源配置

中起基础性作用的经济。这一市场体制成为主要调节器的经济，要求微观组织是以盈利极大化为目标，实行自主经营、自负盈亏、自我发展，自我约束的市场主体和拥有自行支配的经营财产的产权主体，即是一个真正的企业。企业行为特征是围绕着市场转，是真正的市场主体，但企业要成为市场主体，它必须是产权主体，即必须拥有财产所有权或支配权，并能享有“产益”和承担“产责”。而我国传统的国家所有制企业，其产权模式与市场经济是不能兼容的。缺乏法人财产机制，企业没有真正面向市场所必需的责、权、利，当然就不可能真正自负盈亏和拥有市场主体的行为特征。因此，构建市场机制，必须着眼于改革公有制的实现形式，重点是进行产权制度的改革，即按照两权分离的原则，探索和构建确保国家所有权，强化企业经营权的法人财产制度并由此建立现代企业制度。而构建起一种能有效地实现国家所有权和保证企业经营权的新产权制度，必须深化企业改革，把单一国有产权制度改造为多元产权制度；把高度集中的国有国营的产权制度，改造为两权相分离的产权制度；把模糊不清的产权关系改造为明晰化的产权关系。构建新的产权制度，是搞活我国国有企业的突破口。

值得一提的是，构建和明晰企业产权不等于实行企业所有制。前者是指形成作为法人的企业对国有资产的实际占有和支配，而后者表现为一种财产的终极所有权。构建起企业产权或法人产权并不意味着企业的国有资产性质的改变，国家仍然将通过利润和税金上缴的形式实现所有者权益。所以，企业拥有法人产权并不等于实行所有权企业化和放弃社会主义国家所有制。

上述有关国有企业产权改革的论述，在我 1986 年以来发表的一系列论文中就已经提出了，如《经济研究》1988 年第 3 期、第 9 期《社会主义商品生产与企业产权》、《论产权构建》；《经济学家》1989 年第 1 期《论产权自主转让》；《人民日报》1989 年 2 月 3 日《兼并是企业产权转让的一种重要形式》；等等。1993 年出版的《产权新论》和 1998 年的《主体产权论》，是我关于产权制度研究有较大理论创新的两本学术专著。在我国，很长时期产权问题一直是个理论禁区，直到 1995 年理论界仍有人认为产权改革就是私有化。这种错误的认识，延误了我国国有企业的改革。所以，我的产权研究理论，并不是赶时髦、标新立异，而是改革的需要。

问：您被称为“立足实践，服务改革”的经济学家，在金融体制改革和国企改革方面也有较多的高见。请较详细地阐述一下。

答：我一贯主张理论研究要为经济建设和改革服务。我的许多对策建议也屡屡为政府决策部门所采纳。在 1998 年全国人大七届一次会议上我与蒋一苇等 43 名人大代表曾联合提出提案，建议加强中央银行独立执行货币政策权力，建立货币委员会。当初这一提案曾引起强烈反响，它不仅开拓了金融体制改革的思路，而且有利于强化和改善宏观调控。1995 年，《中华人民共和国中国人民银行法》中有关成立货币政策委员会的条款，采纳了当时提案的建议。1988 年，为了平抑物价上涨，中央实行治理整顿，这在当时是必要的。但全面紧缩带来负效应，1989 年春出现市场销售疲软，9 月以后更出现严重的生产滑坡。情况的变化，需要调整“紧缩”力度，实行适当的政策。1990 年我在全国七届人大三次会议上提出“缓解市场疲软十策”的建议，引起了各方高度重视。这十策是：①用活资金来启动市场带动市场；②强化商业功能以疏通市场；③用开发新产品来开拓市场；④用好价格机制来促进销售；⑤用消费来激励市场；⑥减少对一些商品的不必要限制以活跃销售；⑦限制不必要进口，提倡国货以扩大销售；⑧优化产业结构和提高经济效益；⑨采取有效措施清理“三角债”；⑩用好投资来启动市场。这些政策建议引起了较好反响，《人民日报》全文刊登了这篇发言。

金融体制改革是我国经济体制改革的重要组成部分。我早在 1985 年就提出：“银行企业化是金融体制改革的方向”[①]，提出“应给银行以资金占用权”。这些观点，不仅符合我国金融体制改革的基本方向，而且具有超前性。我的思路是：我国的银行在很大程度上具有行政组织的性质，即是国家分配资金的行政机构，而非责、权、利相结合的具有相对独立的经济实体。也就是说，我国银行还不是“真正的银行”。在这种银行体制下，信贷活动不是按经济规律而往往是按长官意志办事，它造成资金使用上的大锅饭，不仅经济效益低，而且造成呆账和社会资金的大量损失，使我国本来就很紧张的资金供应更为短缺。我国银行的这种性质，是由原高度集中的财政分配型体制所决定的。我国市场取向的改革决定了我国银行的国家行政机构的性质必须改变。过去在旧的金融体制下，银行还缺乏自身的经济利益，不利于银行改进经营管理，调动银行职工的积

① 刘诗白．试论我国金融体制改革［J］．财经科学，1985（5）．

极性。同时银行没有经营自主权，不利于也不可能加速资金周转，完善经营和提高效益。所以，银行企业化改革是由商品经济中银行的本性所决定的。只有银行企业化，才能根治我国金融体制缺乏活力和资金分配上吃大锅饭的诸多弊端。

根据现代产权理论中资金所有权与经营权相分离的原则，我还提出将基层银行的全民所有资金归银行占用，形成由基层银行长期支配使用的留用资金。这一论点实际上是将法人产权机制引入商业银行，将它作为银行独立进行企业化经营的条件。此外，我还提出发展和充分利用各种信用形式，如租赁信用、消费信用等多种银行信用形式；发展商业信用和利用股票、证券等信用形式。实践表明，直接融资是聚集和利用社会资金的有效形式，借助这种形式能促进生产资金的聚集和融通以及提高资金利用效果，缓解发展经济与资金不足的矛盾。近年来我国证券市场的发展，就最能说明问题。

此外，我还提出发展多样性的金融机构，即以全民所有制的国家银行为主体，适当发展集体所有制的信用社和其他金融机构，以及侨资、外资银行，同时也允许个人之间信用的存在。这些1985年所作出的理论分析和设想，已为今天金融体制改革的进程所证实。

国有企业改革是我国体制改革的中心环节，我的经济学研究也集中于国有企业改革。在《有关国有企业深化改革的若干问题》一文中指出，国有企业改革要有新思路，要跳出就企业谈企业改革的旧的思维方式，采取从国有经济整体着眼，以国有经济结构的优化为目标，来考虑和规划企业改革。希望把每一家国有企业都搞活，这不仅在实践中做不到，而且这种愿望也不科学，这是由于实行向社会主义市场经济体制转轨，需要对国有经济结构进行调整。

我认为，国有经济的产业、行业结构的调整，要通过当前国有企业的改革来进行。人们应该根据国家的产业政策，国有企业的性质和现状，按照分类指导的原则，对不同企业实行不同改革对策。我提出，要大力抓好关键性的少数，集中力量抓好一批骨干性国有大企业的三改一加强，切实搞好“抓大”；对于小企业要采取联合、承包、租赁、股份合作、出售给职工等多种方式，放开搞活。要实行“扶优”，通过联合、兼并、破产等等形式，促使那些低效、无效运行的资产，向优势“龙头”企业集中，从而盘活资产存量。也就是说，要采取有保有合的政策，有兴有灭的方式，对企业实行战略性的调整，从总体上来搞活国有企业，并且达到国有经济结构调整和优化的目标。

我还较早地提出，国有企业改革要实现重点突破、要进行深层次的产权改革，国有企业产权要多样化，并参加了四川省现代企业制度试点及 1993 年国有企业 33 条等文件的起草工作。我的这些理论和实践与改革的进程是吻合的。党的十五大明确提出，加快推进国有企业改革，要着眼于搞好整个国有经济，抓好大的、放活小的、对国有企业实施战略性改组。

我认为，必须从战略上调整国有经济布局，坚持有进有退，有所为有所不为。无论是退是进，在国有经济布局的战略调整中，都应该借助资本市场，通过资产重组的方式来完成。搞好搞活国有大中型企业，一是靠制度创新，其核心是产权问题，要以公司制为目标建立现代企业制度；二是企业组织结构优化；三是技术进步；四是加强管理。一句话，要形成一个好机制，有一个好产品，有一个好领导。我认为体制是先决条件，体制决定机制，机制决定活力。有了制度作保证，再有了好的领导班子，选准了好产品，企业自然也就活了。

问：据说您对近几年经济运行的周期性和扩大内需等方面也有精辟的见解。能否展开谈一谈？

答：我国经济自1992年以来出现了一轮高增长，引发双位数通胀，政府实行了加强宏观调控和适度紧缩，1996年物价降下来。1997年以来开始了适度松动，在松动不断加大力度中，实际经济运行却表现出继续收缩的缠绵而顽强的“惯性”力量。1997年以来增长放慢，1997年10月以来物价一路下滑，1998年以来，采取了力度不小的刺激投资需求的措施，增加了1000亿财政支出用于基础设施投资，支撑了固定资产投资的增长，但全社会固定资产投资1季度增长率仅9%，全年达到15%的增长率，远低于过去一般的固定资产增长率；在消费不振和出口急剧下滑——全年增长0.5%——的情况下维持了国内生产总值7.8%的增长。

但在加大公共投资条件下，社会投资却继续不振，而且，随着公共投资支出的到位，1999年4月以来，又出现了全社会固定资产投资率的下降，这种情况表现出政府公共投资未能撬起和启动内生的社会投资。此外，1998年以来，消费品市场进一步全面疲软，零售物价和消费物价仍然持续下走，而且出现了1999年1~5月的储蓄狂增，反映出80年代以来的公共投资中40%转化为消费的传统机制失灵。

上述社会投资与居民消费需求持续不振，有启动经济的政策措施到位和松动力度到位方面的问题，但是我们认为，经济启动的艰难在本质上体现了宏观经济运行势态的变化，即出现了有效需求不足和经济过剩运行。

关于扩大内需、促进回升、实现经济稳定增长方面，主要的工作应体现在以下几个方面：

第一，大力启动投资需求。

我国宏观经济还处在复苏阶段，随着内需的逐步启动，市场将由疲转旺，价格将回升，增长将加快并逐步过渡到健康增长阶段。我国最佳的增长模式应该是低通胀和适度高增长，而当前的紧迫任务是有效扩大内需，促进健康回升。

在货币政策刺激投资与消费的效果疲软的条件下，应该把扩张性的财政政策作为反周期的主要杠杆，首先是作为撬动社会投资的杠杆。社会投资——企业和居民的投资——的重振和保持强劲的拉动力，是经济走出低谷、健康回升的主要条件。当前的主要矛盾是在市场制约、预期利润率下降、风险增大条件下的社会投资力度不足，应该借助政府公共投资来维持投资拉动力，支撑市场需求，防止生产滑坡。

基于我国新时期经济运行中机制性的需求不足的大背景，和内生的企业投资和居民投资难以启动的现状，有必要保持一定时期内有力度的和持续有效的公共投资支出，来维持对增长的投资拉动，防止公共投资一波结束，出现投资断层带来的负效应。

需要进一步指出的是，政府的公共投资应该是作为撬起、带动社会投资的杠杆。在市场经济中投资主要是社会投资，投资活动是由作为市场主体的企业以及居民来进行，这种自主进行的社会投资需求形成经济体系持续性的内生的需求。在经济过冷阶段，作为反萧条措施的依靠财政资金的政府公共投资则是一种非经常的外生的需求。国民经济的健康运行，必须立足于经济体系的内生的需求——投资需求与消费需求之上。1993年以前经济运行主要是内生需求过旺，而1997年以后的复苏阶段则是表现为内生需求不足，首先是内生的投资需求不足。不仅国有企业的投资不振，在市场制约下集体企业的投资在近年也大大下降。由于市场及各种制度制约，个体私营企业的投资也停滞不前，因而，当务之急是启动内生的投资需求。需要看到，扩张性财政政策和大规模公共投资是难以长期持续的，而且更重要的是，它不能取代社会投资，它的目的在于启动社会投资需求。只有社会投资重振、恢复活力和实现强劲增长，才能实现经济健康回升，并使经济运行进入稳定增长阶段。

在当前，国有企业的投资不振除了市场制约之外，关键在于企业缺乏活力和缺乏资本金。在当前，应该把对刺激社会投资和深化国有经济、国有企业的改组相结合，着力于启动有效投资。为此要抓有后劲的重点企业的投资，既增强投资拉动又形成有效供给，并且通过企业效益提高，在职工收入持续增加的基础上启动城市消费支出。

第二，实行启动投资需求和启动消费需求相结合。

我国内需不足，另一重要原因是消费需求增长乏力。90年代以来，特别是近年来出现了城市居民收入增长放慢。

我们认为，不能把当前的消费需求不振和消费品市场疲软只看做是“紧缩的惯性”，而应看到它的出现的更深刻的原因，即90年代以来逐步趋于明显的有效需求不足，后者是转轨过程中的矛盾的集中表现，可称之为转轨期综合症。

由于我国经济处在转轨期的复杂矛盾中，启动消费从而拉动内生投资、治理经济过剩运行需要时间。由于经济健康增长首先要恢复内生投资需求，投资的启动又快于消费的启动，我国经济中有效需求不足问题的根本缓解将经历一个过程，不可能一蹴而就。当前消费需求增长滞后是转轨期的“综合症”，是转轨期诸多矛盾的集中表现，其根本治理需要经历一个阶段。因而，我们认为，重振消费需求，既要治标，即采取多种刺激即期消费的政策措施，更要治本，即在增强微观主体活力基础上提高基本消费群体的收入；既要着眼于促使 8 万亿居民储蓄更多地转化为即期消费，更要着眼于形成一大批生气勃勃的微观主体，后者能创造适销对路的有效供给，又能不断提高职工的收入。如果我国城乡越来越多的微观主体通过深化改革，转换机制，走上调整结构、加强技术进步、改变增长方式、提高效益、增大职工收入的发展轨道，再加上有关制度——如社会保障体制的完善的配合——那么转轨期的消费需求增长滞后就能从根本上得到治理。而在内生投资需求重新崛起相配合下，我国就会形成旺盛的有效需求，我国经济以 8% 左右的幅度持续、稳定的增长就有了保证。

问：前两年，您曾发表过长篇文章，论述 90 年代后期中国经济转轨与有效需求不足及其治理办法。请问这些内容分别包括哪几个方面？

答：如果说，需求快速增长，甚至有时出现过度扩张，是我国 80 年代改革初始阶段经济运行中的突出现象，那么，需求的不足则是 90 年代改革深化阶段中出现的新情况。

90年代中期经济运行中需求不足表现得日益明显：

(1) 市场疲软，供给大于需求；

(2) 物价持续负增长和低位运行；

(3) 商品库存增大和生产能力过剩；

(4) 市场疲软成为全方位的。

以上情况表明，1997年以来我国经济发展中面对着一种新的经济运行势态，人们习惯使用的“买方市场”概念已经不能确切表述这种情况。应该说，这是一种明显的需求不足和相对过剩，出现了一种经济过剩运行势态，需求不足和经济过剩已成为当前经济生活中的主要矛盾。

科学地分析需求不足的成因，对于我们采取正确政策，治理通缩是十分重要的。分析和认识需求不足的成因，要从实际出发，采取科学的方法，切忌片面性。需求不足主要是内需不足，后者是经济中的深层次矛盾所导致。

在这里我们要对以下两种观点加以评述：

(1) 需求不足是出口下降造成的

有些人将需求不足归之于东亚金融危机的冲击，这是需求不足的“外铄论”。1997年东亚金融危机和此后世界经济的动荡，带来的我国出口下降，是影响内需不足的重要国际因素。我国90年代出口年增幅在15%～20%左右，1998年、1999年两年出口大幅度下降，1998年出口增长0.5%，下降10多个百分点，1999年1～6月出口负增长7.5%。但是出口影响我国GDP增长仅为1～1.5个百分点，而近年来GDP增幅已较1993年下降了5～6个百分点。而且，市场疲软早在1997年初就已经表现出来。此外，当前不只是与出口有关的企业和生产的销售困难，而是全面的市场疲软，体现了内需不足，可见，将需求不足成因归之于外需是难以成立的。

（2）需求不足是 1993—1996 年的紧缩造成的

有一种观点认为当前需求不足是由于紧缩“过了头”，“松动不及时”，这是需求不足的“紧缩过度论”。1993—1996 年的宏观调控，实行适度从紧，货币、信贷规模紧缩力度不轻，它把 1992 年、1993 年的狂热的需求扩张势头抑制性；同时，1993—1997 年三年国民经济仍然保持平均 9% 的高增幅，实践表明这一轮软着陆是成功的。当然，任何事物都具有两面性，紧缩也存在负效应，特别是对于机制未能转换的转轨期经济，急剧的货币、信贷与财政的紧缩带来企业流动资金不足，债务链剧增，使经济循环发生阻滞，从而形成一种机制性的需求抑制惯性。具体地说，作为投资和消费需求的源头的企业，特别是国有企业，在紧缩形势下，特别是在债务链引起的资金流通阻滞下，陷于营运困难，从而导致始发于企业的需求——投资和消费的弱化。

软着陆基本实现后的 1997 年，货币、信贷松动不及时，力度不够，也在一定程度上加强了这种需求抑制的惯性力量。在经济仍然高增长背景下，需求弱化的惯性就会带来严峻的负效应，加剧经济过剩和启动经济的难度。90 年代是改革开放深入发展的时期，尽管经济发展中出现过热和经历紧缩、减速，但也是经济持续年均 9% 左右的高增长时期，是国家综合经济实力迅速增强的时期，但是为什么在经济生活中会出现城乡居民收入增长滞后这一新现象？而且由于相对于 GDP 和生产能力快速增长，基本消费群体收入增长滞后已经给经济生活带来了十分严重的负效应，成为当前制约经济健康运行的重大障碍。这一新问题备受社会各方面关注，人们有各种议论，一些人对这一现象感到迷惑不解，还有人怀疑它是改革带来的“恶果”，一些人满足于肤浅的表象解释，如认为是宏观紧缩所造成，一些人则不求甚解。

我们应该用辩证唯物主义和历史唯物主义的观点来分析社会主义改革的进程，要对我国改革开放历史进程及转轨期的矛盾进行冷静的经济学的分析和总结。基于此，我认为应该提出转轨经济中需求不足，特别是消费需求不足的命题。我在《论经济的过剩运行及其治理》一文中业已指出：“我国消费需求增长的放慢和滞后，是我国改革过程中出现的值得重视的新问题，它既表明了市场经济中消费需求增长和变动的不均衡，更主要的，它是转型期经济机制不健全和经济运行中各种矛盾交织的结果，也是不发达国家工业化过程中的各种矛盾与困难的表现。”①

可以说，90 年代出现的需求不足现象是我国改革深化阶段多种矛盾交织的结果，是一种“体制综合症”。

问：请您具体谈谈转轨经济的内在矛盾与消费需求不足。

答：当前我国有效需求不足的根子，在于消费需求不足。在提高消费品的有效需求的基础上，振兴和扩大投资需求，是当前缓解有效需求不足的根本之途。这里需要在理论上进一步明确的是：现实的消费需求，其最大界限是主体的可支配收入

① 刘诗白．论经济过剩运行［J］．宏观经济研究，1999（4）．

的总和，但是市场经济条件下，主体可支配收入的总和并不统统转化为现实的购买力和形成现实的需求。现实的、即期的消费，才构成社会的对消费品的有效需求。有效需求是一个年度有支付能力的需求中的实现部分，它通常小于有支付能力的购买力。也就是说，一部分消费需求，在储蓄形式下转化为潜在的或被推迟的需求。我国目前处在经济还不发达、群众收入水平还较低的阶段，在实行市场体制下，人们的即期消费要受到许多因素的制约，重视储蓄，节制消费，成为多数居民的心态，而高储蓄率——40% 左右——成为我国经济运行的特征。

储蓄偏好和消费抑制，是和改革开放初期消费品生产不足和供给匮乏阶段相适应的。人们应该记得，80 年代初由于消费品普遍紧缺和供应不足，棉、粮、油和其他消费品还保持着凭票供应，因而，居民收入的更多转化为储蓄，这是一种强制储蓄，它并不带来消费品有效需求的不足。由于在计划体制下，政府通过银行信贷安排，直接使储蓄转化为投资，因而也不存在投资需求不足的问题。但是市场经济必须以需求为动力，要以消费需求的增长拉动投资增长，从而实现总量均衡和结构均衡。在 90 年代，我国经济告别了短缺运行，消费品供给量急剧增长，并逐步出现供给过剩；加之以预算约束硬化的改革使投资需求——以自负盈亏的企业为主体——也要由消费需求来拉动。因而，保证消费品的有效需求不断增长，就成为 90 年代中期以来经济过剩势态下的客观要求。

问：*那么，应如何治理需求不足和加快体制转轨呢？*

答：我们把 90 年代中期经济运行中需求不足归结为体制转轨、增长方式转换中众多矛盾的积累和交织的表现，可以称之为转轨深入发展期矛盾综合症。基于制度分析而确立的以上的认识，可以为我们确立起治理需求不足的清晰思路和更完备的方法。

（1）把扩大内需放到发展战略高度，同时，千方百计扩大“外需”。既然我国的需求不足，主要成因是内因，是内需不足，因而从根本上解决需求不足，就要扩大国内需求。虽然加强外贸工作，扩大出口，仍然是必要的和十分紧迫的任务，但是也必须看到像我国这样的拥有12亿人口的、处在发展中的大国，拉动经济快速增长主要应依靠国内需求。

我国当前出现的市场全面疲软和生产能力的过剩，表明了内需不足的严重危害和扩大内需的迫切必要性。另外，1997年东亚金融危机以来，国际经济的动荡和不确定性增大也表明，在走向21世纪的经济全球化的新时期，强化国内需求对经济的拉动力的重要性。我国有必要实行一项重振内需的长期战略，只要我们能做到有效启动，不断保持国内需求的旺盛和持续充分的经济增长，我国将会进入一轮工业、农业和各行各业稳定高增长的时期，我国民族经济因有国内需求为支柱将会得到更好的发展和振兴。

（2）实行和搞好扩充需求总量的宏观政策。在经济走出低谷，但国内有效需求不足，经济缺乏拉动力，增长减速、下滑时期，需要实行扩张性的宏观政策，有效地刺激投资和消费需求，使经济在政府“打气”中走向复苏。凯恩斯阐明和提出的上述反周期的政策措施，可以也需要加以采用，但要使其与我国的具体实际相结合。政府的公共投资的根本目的是刺激和撬动社会投资，是用来启动经济复苏的“催化器”。实践证明当前的宏观政策：

①应该继续实行积极的财政政策并加大其力度。

②应该把扩张性的财政政策的着力点放在撬动、刺激社会投资上，特别是要刺激、调动各类企业和居民的投资的积极性，以振兴和加强来自企业的始发的需求。尽管政府公共投资拉动还需要持续一段时间，但是依靠政府财力的公共投资不可能长期持续。我国经济的健康复苏和走向高涨，必须依靠经济自身的活力，即依靠社会投资（企业、单位、居民和外商）和社会消费的增长。

③应该把刺激消费作为扩张性的财政政策的一项重要内容。我国当前内需不足与经济难以启动的症结，在于消费需求不振。消费需求增长的明显滞后，导致普遍的市场疲软，造成生产萎缩，企业缺乏投资积极性。可见，启动社会投资的前提是振兴消费。

④要把扩张性的财政政策和适度扩张的货币政策相结合，即“适度双松”。基于当前出现通货紧缩的势态，货币政策应争取有大的作为，要采取多种措施，适度增大基础货币供给量和扩大信贷，并使货币政策与财政政策密切配合，有效发挥刺激投资和消费的效应。

⑤实行扩张性的宏观政策，既要着眼于当前扩大内需的迫切需要，又要着眼于中长期经济稳定增长的要求。

(3) 大力搞好国有企业的改革，在搞活“源头”上振兴有效需求。为了增加有效需求，有的人主张主要应在财政特别是货币政策的扩张上下工夫，主张通过大大扩大货币量供给，用通胀来快速刺激投资和消费需求。这种“货币扩张救治论”

是基于下述认识：我国当前的通货紧缩和需求不足主要是一种货币现象，是1993年以来实行紧缩性的宏观政策造成的，因而，只要大胆实行货币与财政政策“双松动”，需求不足就能得到治理。我们对这种论点不敢苟同。

我们认为，通货紧缩取决于货币供应不足的弗里德曼理论，也许适合于西方发达的市场经济国家，但是却不符合中国的现实和国情。而且，单纯以货币扩张和膨胀来扩大需求，可能引发泡沫经济和“虚假”需求，特别是在我国转型期的盲目生产和重复建设机制下，通货过度扩张更会强化“虚拟”需求，最终导致经济热胀和促使供给畸化。

当前的需求不足是转轨期体制和机制性矛盾导致的相对需求不足，它在根本上是体制病的表现，而不是货币供应不足所造成。基于上述认识，因而需求不足的根本治理在于改革体制，完善机制。

（4）加快体制转轨，依靠市场调节机制和有效的政府宏观调控，大力调整结构，争取实现长期的总量、结构均衡。进入21世纪的中国经济，在市场体制下实现持续的低通胀、适度高增长的运行的根本之途，在于加快推进以国有企业改革为中心环节的全面的体制改革，加快向市场体制的转轨，更早地在我国形成健全的市场调节与有效的政府调控共同作用下的新的经济运行机制。

问：您在2002年9月14日《人民日报》上发表了《创新：政治经济学研究的时代使命》一文后，据说引起不小反响。请谈谈大体内容。

答：创新是马克思学术思维的基本品格。马克思从不满足和停留于前人的思想，而是立足于不断变化的现实，通过独立思考，不断进行理论创新。1867 年出版的《资本论》第一卷，实现了政治经济学发展史上的革命，使政治经济学真正成为了科学，成为工人阶级和一切进步人类认识世界和改造世界的理论武器。今天，我们的政治经济学研究尤需大力弘扬马克思的创新精神。

首先要以创新精神来研究当代资本主义。

经济理论总是适应社会经济的发展而不断发展的，马克思经济学也不例外。《资本论》出版已经 135 年，世界资本主义经济的基本制度结构、生产和分配的基本规律以及基本矛盾没有变，马克思经济学仍然闪耀着真理的光辉，仍然是唯一能科学地分析当代资本主义经济深层矛盾和发展规律的理论武器。但也应看到，世界资本主义经济处在不断发展变化之中，20 世纪以来，资本主义国家生产的物质技术基础的快速创新，带动了生产方式的进步、企业组织形式和产业结构的变化以及经济运行方式和政府职能的变化。特别是 20 世纪末出现的信息革命和科技创新的大潮，推动了经济的高科技化，催生了知识经济。这些变化使当代资本主义的劳动、分配关系以及产权结构都有了某些新的变化，如当前的精神产品生产商品化等，都是 19 世纪资本主义不曾有的新情况和新现象。我们不应该把这些变化仅仅归结为资本主义生产关系有了更丰富的具体实现形式，而应该看到其社会生产关系出现了局部调整和某些更新，并因此而释放出新的生产力。

马克思当时不可能分析 100 多年以后的当代发达资本主义形态。因此，把马克思经济学的基本理论应用于当代资本主义的新实际，进行创造性的研究，进一步丰富和发展马克思主义经济学说，是十分必要的。

其次要在理论创新中发展社会主义政治经济学。

社会主义市场经济是一个崭新事物，是20世纪70年代末以来中国共产党进行的理论创新和体制创新结出的硕果。在党的基本理论指引下，学术界有关社会主义市场经济的性质，社会主义市场经济体制结构，公有制实现形式的多样性，国有企业产权制度改革和公司化改造，按劳分配与按生产要素分配相结合等一系列重大理论和实际问题的讨论，活跃了学术思想，破除了传统观念，形成了新的经济命题和论断。实践表明，经济理论创新对我国经济体制改革的推进起到了重要的促进作用。

当前，我国进入了崭新的发展阶段，面临着加快改革、建立和完善社会主义市场经济体制的迫切任务，需要进一步加强对社会主义市场经济理论的研究，对我国新时期改革和发展中的重大理论和实际问题作出科学回答。社会主义市场经济理论，作为社会主义政治经济学的主要内容，应该在提高理论与实际相结合的紧密性、理论阐述的深刻性、反映现实的准确性，以及理论结构的完整性上下工夫，在深入分析和总结我国社会主义市场经济新鲜实践经验的基础上推出质量更高、更具说服力的社会主义政治经济学学术论著。

我们已经具备创造社会主义政治经济学理论精品的现实条件。（1）我们面对着一个有血有肉的社会主义市场经济体制的基本框架，有了进行观察、对比和理论分析的丰富的实践资料；经济体制创新的成功实践，也成为人们对各种经济理论观点进行取舍和评判的现实基础。(2)20多年来的经济理论创新，形成了许多公认的成果，为进一步把理论研究引向深层领域打下了基础。(3)多门类应用经济学与部门经济学研究的发展，西方经济学研究的加强及其方法的引进，为政治经济学研究范围的拓宽和方法的完善，提供了丰富的资料。

进行社会主义政治经济学创新，需要全面总结实践经验，把丰富多彩的具体实践上升为理论；需要进行大量的调查研究，掌握实际状况，进行多方位观察、对比，进行细致的理论分析和表述；需要对不断发展变化着的世界经济实践进行研究；需要汲取西方经济学的积极成果……这一切都需要人们付出艰苦的劳动，进行长期的学术积累，而不可能一蹴而就。因此，经济学工作者应树立学术雄心，潜心致志，不懈耕耘，力争多出精品，切戒心态浮躁和急功近利。

问：最近几年来，对于要不要建立中国经济学，怎样建立中国经济学，国内学术界存在许多不同看法，也有不少争议。请问您是怎样看待这个重要而又博大的问题的？

答：这是一个很大的问题，也是一个很重要的问题。我想从以下三个方面来回答这一问题：

第一方面是中国经济学产生的条件和内涵。

(1)创建中国经济学是中国改革、开放新时代的需要

经济理论总是在一定条件下，适应时代的需要而形成。18世纪英国的资产阶级革命产生了以斯密和李嘉图为代表的英国古典经济学。此后的200多年，为适应欧美资本主义发展变化，经济学也不断发展变化，出现了众多的流派。这一长期流行和发展演变于发达资本主义国家的经济理论，我们通称为西

方经济学。

19 世纪 30 年代以来，美国和西欧工人运动产生了马克思的经济学，恩格斯称之为“科学的、独立的德国经济学”，它在 20 世纪表现为列宁、斯大林的政治经济学以及其他国家的马克思主义经济学流派。

中国共产党强调把马克思主义和中国实际相结合。40 年代毛泽东在延安就倡导实行马克思主义中国化，在 50 年代中期中国的社会主义建设中，也提倡从本国国情出发，走出一条自己的道路。但是由于社会主义的理论准备薄弱，具有自身特色的、开创性的社会主义实践和理论探索未获成功，致使中国在社会主义经济建设上仍然摆不脱苏武计划体制的模式，在经济理论上则仍然师承和束缚于斯大林的《苏联社会主义经济问题》和苏联的政治经济学教科书。

中国真正的独立的经济学研究肇始于 1978 年的改革开放。在小平同志建设有中国特色社会主义理论的指导下，中国把社会主义市场体制作为经济改革的目标模式，走上了一条建设社会主义的崭新道路。中国不再师承苏东理论，因为中国面对如此众多的建立社会主义市场体制的新问题，是根本不可能从传统的政治经济学理论中求得解答的。中国也不照搬西方，因为建立有中国特色的社会主义，要着眼于解决把市场体制与社会主义制度有机结合，这是西方经济学很少涉及和不可能加以阐明的新课题。因此，改革开放要求人们必须解放思想，立足实际，针对新情况、新问题进行创造性的思维，得出新答案，形成新原理。另一方面，改革开放又呼唤经济理论的创新。中国经济学的产生，正是顺应了时代的潮流。

（2）中国经济学的内涵

中国经济学，其核心和主干是理论经济学或政治经济学。因为政治经济学旨在揭示社会经济活动的本质联系，是分析和揭示社会多样经济活动、多层次经济关系的理论基础。因而，建立中国经济学，首先要着眼于政治经济学的革新，谋求在构建社会主义市场经济的新的历史条件下，重新审视和科学阐述经济学的基本原理，写出更好更适用的政治经济学专著。80年代以来，虽然我国新编出了一批政治经济学教科书，但是情况远远不能令人满意。就拿社会主义部分来说，多数教材存在的缺陷是：

①对社会主义市场经济进行浮光掠影式的描述，大多像是政策的浅释。对于向社会主义制度转换的历史规律，对中国社会主义市场经济的制度特征，如所有制性质和实现形武、收入分配性质和机制，市场体制的基本框架及其运行机制等，尚未能在科学抽象的高度上予以阐明。

②体制转轨的进程及其规律的分析和阐述更是薄弱环节。如对体制转轨进程的启动点，中心环节（不同阶段又有变化），重点突破与全面推进的方式，难点如何攻克、阻力如何克服；宏观环境（如通胀）、自然生态环境、国际环境变动下改革如何相适应；改革中渐进与激进的关系，改革力度的加强与适时调节等等问题，人们还来不及进行总结和从理论上加以阐明。主体理论内容的缺乏和薄弱，成为当前新编政治经济学社会主义部分的“胎记”。

③现实的经济体制在进行根本性的转变，因此政治经济学社会主义部分的逻辑起点、基本线索、理论结构和体系，理所

当然应该有重大调整和重构。这是新教材编写应予以解决的，但实际上确又是十分困难的问题。

经济学基础理论及其教材建设大大滞后于改革开放的进程，这就要求人们大力进行经济基本理论的研究，特别是社会主义市场经济基本理论的研究。这一研究将成为中国经济学的主要内容。

所以，如同社会主义政治经济学的构建不能照抄马克思原著和师承苏东理论一样，中国政治经济学理论的构建也不能照抄西方本本。因而，中国社会主义经济理论和政治经济学理论的发展，都要求进一步总结实践经验，进行经济理论的创新。

④当前研讨如何形成和发展中国的政治经济学这一问题，首先要从时代的经济特征出发。走向21世纪的世界，尽管东亚金融危机及其严重影响给世界经济发展蒙上阴影，但是世界科技进步不会停顿，迈向知识经济的步伐还要加快。为适应生产力的发展，在世界各国——尽管情况不一、程度不同——都出现了一个社会经济调整的潮流。我们处在一个经济大变革的时代，需要从理论上阐明世界经济发展的前景。迄今业已形成的政治经济学理论是否已经对这些新情况、新问题进行了深入的研究，现成的经济理论是否已经足以对新的经济发展作出圆满的阐明？显然，答案应该是否定的。实践走在理论前面，无论是马克思主义政治经济学和西方经济学都面对着更深入、更有说服力地阐明新时代经济发展的趋势和规律的任务，都需要进行理论的发展和创新。中国的政治经济学的理论创新，是时代的要求。

⑤如何进行政治经济学的改革和发展，在这里需要重述一

下政治经济学学科的性质。政治经济学是一门理论经济学，它是揭示社会生产关系即经济制度结构以及经济活动——包括生产、交换、分配、消费——的组织结构、运行方武的基本规律的一门学科。这门学科是人们用以自觉完善经济活动的组织、调整和变革生产关系、提高经济运行质量、解放和发展生产力，由此来提高社会福利，满足人的物质与精神需要，促使人得到全面发展的学科。这门学科是多种具体部门经济学的理论基础。

基于上述定义，政治经济学就是要揭示社会经济关系与社会经济活动的基本规律，形成学科基本理论、基本范畴和基本方法，由此构建起一个逻辑严谨的理论体系。由于它是以阐明学科基本理论和基本方法为特征，使它不同于其他具体的部门经济学，而显示出理论经济学的特点。

⑥基于政治经济学以社会生产关系、社会经济活动为研究对象和范围，那么，这门学科需要：首先研究生产关系，揭示社会经济制度的性质和结构形成的依据及发展变化的规律，对生产关系的研究是马克思经济学的一项根本任务。走向 21 世纪的世界，在新科学技术转化为生产力进而催化和加速国民财富增长的条件下，解决分配不公（包括国际间的贫富差别）成为更加迫切的问题，因此，对生产关系的研究仍然是政治经济学的重大任务。然后研究经济活动的组织结构，包括生产、交换、分配、消费的组织形式或经济体制，如自然经济、简单交换经济、发达的商品经济，即市场经济等等。这不仅仅需要汲取西方市场经济理论的积极要素，而且要在马克思主义经济学的理论基础上，改造现代市场经济理论，从而形成崭新的社

会主义市场经济理论。

需要指出，邓小平的社会主义市场经济理论拥有极其丰富的思想内涵，是马克思主义经济学的新发展，也是当前进一步研讨、发展和形成中国经济学的理论基础。

中国经济学的构建和形成，其性质已经不只是一般的理论联系实际，“拿马克思经济学之矢，射中国社会主义经济之的”，而是要大力进行理论创新；不仅仅要发展马克思经济学，而且要研究、借鉴和改造西方经济学理论，以丰富马克思主义经济学。我们应该从中国改革的伟大历史转变出发，从经济学大发展的高度出发，来认识中国经济学的内涵以及它的现实任务和理论使命。

中国经济学是社会主义中国实行改革开放这一伟大历史性的制度创新的产物。正在形成中的中国经济学是：以马克思主义和邓小平理论为指导，以中国改革开放和建设社会主义的实践为泉源，科学地反映和深入揭示当代中国社会主义建设的规律，批判地汲取西方经济学的积极要素和继承中国历史上的经济学优秀遗产，这样具有中国的理论特色、风格与气派的新经济学，是马克思主义经济学的新发展。

第二方面是中国经济学要“学以致用”。

经济科学是对社会生产和各种经济活动的内在联系的理论阐明，它通过一系列经济学范畴，对支配人类经济活动的多种多样的规律（基本规律和非基本规律）和规律体系予以科学分析和理论阐明。具体地说，它把某一经济活动与现象归结为：这是什么？为什么这样？从而把十分复杂的社会经济活动，归结为简要的要素：生产、交换、分配与消费；并揭示要素的内在结构和各个要素之间的因果关系，从而使表现得杂乱无章的经济生活呈现出逻辑的联系性和有序性。可见，经济学首先是一门理论经济学，它对社会物质生产和多样经济活动予以理论的说明。

科学不只是要说明世界，而且要指导人们去改变、发展和完善世界。对于作为社会科学的经济学来讲，它的指导实践、服务于社会经济生活的“致用功能”更是十分明显的。“政治经济学”在西欧，从中世纪到 19 世纪，一直被视为是“使国家致富”的研究。20 世纪 30 年代以来，发达资本主义国家实行“有调控的市场经济”，当代西方经济学更是强化了它的应用的功能。而马克思主义经济学更是公开宣称：它要服务于批判旧世界、创造新世界的目标，从而更加强调它的致用功能。尽管不是所有的经济学流派都强调重视致用，西方经济学发展中就曾经不断有脱离实际，甚至钻牛角尖的倾向。当代世界各国的实践表明，经济生活矛盾越多，就越是需要有经济理论的指导。这一严峻的现实，使多数经济学家在经济学的致用性上大体有了共识。可以说，当今世界人们对经济学进行社会评价的标准，越发偏重它的指导社会改造、经济改革和经济发展的实践效果。因此，经济学不仅对某一经济现象要深刻全面地说明：它是什么？为什么这样？而且还应说明：人们应该进一步怎么做？如果理论脱离实际，片面追求形式的“完美性”，逻辑推导即使有如数学一样的精确性，“体系的全面而系统”，“博大而精深”，却不能说明经济生活中的重大现实问题，这种缺乏实践功能的理论无疑是十分苍白的。

当前，我国正处在改革开放、建设有中国特色社会主义的新时期，更需要构建一门理论与实践密切结合，具有强实践功能的经济学。这就需要从理论上说明并解决好：什么是市场经济？什么是社会主义市场经济和怎样来建设社会主义市场经济？发扬“学以致用”的务实精神，更加自觉地使经济学研究聚焦于改革开放和经济发展的实际问题，是进一步发展经济理论的需要，也应该是中国经济学的重要特征。

第三方面是拓宽经济学的研究范围。

经济学以经济领域为研究对象，政治经济学要研究生产，包括生产的目的、内在要素、社会条件，即生产一般；以及特定条件下生产要素的性质、特定活动动机、具体的经济组织、运行方式和社会制度条件。由于政治经济学的致用性质，在近代资本主义产生以来的不同的历史时期，为了适应不同的阶级、阶层、集团的现实利益，政治经济学在研究对象和范围、理论的侧重点和研究方法上，呈现出许多差别，表现为多种流派。

重农主义、重商主义侧重于国民经济的某些方面的分析，还未形成十分系统和完整的经济学。对资本主义经济进行全方位研究的是亚当·斯密，他开创了从生产、交换、分配、消费等环节来进行“国民经济”的研究，并将政策也纳入政治经济学的研究领域。19 世纪的奥地利主观效用学派将研究集中于人类主观心理决定的社会需求这一狭小领域。当代西方经济学的主要研究领域是市场经济的运行。20 世纪 30 年代凯恩斯经济学产生后，政治经济学引入了宏观经济运行和政府的调控行为作为其研究侧重点。当代资本主义面对加强政府的宏观调控，调节收入分配关系，完善微观组织及行为，优化自然经济环境和加强资源利用等等一系列新问题，使西方经济学研究范围进一步拓宽。但是对基本“制度”——资本主义所有制——研究的薄弱，成为西方主流经济学的鲜明特征。马克思经济学全面分析了资本主义商品经济的运行机制，它的所有制结构，微观组织的特征，宏观经济运行的条件；但马克思经济学却是以生产关系，即“制度分析”为重点，着眼于揭示资本主义生产关系的产生、形成、发展和为更高的社会主义、共产主义生产关系替代的规律。列宁进一步发展了对生产关系的研究，并且明确地把政治经济学定义为研究生产的社会制度。这种把研究对象定位于生产关系，其时代背景是 20 世纪初叶以来资本主义矛盾空前激化的世界经济与政治形势，它适应于当时无产阶级进行社会主义革命的现实需要。第二次世界大战以来，多数社会主义国家长期流行的传统的政治经济学，其蓝本是斯大林《苏联社会主义经济问题》以及苏联编写的《政治经济学教科书》。这种传统理论把研究对象限制在生产关系范围内，排斥对生产力和经济运行的深入研究。在这种思路下，政治经济学的主要内容是五大经济规律的抽象阐述，着眼于论述社会主义制度的优越性，远离了经济运行的现实问题和矛盾，实际上把研究对象锁定于生产关系这一十分狭窄领域，使社会主义经济理论内容十分空洞，越来越不反映实际，更不解决实际问题。这样的经济学研究，既不能得到他人和社会的重视，又使研究者沮丧，从而经济学的日益衰谢是不可避免的。因此，我认为，努力拓宽经济学的研究范围，对生产关系，生产组织，运行方式，主体行为，环境势态等等方面进行研究和构建起有机结合的新理论体系，就应该是中国经济学发展的方向。

问：刘老，听说在2002年9月19日落幕的四川省社科联第5次代表大会上，您以77岁高龄，再次当选省社科联主席，这充分说明了各界对您的敬重和信任。对此，您有何感想？

答：这次大会的召开，充分体现了省委对社科界的高度重视，这应当成为每一位社科工作者前进的动力，尤其是更激励着我策马加鞭，再踏征程。

面对西部大开发和四川新跨越的机遇和挑战，我省社科工作是任重而道远。虽然5年来的一组组数据显示，我省社科界以8000多部专著和5000余篇论文为全省经济发展提出了可行的对策和建议，所承担的国家社科基金课题也达154项，列全国前茅，但我们应该更清楚认识到自己工作的不足与应走的道路——要打造西部的学术高地，要发挥社科学术研究的实效，要形成社科界的团队优势。

哲学社会科学的繁荣发展，实际意味着能够为两个文明建设提供有力的理论支撑和智力支持。四川跨越式发展和建成西部文化强省的奋斗目标，就是要充分发挥社会科学的“组织功能”，把自然科学和社会科学相结合，真正体现出现实生产力的作用：应把“构建西部学术高地”和“培养一支优秀的中青年社科队伍”提上议事日程。四川有一个好的学术研究氛围，文化事业、研究机构、人才队伍建设也形成一定规模，关键是如何在新的条件下让各个学科理论上台阶，让学术研究、实践研究都上台阶。今后5年四川的社科工作，就是要让理论学术研究努力站到西部的最前沿，建成学术成果策源地，以充分展示出其重要性，真正做到为实践服务的目标，这应成为我们各界人士心中的崇高责任。为此，要重视培养年轻的学术骨干队伍，要加大社科界的梯队建设，要充分动员研究工作者到社会实践中去，给予信任，锻炼其水平。

至于我个人，1946年从武汉大学经济系毕业后，在四川省从事社科研究已有50多个年头，日积月累，笔耕不辍，“莫嫌老圃秋容淡”，学术研究始终是自己奋力以赴的终身事业。

此文载于：与中国著名经济学家对话（第四辑）. 北京：中国经济出版社，2003.

刘诗白《主体产权论》简评

程恩富　侯荣华

随着我国经济体制改革的重心逐步从农村转向城市、从个体私营经济转入公有经济，特别是国有经济，产权问题日益受到理论界的重视。如何用科学的产权理论指导我国的公有产权和国有企业的改革，并建立社会主义产权经济学这门新科学，是国内经济学界研究的前沿之一。在这一背景下，著名经济学家刘诗白教授主撰的国家社科基金重点项目《产权主体论》问世了（经济科学出版社 1998 年 12 月版）。通览全书，令人耳目一新，颇受启迪。该书显示出以下特点：

1. 具有鲜明的马克思主义产权理论特色

国有企业进行产权改革，在理论上不能照搬西方书本，在方式上不能照搬他国模式，而必须以马克思主义理论为指导，从中国实际情况出发，走一条社会主义产权改革之路。进行产权制度改革的最大困难，是产权理论研究的薄弱。西方经济学界的有识之士都明确表示，马克思是第一位有产权理论的社会科学家。刘诗白教授在书中指出："马克思主义经典作家在他们的著作中不仅对历史上的各种各样的主体财产权进行了分析，给我们提供了十分宝贵的产权研究的方法论；马克思主义经典作家还提出了社会主义条件下主体财产权的英明思想。”他认为，社会主义的主体财产权，是当代社会主义理论与实践中的一个极其重大的问题。社会主义国家长期实行的传统的计划体制，其重大的制度缺陷，可以归结为：主体产权的行政化和僵化，而实行社会主义市场体制，则要进行产权制度的改革和创新，其中心环节是市场化主体产权的构建。作者全面论述了社会主义市场经济与主体产权制度构建的关系，并按照马克思主义的科学社会主义理论，深入研究了适应社会主义市场经济需要的产权结构，即主体财产权多元所有制结构。其分析的结论是：“在社会主义条件下，构建市场经济就必须大力发展适应市场经济要求的多样化的现代微观主体，特别是要建立起产权明晰的现代公司制度，建立起适合于精神产品生产者以及个人的主体财产权。”在科学借鉴西方理论的前提下，全书的这一特色与主要或完全采取西方产权学说的理论作品有着重要的差别，具有更高的科学性。

2. 从中国实情出发，实现高度的理论创新

本书落足于对我国社会主义产权制度改革的理论阐述，特别是新的社会主义产权制度体系的分析。在这一研究中，作者汲取了西方产权研究的成果，从中国实际出发，在有关产权的基本理论的阐述中，提出了一系列新的命题和新思想。例如，把财产权作为一个四维权利的具体结构即“权利束”来进行分析，揭示多种多样的、现实的产权结构。在现代市场经济中，交易和经营方式的复杂化，特别是信用经济的发展，期权

和其他新的金融工具的普遍推广，产生了财产权在所有者和各种当事人中多样化的分解与安排，因而人们面对着十分复杂的主体产权结构和“权利束”。财产权结构或“权利束”是历史的形成并不断变化和重新组合着，市场经济更是以主体“权利束”的多样化为特征。书中通过对财产“权利束”的分析，提出财产权公式，即财产权主体+主体实行占有的权能，并强调要剖析财产权的具体结构，必须阐明主体的差别和占有权能的差别所形成的产权形式的差别。就主体来说，要分析它是所有者，还是所有者的代理人或实际支配者。就所有者来说，要分析是什么性质的所有者；就代理人或实际支配者来说，要分析是什么性质的代理人和实际支配者等。从主体实行占有的权能来看，首先，要分析占有对象的性质、内容，如是物或人，还是权利等；其次，要分析占有权的性质、内容，如是完全的所有权，两权分离的所有权，还是非所有的实际支配权等，即占有什么和拥有什么样占有权。透过财产“权利束”的系统分析，使人们能够清晰地了解现代市场经济中的财产组织、主体行为特征和经济运行规律。

又如，作者认为，构建新型的国有资产管理体制的核心内容，是建立对投资主体的约束与激励机制。书中的建议颇为周全：(1) 赋予投资主体充分的经营自主权。(2) 对国有资产经营管理、营运过程实行多方面监督，包括人大监督、政府监察、政府专司国有资产管理机构的监督、司法监督与社会监督、投资主体的内部监督。(3) 引入竞争机制，实现国有资产营运招标制。(4) 投资主体要自负盈亏，国家只承担有限责任。(5) 确定合理的资产收益、保值增值等指标。(6) 对经营者的选择、绩效测评及收入报酬制度进行改革，重建新的有效的激励机制。作者的这些分析是颇有见地的，因为在国有资产管理体制改革中，如何适应国有产权的特性，强化对投资主体的约束激励，是一个十分重要的问题。它直接关系到国有资产能否高效运作，同时也关系到所有者的利益能否得到保证以及国有资产的安全性。由于各投资主体负责的国有资本动辄数亿、数十亿、甚至数百亿，如果没有一个对国有资本营运高度负责和高度关切的投资主体，那么，极可能给国家带来巨大的损失。在对投资主体进行约束与激励的良好机制下，既可使投资主体拥有充分的经营自主权，充分发挥营运国有资产的积极性和创造性，又能对其行为进行必要的约束，使独立的经营权不至于“越界”而侵犯所有者利益，形成不良的“内部人控制”局面。

3. 运用科学抽象和历史分析的方法，成功构造了一个新的产权经济学框架

作者认为，我们需要建立一门具有中国特色的产权经济学。这门学科的研究对象是财产权，其任务是要揭示历史上财产权——包括财产所有权和财产实际支配权——的形式和变化的机制和客观规律。这门学科要以所有权和实际支配权为基本范畴，但其特点是侧重于实际支配权形式和结构的研究，由此阐明所有权的实现形式和机制。研究实际占有权的方法，当然也要运用研究财产所有权的抽象法，要分析占有形式后面人与人之间的关系及其性质，但要更密切地联系：（1）主体的性质。例如，是奴隶主、封建主、资本家或小农、工人，还是自然人和法人。（2）主体财产权能的性质，即财产权利的组合

方式。要揭示主体拥有什么样的财产权，以及是如何行使财产权的。(3) 财产的载体性质。比如，它是自然物（力），还是劳动产品；是物质产品，还是精神产品；是一般商品，还是特殊的商品；是生产财产，还是消费财产；是实物财产，还是财产凭证——债券、股票、期票等。在现代市场经济中，财产所有主体和经营主体的权益责任的具体结构，均是和上述占有对象的性质密切相关联的。（4）对实际占有权的研究还包括所有者、经营者权益的量的界定。例如，在占有权（经营权）和所有权相分离的现代公司制度下，实际上出现了经营者对利润的某种分享关系，因而对主体占有的量的方面分析，也是把握当代财产形态的具体内涵及其运作方式所必须的。

《主体产权论》在对财产和财产权这一十分复杂的经济范畴和社会范畴进行阐述时，按照马克思主义政治经济学的科学抽象法，采用了三段式的理论分析层次。其一，通过对社会现实的和历史上的占有关系和财产形式进行去粗取精、去伪存真、由此及彼、由表及里的理论分析，舍弃其具体的表层形式而得出关于占有、财产和财产权等最抽象概念和共同的本质。其二，在分析作为财产范畴本质内涵的最高的占有关系时，引入占有的社会规定性，对占有关系进行历史的考察，得出关于财产所有权的基本制度的概念，以把握某一社会形态财产制度的共同本质。其三，通过实际支配权的概念和财产权结构的分析，进一步阐明占有的各种十分丰富的、有血有肉的实现形态，并进行比较，把握各种具体的占有方式，即财产权利组合方式的特点和功能。这种对财产或财产权范畴三段式的分析方法，使认识财产的逻辑思维，一步步由抽象到具体，使人们更加全面系统地掌握多姿多彩的现实财产权的特征。这对我国社会主义产权制度的改革，特别是新的社会主义产权制度框架的建立，具有十分重要的理论先导意义。

此文载于：当代经济研究，2000（2）.

追寻经济体制改革理论发展的历史轨迹

——读《刘诗白文集》

洪银兴　蒋伏心

刘诗白教授是我国著名的老一辈经济学家。前不久西南财经大学出版社出版了8卷本《刘诗白文集》。该文集收入了刘诗白教授40多年的经济学论文。其中大部分是在1978年以后发表的。我们在认真阅读刘诗白教授在每个经济时期有代表性的论著后，深深感到刘诗白教授始终站在每一次波浪的涛头，提出具有前瞻性的理论观点。从这8卷本中我们也可以看到我国经济体制改革理论发展的历史轨迹。

刘诗白教授著作等身。在洋洋洒洒200多万字的8卷本文集中，可以看到诗白教授涉猎的领域广阔，思想活跃，理论深邃。依据其理论观点提出的改革与发展的对策科学具有较强的操作性。这里选择几个与我国经济改革密切相关的理论问题研究和分析诗白教授的理论贡献。

关于所有制理论的研究

在马克思主义经济学中，所有制是生产关系的核心。我国所进行的经济改革作为一场革命，不可避免要触及到所有制。但从我国改革进程看，恰恰是这个领域禁区最多。刘诗白教授就是对打破所有制研究禁区作出贡献的一位经济学家。

刘诗白教授是最早提出国有企业的所有制改革问题的经济学家之一。他在 1979 年发表的一篇关于全民所有制企业改革的论文中明确指出："全民所有制企业经济改革实质上是所有制关系的调整。"他提出"以实践标准检验所有制关系，坚决改革企业所有制领域中那些不适合生产力发展的陈旧形式与关系"① 的观点。应该说，在当时"两个凡是"的思想影响仍然存在的条件下，提出这个观点是要有足够的理论勇气的。基于这种理论勇气，他在国内较早地提出了社会主义社会所有制多样性和社会主义所有制多样性的观点。

关于社会主义社会所有制多样性，刘诗白早在 1981 年就提出："社会主义社会（指不发达的社会主义，即从经济不发达的国家产生的社会主义社会的初始阶段）的多种所有制结构，除了社会主义公有制、个体所有制外，还包括一定的国家资本主义经济，如我国与外国资本共同举办的中外合资经营企

① 刘诗白．试论经济改革与社会主义全民所有制的完善［J］．经济研究，1979（2）．

业”。[①] 他所讲的所有制多样性就是我们后来讲的多种所有制经济。我们还注意到 1985 年出版的《建国以来社会主义经济理论问题争鸣》在介绍理论界关于个体经济在社会主义经济中的地位问题的论述时，明确认为刘诗白教授是我国经济学界有代表性的人物之一。[②]

关于社会主义所有制多样性，刘诗白教授早在 1979 年就提出，要“使社会主义全民所有制取得适当的形式”，“避免把全民所有制的具体形式凝固化与绝对化”。[③] 他还提出，要“把全民所有制和全民所有制具体形式相区别”，认为，“社会主义全民所有制也不是一个模式，而是具有多样的和丰富的个体形式”[④]。他分析到，全民所有制具体形式的多样性，“是社会主义商品经济顺利运行中企业资金运动的必然结果”。因为资金既有横向也有纵向流动，资金的流动“不可避免地要冲破部门、地区和所有制的界限，产生资金联合，即形成体现各种不同所有制交错和结合的新的全民所有制形式”。在同篇文章中，作者进一步认识到，“全民所有制形式的变化，乃是企业独立自主进行和生机勃勃的社会主义扩大再生产中公有制的再

① 刘诗白．论社会主义所有制的多样性［J］．四川财经学院学报，1981（1）．

② 建国以来社会主义经济理论问题争鸣［M］．北京：中国财经出版社，1985：33．

③ 刘诗白．试论经济改革与社会主义全民所有制的完善［J］．经济研究，1979（2）．

④ 刘诗白．刘诗白文集：第 3 卷［M］．成都：西南财经大学出版社，1999：35－36．

整编和再结合的表现。”①

在改革初期，刘诗白教授论证全民所有制应该有多种形式的基本依据是“社会主义全民所有制本身带有不完整性”。作者实际上已经感觉到，在“全民”的旗号下包含着复杂的经济关系。他认为，“社会主义全民所有制是不完整的全民所有制：企业产品不是归全民完全地占有，而是存在着企业的局部占有；企业活动不是体现完整的全民利益，而是体现有部分的企业局部利益；企业劳动者不完全从全民所有的统一社会基金中取得收入，还要从归企业占有支配的企业基金中取得一部分补充收入”。② 他认为，在探索全民所有制企业的具体形式、经营管理体制与方法时，必须充分考虑和适应这一特点，承认全民所有制企业有自身的经济利益。国家和各级政府的重要工作就是，为有自身利益的全民所有制企业发展创造必要的充分的条件，为维护企业经济利益而充分发挥它的积极性。在 20 多年前提出这个观点应该说是有创新价值的，对国有企业的改革具有重要的指导作用。在这之后 20 年国有企业改革的历程也证明，国有企业的改革无论从哪个方面，都是围绕着承认企业独立利益这根主线进行的。

在社会主义公有制实现形式方面，刘诗白教授实际上是较早主张采取混合所有制的经济学家之一。早在 1981 年 5 月提供给中国社科院召开的全国第一次所有制理论研讨会的《论社

---

① 刘诗白．刘诗白文集：第 3 卷［M］．成都：西南财经大学出版社，1999：38－39．

② 刘诗白．试论经济改革与社会主义全民所有制的完善［J］．经济研究，1979（2）．

会主义公有制内部的多层次性》论文中就提出“联合所有制”的概念。1985年他在《论社会主义所有制具体形式的多样性》一文中，对这种“联合所有制”作了进一步的分析。他认为，社会主义公有制不等于纯粹的全民所有或集体所有，不同的所有制之间可以交融。他的“联合所有制”的主张，实际上就是混合所有制。他提出，在社会主义经济中，“存在全民+集体，全民+集体+个体，集体+集体，集体+个体等多种多样的形式”。就某一种所有制而言，在经营形式上也可多样性。如国有国营，国有企业经营，国有集体租赁，国有个体租赁，还可吸收职工资金实行按股分红，吸收集体资金、社会个人资金按股分红，企业之间也可以相互参股按股分红等。[①] 早在15年前发表的观点，即便在今天读来，也感到是与时代要求完全合拍的。虽然限于当时的认识，还不可能提出通过产权组合的方式来建立联合所有制的机制，但这种机制的思想在刘诗白当时的分析中已经形成。这就是他认为的：联合所有制形成的机制是资金的横向流通。“资金的横向流通就不可避免地要冲破部门、地区和所有制的界限，产生资金联合，即形成体现各种不同的所有制的交错和结合的全民所有制形式。”“资金流通的放活、正在推动不同的所有制之间相互交错和结合的运动。”[②] 他从这种联合所有制的作用中看到了公有制实现形式（他在当时使用的是“具体形式”）的发展趋势：“联合化必然

---

① 刘诗白．刘诗白文集：第4卷［M］．成都：西南财经大学出版社，1999：35－46．

② 刘诗白．刘诗白文集：第4卷［M］．成都：西南财经大学出版社，1999：35－46．

要引起公有制关系的再调整和重新组合，导致全民所有制具体形式的变化。”①

关于社会主义市场经济理论的研究

中国经济体制改革理论研究的重大课题是探索改革的目标模式，其矛头直指传统的计划经济体制及相应的计划经济理论。理论界对改革目标模式的探索是从确认社会主义条件下的商品经济开始的，在此基础上逐步承认社会主义商品经济，肯定市场调节，直至最终确认社会主义市场经济。从《刘诗白文集》中，可以发现我国经济学家探索社会主义市场经济理论的历史轨迹．并可发现刘诗白教授所作出的历史贡献。

早在我国经济体制改革一开始，刘诗白教授就明确主张发展社会主义商品经济。他在 1979 年 2 月发表的一篇论文中指出：“社会主义生产方式初始阶段的一个重要特征是还存在广泛的商品经济”，“社会主义经济的商品性，要求在国民经济的计划管理中，在组织社会生产、交换、分配、消费中，必须遵循社会主义商品经济的客观规律，大力发展与完善社会主义商品经济，充分发挥商品交换对生产的积极促进作用”。② 他也是在国内较早明确地使用社会主义市场经济概念的经济学家。在 1980 年的一篇文章中，他明确提出：“社会主义经济仍

① 刘诗白．刘诗白文集：第 4 卷［M］．成都：西南财经大学出版社，1999：35－46．

② 刘诗白．论发展社会主义商品经济与利用市场［J］．社会科学研究，1979（2）．

然带有市场经济性质，不过，它是崭新的市场经济，它的社会本质、范围、机制、作用都有新的变化。社会主义生产的市场经济性质是由社会主义所有制决定的。”与当时流行的观点不同，他明确提出：“社会主义全民所有制企业之间的经济关系也具有一定的市场经济性质。”[①] 当时流行的观点对市场经济讳莫如深，至多只是用商品经济，而刘诗白教授明确使用市场经济概念，可见其理论胆识和远见卓识。

应该承认，刘诗白教授对社会主义市场经济性质和地位的认识也是有一个过程的。但是，值得注意的是，在理论界对社会主义市场经济概念探索的每个阶段，刘诗白教授都有独到的解释，并随着实践和研究的深入逐步深化。早在 1979 年 4 月在无锡召开的全国关于价值规律的研讨会上，他提供的论文有两个明确的界定：市场经济具有一般经济范畴的性质；社会主义经济仍然带有市场经济性质，不过，它是崭新的社会主义的市场经济。在这篇论文中我们也发现，他是国内较早使用市场机制概念的经济学家。[②] 1992 年党的十四大召开前夕，刘诗白教授又连续发表关于社会主义市场经济的两篇论文，进一步阐述他的关于社会主义市场经济的理论见解。他将市场经济区分为广义的市场经济和狭义的市场经济两种类型：“广义地说，市场经济就是商品经济”；“狭义地说，真正的市场经济，就是社会化大生产条件下的商品经济，是市场充分发育，表现为

---

① 刘诗白．刘诗白文集：第 7 卷［M］．成都：西南财经大学出版社，1999：136．

② 刘诗白．刘诗白文集：第 4 卷［M］．成都：西南财经大学出版社，1999：186．

完备的市场体系，市场调节作用充分得到发挥的商品经济，是发达的商品经济。”[①] 显然，在他的关于社会主义市场经济的见解中的市场经济概念是狭义的市场经济。基于这种认识，他定义的社会主义市场经济概念的内涵是：“以公有制为基础的，实行有效的政府调控的，能充分发挥计划作用的市场经济。”[②] 显而易见，后来党的十四大界定的社会主义市场经济的定义同刘诗白教授的提法是基本吻合的。

刘诗白教授在 1992 年发表的一篇论文中指出：“社会主义市场经济这个概念的提出并不是做文字游戏，而是要在加深对新旧体制目标模式的认识基础上深化我们的改革，进一步破除传统的高度集中的计划经济体制，建立起一个充满生机与活力的新的经济体制。”[③] 基于这种认识，他在阐述对社会主义市场经济见解的同时，一直关注着经济体制模式的改革。从改革开始一直到现在，他在探讨计划与市场的关系问题上作了很大的努力。早在 1979 年发表的论文中就明确提出“计划管理与市场机制的利用相结合的观点”。[④] 到 1987 年他明确提出整个国民经济的运行必须以市场机制为基础[⑤]，这是他理论的一次

① 刘诗白. 刘诗白文集：第 7 卷 [M]. 成都：西南财经大学出版社，1999：134.

② 刘诗白. 刘诗白文集：第 7 卷 [M]. 成都：西南财经大学出版社，1999：135.

③ 刘诗白. 刘诗白文集：第 7 卷 [M]. 成都：西南财经大学出版社，1999：144.

④ 刘诗白. 刘诗白文集：第 7 卷 [M]. 成都：西南财经大学出版社，1999：12.

⑤ 刘诗白. 刘诗白文集：第 7 卷 [M]. 成都：西南财经大学出版社，1999：29.

重大深化。从1991年起，他的研究重点转向社会主义市场体系的探讨，特别是在如何建立宏观与微观相协调的体系方面提出了许多有价值的创新观点。

关于产权理论的研究

刘诗白教授是我国关于社会主义产权理论的先行探索者之一。也是在产权理论研究领域颇有建树的一位经济学家。刘诗白教授从1986年开始产权理论的研究。在两年时间里，先后在《经济研究》（1986年第1期、1988年第3期、1988年第9期）、《改革》（1988年第3期）等权威刊物上发表论文7篇。到1993年又发表关于产权改革的论文共12篇。1993年，专著《产权新论》由西南财经大学出版社出版，1998年12月，30多万字的新著《主体产权论》由经济科学出版社出版。以此为标志，刘诗白教授建立了产权理论的系统体系。

刘诗白教授对产权的研究是与国有企业的改革进程相伴的。1984年，《中共中央关于经济体制改革的决定》发表后，以国有企业改革为中心的城市经济体制改革开始全面启动。此后，国有企业承包制缺陷以及股份制改革试点提供的新鲜经验，都昭示了一个道理：国有企业改革是不可能绕过产权制度的改革而取得成功的。在中国，产权制度改革的最大困难，在于产权理论研究的薄弱。在传统的社会主义经济学教科书中，产权理论是个空白。刘诗白教授结合国有企业改革的实践与其他经济学家一起对此作了不懈的研究，填补了这一空白。

在我国，产权理论是个敏感的课题，研究此问题有个基本立场问题。针对一段时间有人对产权制度改革的误解，刘诗白教授的态度是：既不因有人认为产权改革就是搞私有化，而放弃对产权问题的研究，相反主张国有企业改革必须以产权改革为突破口；另一方面，又明确地指出，“我国国有企业产权改革，不是实行财产制度私有化”。① 他反对科尔奈以重建“有血有肉的私人企业家”制度为核心的产权改革的主张，也不接受西方所谓权威推荐的“私有化”方案，他是公有产权论的倡导者和捍卫者。由此出发，刘诗白教授构建的社会主义产权理论包括如下内容：

1. 产权制度改革对企业改革的意义。刘诗白教授在研究国有企业的体制改革时，发现传统的国有企业的产权模式与市场经济是不能兼容的。因此构建市场机制，必须着眼于改革公有制的实现形式，重点是进行产权制度的改革，即按照两权分离的原则，探索和构建国家所有权和保证企业经营权的新产权制度。必须深化企业改革，把单一的国有产权制度改革为多元产权制度。②

2. 产权制度改革的内容是构建主体产权。刘诗白教授很早就提出企业应该是独立的产权主体这一命题。他的许多阐述国有企业改革的文章，都是以构建企业产权主体来立论的。他认为，一个真正的企业，是围绕市场运行的，是真正的市场主体。企业要成为市场主体，必须是产权主体，即必须拥有财产

---

① 刘诗白．刘诗白文集：第 6 卷［M］．成都：西南财经大学出版社，1999：235．

② 刘诗白．主体产权论［M］．北京：经济科学出版社，1998：12．

所有权或支配权，并能享有"产益"和承担"产责"。刘诗白所定义的主体产权实际上指的是企业法人产权。在他看来，缺乏法人财产制度，企业就没有真正面向市场所必须的责、权、利，当然就不可能真正自负盈亏和拥有市场主体的行为特征。他认为，构建起企业产权或法人产权并不意味着企业的国有资产性质的改变，国家仍将通过经营者选择权、重大决策权以及利润和税金上缴等形式实现所有者的权益。所以，企业拥有法人产权并不等于实行所有权企业化和放弃社会主义国家所有制。从刘诗白关于主体产权的分析中，我们还发现构建主体产权的基础是多元股权结构。这就与企业进行股份制改制相关。

3. 企业的股份制改革。从发表于《经济研究》1986 年第 1 期，题为《试论社会主义股份制》的论文中，我们就可以看到，刘诗白是较早敢于直接将股份制与社会主义相联系的学者之一。而实际情况是，直到 90 年代初，还有人主张股份制就是资本主义。刘诗白教授明确指出："股份制乃是商品经济中的一种企业组织形式，即联资经营制。股份制的概念，作为商品经济的企业组织形式，因而不能把它理解为所有制，更不能将它等同于资本主义所有制。"[①] 在股份制的理论研究论述中，他一方面介绍了许多当时对国人乃至经济学研究者尚还陌生的名词、概念和基本内容，特别是关于股份公司的地位、作用、基本结构和运行机制。更重要的是，他还提出了利用股份制改造我国国有企业的基本思路。在党的十四大和十五大后才逐渐

① 刘诗白. 刘诗白文集：第 6 卷［M］. 成都：西南财经大学出版社，1999：108－109.

为人们所了解的企业资产多元化的概念和思路，刘诗白教授80年代中期在研究股份制时就已经明确提出并加以运用了。

4. 股份制企业中公有制的地位。刘诗白教授是较早提出"公有经济控制力"的经济学家。这和他的产权改革理论是紧密相连的。他认为，建立社会主义市场经济，要坚定不移地实行以公有制为主体的方针。"在国有企业中，建立股份制企业和完善其主体财产权，包括实行主体多元化和产权流动等等，都是旨在加强公有经济的控制力。即使是在股份制的公有企业中引入私人产权（外商、个人、私营企业等的出资），也是为了改善股权结构，转换企业运行机制。可见，提出主体财产权构建．是着力于进行国有企业的深层次改革，搞好多形式的公有经济，真正地实行以公有制为主体之途。"[1]

从刘诗白教授经济体制改革理论探索过程中，看到了一代学人的命运与我国伟大的经济体制改革事业的密切关系。我国经济体制改革的20年，是思想解放的20年，是理论进步的20年。我们在许多方面取得了突破，但是，需要解决的问题仍然很多。特别值得提及的是，尽管如刘诗白教授这样的经济学家在社会主义经济理论方面作出了很大的努力，取得了很大的成绩，但是，我们还不能说经济体制改革理论方面的问题已经基本解决，更不能说，我们已经建立了中国的经济学理论或流派。我们现在所做的，更多的是学习和消化人类历史发展中已经形成的、反映经济发展一般规律的理论；我们所做的，更多

① 刘诗白．刘诗白文集：第6卷［M］．成都：西南财经大学出版社，1999：239－240．

的是好好地弄清中国经济本质和特色。随着生产力水平的提高和认识水平的提高，经过一代一代经济理论工作者、实际工作者的努力，我国经济理论研究才可能达到较高的水平。同时，在中国从事经济体制改革理论研究，不仅需要有广博的知识、创新性思维，更需要有坚定的信念、无私的胆略和奉献的精神。这些，正是我们在刘诗白教授经济体制改革理论中读到的。

此文载于：学术月刊，2000（8）.

读《主体产权论》的体会

黄少安

刘诗白先生担任主笔的又一部专著《主体产权论》出版了。拜读以后，受益匪浅，感到它真是一部难得的学术著作。刘先生确是一位令人尊敬和佩服的学界前辈。以下谈谈我的几点读书体会。

1. 该书既以马克思主义经济理论为指导，又切合中国的实际。如果马克思主义经济学被凝固化，就会窒息和停止发展。怎样才能发展呢？必须顺应当今的实际，跟上经济科学发展的步伐。刘先生等学者，正是在深入研究马克思主义经济学的基础上，挖掘其中的产权理论，结合社会主义市场的需要和中国的实际，系统、全面地论述产权理论和研究产权制度改革。这对中国的经济体制改革，具有重要的现实指导意义。中国的经济体制改革，核心是产权制度。在坚持社会主义公有制前提下能否建成市场经济体制，关键在于国有企业能否成为真正的独立的产权主体和市场主体。而国有企业能否真正成为独立的产权主体，关键又在于能否在保证国家所有权不变的前提下，通过产权改革，把国有企业改造成为具有现代企业制度基本框架的真正意义的企业。也就是说：产权改革是社会主义公有制与市场经济能否统一的关键。我国国有企业改革，从80年代初的放权让利，以后的承包制、股份制，直到目前的资产重组，实质上都是产权改革，只不过不同时代产权改革的形式、深度、广度不同而已。所以，刘先生的《主体产权论》是非常切合改革需要的学术著作，是一部力作。

2. 十分重视对一些基本理论问题的研究，包括对一些基本范畴的界定或重新界定以及对一些基本原理的阐释。上述工作是当前学术界一些急功近利者所忽视或不愿做的，而刘先生等专门用了一篇共六章的篇幅，研究财产权的一般理论，例如：对“占有关系”和“财产权”的界定，“所有制”与“财产权”的联系与区别的揭示，产权制度安排与公平、效率的关系的分析等，都充分体现了作者对基本理论问题的重视及其深厚的理论功底。当然，所有这些基本理论问题探索都不是最终目的，除了澄清一些理论上的混乱之外，更重要的目的是为了更好的解释现实，特别是中国国有企业产权制度变更的现实。

3. 该书成功地运用了马克思主义经济学的方法——从抽象到具体的方法及历史分析方法，构建了一个有独创性的理论体系。从基本理论的阐述开始，然后是立足于市场经济的产权关系，特别是主体产权的分析，最后是社会主义市场经济条件下的产权创新，特别是中国的产权制度创新。这显然是一个由抽象上升到具体的过程。这一理论体系构建的方法早已为马克思成功地运用。刘先生等学者再次成功地运用此法，解释社会主义的产权制度及其创新，构建了一个新的“产权经济学大纲”，即解释社会主义市场经济条件下产权关系及其变革的理论体系。当然，作者并不是要给其他学者提供一个标准的理论体系。

4. 该书提出了一系列新观点、新思想，或者对一些论点作了新的表述。例如，作者提出了“产权工具论”，即认为产权是一种促进经济发展的有效工具。应该说这是具有重大创新意义的。如果把“产权”理解为一种生产关系，那么，认为产权是促进经济发展的工具或手段，在一定意义上是成立的。因为一切的经济制度安排或生产关系本身都不是最终目的，都是为了促进生产力发展，促进经济效率的提高。从这个意义上说，我也同意“产权工具论”。但是我并非完全单一的“产权工具论”者，“产权”并非单纯地是“工具”，因为“产权”是与“人权”紧密相联系的，从某种意义上说，“产权”是“人权”的组成部分。没有“产权”就无所谓“人权”。因此，从单个人来说，享有“产权”本身就是享有“人权”。因此，“产权”并不只是工具或手段，它本身就是目的。又如：“以市场经济为主要背景研究产权关系，强调市场经济是主体都拥有产权的经济形式，或者说，市场经济就是主体产权经济。”这种强调很有意义，我个人也非常赞同这一强调，而且在别的文章中也强调这一点，还给市场经济下过定义：“市场经济就是不同产权主体相互等价交换的经济形式。”也就是说，没有独立的产权主体，就无所谓市场经济。对市场经济产权主体的强调，实际上意味着是对马克思主义经济学的一个重要创新——对“市场经济存在条件”的放宽。马克思认为，市场经济存在的条件是私有制和社会分工，把它视之为必要条件。

实际上，实践已经证明，它只是充分条件，不是必要条件，也不是充分必要条件。必要条件应该是："不同的产权主体"和"社会分工"。把私有制条件下的"不同私有者"放宽为"不同产权主体"，就能解释现实中市场经济的存在——它不一定只存在于单一的私有制社会，也并非只有私有产权主体才是独立的产权主体。

5. 我想强调该书学风的严谨性。《主体产权论》一书的作者能够客观平和地对待现代西方产权理论和马克思主义经济学。中国学术界目前对二者有两种极端倾向：一是盲目崇尚西方产权理论，以为那才是经典，才是理论真谛。二是盲目否认现代西方产权理论，认为马克思主义经济学中早已把所有相关问题都做了深刻的研究。持前一种倾向者，大多数可能从来就没有学习和研究过，至少是没有认真学习和研究过马克思主义经济学，可能他们也不愿付出那么大的精力去认真学习和研究。他们的"盲从"和对马克思主义经济学的轻率否定，只能说是"浅薄"。持后一种倾向表明相当一部分学者可能多少还受一些意识形态因素的影响。其实两种倾向都不利于科学本身的发展和对现实问题的研究和解释，都是需要纠正的。刘先生等学者在这一方面做得很好。我也要求自己这样做。

此文载于：经济学家，1999（3）.

社会主义产权理论的新探索

——读刘诗白的《产权新论》

培兆　文博

产权制度改革对于建立现代企业制度，从而奠定社会主义市场经济微观基础的深远意义，在今天可以说是不言而喻了。正因为此，产权理论近年来决非偶然地成为经济学界的研究热点。对传统社会主义政治经济学中所有制理论的反思，对马克思产权制度思想的再认识，对国外现代产权理论的评析和研究，以及对我国现实经济生活中产权制度安排与经济运行机制之间关系的实地调查与理论分析，一时间杂错纷呈，令人目不暇接。当此之时，我们欣喜地读到了我国著名经济学家刘诗白教授的新作《产权新论》（西南财经大学出版社 1993 年 11 月版，下称《新论》）。

《新论》是刘诗白教授自其研究产权理论的大著《社会主义所有制研究》、《论社会主义所有制》等之后推出的又一力作。全书分综论与分论两大部分，分析了市场经济与产权制度、财产权的一般理论、社会主义国有企业的产权制度、产权自主转让、社会主义股份制与法人财产制度等一系列有关产权制度理论研究以及我国产权制度改革实践中的重大问题。尽管先生自谦“说不上是对产权理论的系统研究，顶多算一个纲要，一本探索性的论著”,① 但《新论》集近年来刘诗白教授产权理论研究之精华，其理论贡献对建立有中国特色的社会主义产权经济学的积极作用是不言而喻的。

综观《新论》全书，有以下几个值得注意的特色：

1. 致力于对马克思产权思想的再认识和阐发。众所周知，囿于斯大林对所有制问题形而上学的理解，长期以来，在社会主义经济理论研究中，存在着一种错误的倾向，认为在生产资料所有制的社会主义改造完成之后，社会主义经济中的产权制度问题已经基本解决。因而，在我国社会主义经济理论研究中，产权理论的研究在相当长时期内基本上是停滞不前的。这一领域的研究成果十分薄弱。落后的产权理论研究、僵化的思维定势与经济体制改革实践极不适应，传统理论在解释现实经济问题上的苍白无力，使不少经济学家把目光转向国外现代产权经济学，这无疑是必要的。然而，“西方财产理论，一般地未摆脱就财产论财产的方法，它们的研究并非没有积极的成果，它们对产权制度的实用性研究，是值得人们借鉴和用来为社会主义市场经济的产权研究服务的。但是西方产权理论缺乏制度分析，特别是在西方产权著作中小心翼翼地回避对私有财产的本质、局限性及历史变易性进行理论分析，这里，表明了

① 刘诗白．产权新论［M］．成都：西南财经大学出版社，1993：9．

西方产权理论研究的皮相性。”而“马克思主义的对财产实行制度分析的方法和基本概念，奠定了财产权理论的科学基础。”[①] 因而，建立社会主义的产权经济学，不仅要重视对西方现代产权理论研究成果的借鉴与吸收，而且应当重视对马克思产权思想的重新认识及阐发。综观全书，可以看出作者对马克思产权理论是下了较大工夫探讨，阐发，并且有机地结合到对我国产权制度改革的理论分析之中去，其见解不乏深刻、新颖之处。例如，作者运用马克思对古代亚细亚的双重所有制结构的分析，进一步分析了历史上不同社会形态下所有制内在结构分化的过程，得出了“完全有必要将社会主义国家所有制关系区分为第一级的、原始的、最高的国家所有者和第二级的、派生的实际占有者，因而把财产区分为国家财产和相对的企业财产”的结论。[②] 这一从财产权内部“最高所有者”与“实际所有者”之间的财产权利关系而不是从单纯的所有权与经营权分离的角度探讨国有产权制度改革的思路是新颖的，富有启发性。

2. 立足现实经济，对所有制内在结构分化历史过程的考察。《新论》的又一重要特点是对不同社会形态、不同生产力水平下的财产权内在结构变动历史的逻辑分析。作者指出：“财产是一种社会关系，是人的经济活动和社会生活中客观存在的人对物（对象）的排它的（exclusive）占有关系。”[③] 占

① 刘诗白. 产权新论［M］. 成都：西南财经大学出版社，1993：60.
② 刘诗白. 产权新论［M］. 成都：西南财经大学出版社，1993：211.
③ 刘诗白. 产权新论［M］. 成都：西南财经大学出版社，1993：23.

有产生的生产力根源是经济资源的稀缺性，占有作为历史范畴，是与生产力发展的水平密切相关的。在阶级社会中，当占有取得其法律形式时，就出现了财产权。财产权是一个由所有权、占有权、收益分配权（利得权）、处置权组成的四维结构。它适应社会劳动、生产组织形式的变化而变化。在人类历史上，产权的四维结构从最初的以不稳定的占有权和收益权为主要内容的原始共同占有逐渐向与落后的劳动方式相适应的诸权相合一的私有产权、所有权与生产条件的支配使用（经营）权分离的私有产权发展。而资本主义商品经济的发展，则导致了财产权内在结构的进一步分化与重新组合，出现了所有权与占有权（一定的）收益权、（一定的）处置权的相分离。而在现代市场经济条件下，财产权的实现又出现了一系列新的特征，如财产的交换价值形态日益重要，产权的流通性得到充分发展，产生了财产权的经济运行，收益权日益重要，成为财产权的主要内容，等等。作者对财产权及其内容结构演变发展的历史考察、逻辑分析，其理论意义不仅在于用马克思的历史的逻辑的方法理清了财产权制度发展的历史脉络，更重要的是：它从历史发展的规律角度，阐明了我国目前正在进行的产权制度改革，建立现代企业制度，是根据现代社会生产力发展的要求，发展市场经济的需要，对传统的产权单一，集中、模糊的公有产权制度及其内在结构进行的必要调整，是公有产权制度结构适应现代市场经济运行需要的自我完善。

3. 建立公有制现代产权制度理论的大胆探索、研究。阐发马克思的产权理论思想，运用马克思主义的分析方法阐释财产权及其内部结构的演化历史，目的在于以此为武器，剖析我国传统的产权制度关系，建立适应社会主义市场经济运行需要的公有制现代产权制度。在这方面，作者也做了不少大胆的探索。作者从公司企业产权制度入手，指出："公司企业产权制度，是适应社会化大生产和发达商品经济中需要的一次产权创新。这一产权创新的实质是：在法人财产形式下，实现了所有权与经营权的最充分的分离。"它使"股权形式的所有权内涵较之传统所有权内涵有某种稀薄化，所有者与生产经营出现了疏远化。所有权内容的这一调整旨在强化经营权，委托经营者（trustee）获得了某些原来所有者才能享有的权利。"① 作者认为："既然赋予国有企业对经营资产的充分的支配权，是发展市场经济的需要，那么，确立企业产权，通过建立企业法人财产制度，就是保证和强化企业的支配权的必要途径。"② 因此，实行产权制度改革，完善社会主义公有制的必要途径，是"通过企业经营产权的构建，把传统的联合劳动者间接占有的公有制，变成直接占有的公有制"。③ 这样做的意义在于：通过公有制内部的国家、企业、个人间责、权、利的关系的调整，"使联合劳动者在企业资产的使用中拥有充分的责、权、利，劳动者与生产资料实现了直接的和紧密的结合，这种国有制是社会主义公有制的一种新形式，它不仅仅符合构建社会主义市场经济体制的需要，而且符合马克思主义经典作家所设想的社

① 刘诗白．产权新论［M］．成都：西南财经大学出版社，1993：87．
② 刘诗白．产权新论［M］．成都：西南财经大学出版社，1993：113．
③ 刘诗白．产权新论［M］．成都：西南财经大学出版社，1993：125．

会主义公有制性质"。[①] 国有产权制度的改革是经济体制改革中最大的难点之一，经过多年理论探索及实践，从建立现代企业制度入手进行国有企业市场经济微观主体机能的塑造，已基本上成为经济学界的共识。作者在这一领域的探讨，是深入的，在现代企业制度建立问题上，认为："不仅要实现所有权与经营权的分离，而且更重要的是建立双层构架的产权制度；不仅从效率角度考察了国有企业所有制内部结构的调整，而且重视其与我国社会性质、社会价值目标的相容性问题，尤其是其对我国社会主义市场经济条件下的法人财产体制应具备所有权约束，经营权约束，必须通过相应的制度保障"使'所有权'得以渗透于企业经营活动之中，成为'实在'的，而不是'虚置的'所有权。"[②] 等有关论述，更是值得重视。

社会主义产权经济理论，无论是从理论建设还是改革实践需要角度看，都是经济学研究中亟待进行的重要领域。由于种种原因，在该领域中"不仅缺乏系统的基本理论的研究，而且对许多基本概念的认识都存在着模糊不清。"[③]《产权新论》的出版，对推动这一领域研究的深化，显然是大有益助的。毋庸讳言，《新论》也存在着一些不足，一些论点尚待深化，一些设想尚待证实。这些，我们寄希望于刘诗白教授在进一步研究中完善。

此文载于：中国经济问题，1999（3）.

---

① 刘诗白．产权新论［M］．成都：西南财经大学出版社，1993：130－131．

② 刘诗白．产权新论［M］．成都：西南财经大学出版社，1993：121．

③ 刘诗白．产权新论［M］．成都：西南财经大学出版社，1993：9．

建立现代企业制度的可贵探索

——刘诗白教授新著《产权新论》评介

石柱成

一

党的十四届三中全会提出了社会主义市场经济体制的基本框架，确认以公有制为主体的现代企业制度是社会主义市场经济体制的基础，为把国有企业改造成市场经济的微观主体指明了现实的途径。建立现代企业制度必须进行产权制度创新，产权制度创新又离不开理论的指导。刘诗白教授对企业产权理论的研究，已走在了这方面探索的前列。从80年代中期起他就发表了一系列研究成果，不久前又将近年对产权问题研究的新成果整理成书，出版了《产权新论》。这是一本全面论述企业产权的开拓性力作，在我国建立现代企业制度，急需产权理论指导而研究成果又十分薄弱的情况下，本书的出版无疑具有重要意义。

本书的中心思想是探讨如何把国有企业塑造成为适应市场经济的微观主体，旨在构建一种能有效地实现国家所有权和保证企业充分独立经营的新产权制度，这就是法人财产体制，使企业拥有长期归它支配的经营财产，从而使企业实体化，由此在社会主义公有制地基上创造一个独立营运的市场主体。

作者通过对产权内涵的剖析和对历史上产权制度的系统论述，有理有据地阐明：在社会主义国家，把国有企业构建成适应市场经济的微观主体，根本障碍并不是公有制，而在于传统国有企业的产权制度。问题的核心并不像有些人所说的“搞市场经济只能发展非国有经济”，甚至“只能发展非公有经济”；而在于需要构建起一种能有效地实现国家所有权和保证企业经营权的新的产权制度。从而回答了我国社会主义国有制能否与市场经济兼容，国有企业能否推入市场的问题。

二

本书运用历史与逻辑相结合的研究方法，从抽象到具体展开阐述，着重剖析了下述问题：市场经济与产权制度、财产权的内涵和结构、商品经济条件下的财产权、现代股份公司产权制度的特点以及社会主义国有企业产权制度。

关于市场经济与产权制度，作者指出：现代市场经济立足于以自动化为技术基础的劳动方式之上，其微观主体有资本聚合性、组织变易性、独立运作性，其市场结构表现为包括要素市场在内的高度发达的大市场；其市场主体加市场结构形成自由市场经济的二维构架；其特征表现为“自行运行，自我调整，自我创新，自行适应。”由于市场机制的缺陷：经济活动的盲目性、市场调节失灵、收入差别扩大等形成的机制性矛盾，同资本主义制度性矛盾交织在一起。为了缓解矛盾，在20世纪30年代出现了市场经济的体制创新，即把政府调控职能引入古典的自由市场经济构架之中，形成政府—市场—企业的三维构架。作者论述了社会主义市场经济也是三维构架的市场经济，要建立社会主义市场经济体制必须以企业改革为核心，构建立足于公有制为主体基础上的市场性企业。而重构企业产权制度，是构建真正的市场性企业的必由之路。由此，作者鲜明地提出具有重要意义的科学论断：传统国有产权模式与市场经济是不能兼容的，国有企业的改革应该是按照市场经济中企业的共性，重新塑造微观主体，这样就要求不能只提转换企业经营机制，而应该着眼于改革公有制的实现形式。具体地说，要按照两权分离的原则，探索和构建确保国家所有权，强化企业经营权的法人财产制度，并由此建立现代企业制度。

关于财产权的内涵和本质，作者从理论上高度概括了历史和现实的财产关系，指出：财产是一种社会关系，是人类经济活动和社会生活中客观存在的人对物的排它的占有关系。这种占有关系产生的生产力根源是经济资源的稀缺性，以及由此产生的人们在资源利用中的矛盾和争夺，从而决定了人们要通过约定俗成的方式或暴力的方式来建立起一种排它的支配使用关系。任何一个人要进行生产，就要参与同一定生产力水平相适应的经济组织，就要参与一定的对生产资料和产品的占有方式。在奴隶制以来的社会，这种现实的占有方式总是要通过国家的立法与司法机制来加以确认。这种取得法权形式的占有权或最高支配权就是财产所有权。以上就是作者对财产所有权的马克思主义的解释。

关于财产权结构及其变化，作者指出，财产权是一个由所有权、占有权、收益权（利得权）、处置权相统一的四维结构，这是作者对财产权结构的新概括，为分析所有权同经营权分离提供了理论前提。作者从财产结构的具体变化，探讨了人类社会历史上存在过的财产形式：四权合一的私有财产形式，在隶农制、农奴制、佃农制中表现出来的所有权同经营权不同程度分离的财产形式，资本主义初始阶段所有权资本与职能资本合一的财产形式，以及随生产现代化、生产管理与经营专业化而产生的两权分离的新的生产组织形式和财产组织形式——股份公司。由此可见，产权诸要素的结构变化是适应社会发展各个阶段的物质和经济条件而变动的，具有历史的变异性。所以，在理论上把握产权，不仅要着眼于产权一般，更重要的是着眼于产权特殊，要把握产权结构和形态的变化，弄清产权是如何适应生产力、生产组织的变化而进行调整的。作者论证的上述原理为我们分析社会主义市场经济条件下的国有企业产权形式提供了重要启示。

关于商品经济条件下的财产权，作者精辟分析了它的特点：(1) 财产的交换价值日益重要，人们拥有财产，就是为了占有交换价值，从而非实物财产、无形财产、抽象财产，如土地使用权凭证、债券、股票等信托资产凭证，出口权凭证、货币支付权凭证等就成为财产的重要组成部分。(2) 产权的流动性得到充分发展，在商品经济中，财产占有权是在市场流通中进行转让和发生所有者的变化的。这种转让除了体现在现实的商品交换之中外，还出现了财产权凭证的交换化，产生了财产权的经济运行：财产权的聚集、集中和分化，从而实现各种生产要素的流通和再组合，使要素组合优化，实现高效率和经济效果。(3) 收益权日益重要，成为财产权的主要内容，财产——收益，就是现代产权的实现机制。这些精辟论断，对分析我国当前的产权构建和产权转让市场具有重要的现实意义。

现代股份公司产权制度的特点是作者着力分析的重点。其揭示的特点是：(1) 财产主体的众多性。由于股份制的财产组合机制是实行财产单元原则，按股吸纳社会资金，同时实行股权平等原则、有限责任原则，自由转让原则，从而能有效地吸引各种各样的资本所有者，使他们在持股形式下，组成股份有限公司，形成众多主体的财产联合。(2) 财产的整体性和不可分性。公司财产不是由众多的投资者以个人名义独立支配的财产，而是以公司名义占有和支配、具有不可分割性的整体财产。(3) 长期延续的财产。公司财产的整体性意味着股东不能退股，决定了公司财产的长期连续性。它适应于那些社会化的大企业筹集规模巨大的资本和长期加以运营的需要。(4) 所有权与经营权相分离。现代公司制度在股份制基础上创造了一个新的产权形式，它一方面保证了广大出资者的利益和终极所有者地位；另一方面又在法人财产形式下赋予公司董事会领导下的经理以直接经营权，实现了适应于社会化大生产和市场经济的比较彻底的两权分离，从而奠定了现代公司制度的基础。(5) 财产的法人形式。公司法人化，使公司财产权取得法人财产的形式，使公司具有了经济实体身份。法律赋与和保证公司行使财产的支配、使用权，处置权，部分利得权或收益权，这就从根本上保证由多数所有者组成的公司不受各个所有权主体的牵制，而能实行独立的自主经营，自负盈亏，自我发展，自我约束。(6) 法人所有权与终极所有权的分化。在法人财产形式下，实现了所有权与经营权的最充分的分离。终极所有者主要享有利得权，即财产的收益。而财产的真正使用，甚至一定的收益权、处置权均归属于经营者的公司。(7) 产权的可转让性。这表现在股权的自由转让和市场流通中的产权转让，是公司的重组、分立、兼并、合并的重要条件，对产品、产业结构调整，资源配置发挥积极作用。关于现代公司制度实行终极所有权与经营权分离后，如何实现所有权对经营权的约束，作者进行了独到的分析。这种约束和控制借助于以下机制实现：(1) 所有者有限度的支配权，即出资者通过股东会掌握对企业大政方针的决策权；(2) 责任所有者即董事会掌握公司的实际控制权；(3) 股东通过监事会实现监督权；(4) 通过对经营者的奖惩实现所有者对经营者的约束。借助于一整套的调控、监督、激励、约束机制，从而实现分离的和独立化的经营权与所有权相统一，做到自主经营而不失所有者的约束。作者充分肯定了股份制企业制度是现代发达商品经济的一项具有重要意义和深远影响的体制创新，上述关于公司制度的特点、矛盾和制衡机制的论断，为我国构建社会主义市场经济体制下的微观主体，推行现代企业制度提供了科学依据。

作者运用以上对产权制度的历史的和理论的分析，进而对如何建立适应社会主义市场经济体制的现代企业制度进行了创新性的理论探讨。他揭示了传统经济体制下国有企业的产权特征是产权的单一性、集中性和模糊性，造成责任所有者不清，对经营者缺乏约束，同时又带来经营者缺乏积极性，造成企业活动缺乏效率，资产运用经济效果差。要从深层次上解决这一问题，就必须按照市场经济的要求，还权于企业，实行所有权归国家，经营权归企业的两权分离体制，建立起国有企业的法人财产制度，即把全民所有的一块资金划归企业，成为独立运营、自我积累的企业资本，形成国家所有权与企业法人财产权相结合的双层构架产权制度。作者进而深入论证了这一财产制度保障企业独立经营、自行发展、自负盈亏、有效运营、自我约束以及培养公有财产意识的功能。作者对社会主义国有企业法人财产制度的论述，既强调了符合市场经济条件下法人财产制度的共性，又强调了它的社会主义特点。并从马克思主义基本理论与实践相结合的高度揭示了国有企业所有制形式的这一调整，实质上是把传统的联合劳动者间接占有的公有制变成直接占有的公有制。这将有利于调节所有者、经营者、直接生产者之间的关系，使国有企业的潜力得到发挥，成为社会主义经济的支柱。

三

本书分论部分，收集了刘诗白教授 1986—1993 年间在国内主要报刊上发表的研究成果，从这些成果可以看出，他总是站在改革开放理论研究的前列。作为四川省委、省政府的高级智囊人物，他承担了改革试点企业的调研任务，经常深入实际，调查研究，提出改革方案供领导决策。因而他善于发现改革实践中急待解决的理论、政策问题，反复在实践中研究和印证，使他的研究成果能及时地反映改革前进的步伐，探索改革前进的路子，体现了他作为理论工作者思想的敏锐性。早在1980年，当企业体制改革还处在放权让利阶段，他就提出全民所有制企业存在统一的国家财产和相对企业财产的关系和范畴。1986年，当承包制还是企业经营机制的主要模式，股份制企业刚开始试点，他就预见到股份制改革的深远意义在于它服务于我国微观的所有制改革，发表了《试论股份制企业》一文，对社会主义股份制存在的原因及由它引起的社会主义所有制形式的变化作了多角度的分析。并强调指出：采取股份制形式的联合所有制是一种新的公有制形式。这种公有制具有很强的粘合力与渗透力，它把国家、集体、个人所有结合起来，在决策中细心而周到地反映和代表国家、企业、职工各方面的意志，因而这种所有制是社会主义公有制的进一步完善和发展。1988年，当我国进行治理整顿，改革遇到深层次的困难时，他率先提出了“产权构建”的问题，指出社会主义所有制的确立、发展和完善，不只是一个单纯的生产关系变革问题，而且也是产权构建的问题，而我国产权构建的关键则是国有企业产权的构建，核心问题是企业法人财产或相对财产体制的构建问题。并指出：法人财产是发达的商品经济中的财产形式，股份制是企业产权的适当形式。改革的实践证明，这些论断是完全正确的，在今天仍有现实意义。与此同时，作者还强调产权理论研究的重要意义，指出：传统的社会主义政治经济学把社会主义经济中的产权片面地归结为国有财产权，缺乏广泛的产权观念；看不见多样性财产的功能；否认国有企业中企业产权的存在；把个人财产混同于私有财产；等等。这些“左”的传统的理论造成国有企业的“产权模糊”和个人的

“产权稀薄”，理论上的混乱不清，其危害是十分显著的。在当前，认真探讨和阐明社会主义商品经济中的财产概念是十分必要的。正是在这一思想指导下，作者在 1988 年前后发表了《社会主义商品经济与企业产权》、《国营企业的产权制度》、《论产权自主转让》等有分量和创新性的论文，精辟阐述了以公有制为主体的商品经济，并不是经济活动中产权的消亡，在国家与企业之间和企业相互之间，客观存在着财产所有、占有、收益分配、处置等等关系，决定了法权形式的财产关系的复杂性。作为发达商品经济中的法人财产形式，乃是进一步发展所有权与经营权的分离，保证公司这一现代微观组织结构的巩固和发展，使商品经济获得更大活力和能更顺利地运行的一个重要条件。特别值得提出的是作者对当时刚出现的产权自主转让的深刻思考。他说：产权的自主转让要求主体产权落实，它是两权分离的进一步深化和发展，将把企业改革由经营方式的改革推进到所有制改革的周界。产权自主转让表明：全民所有制企业不仅要两权分离，以实现企业自主化，而且产权要流动和转让，以实现产权商品化和市场化。他还指出我国经济生活中新出现的产权的流动化，生动地表现了改革开创了一个强劲的经济市场化的发展过程，显示出我国经济向社会主义市场经济迈进。近几年，作者更深入地探讨现代股份公司与企业产权，为推进现代企业制度的建立提供了理论和政策依据。

总之，呈现在读者面前的《产权新论》，是改革实践的产物，又服务于实践，是从事改革实践和理论研究工作者必不可少的读物，它将给人们以十分有益的启迪。

此文载于：经济学家，1994（3）.

劳动价值理论在中国经济实践中发展

——兼评刘诗白《现代财富论》的劳动价值新论

黄新生

以怎样的商品价值观作为经济学的基石，是经济研究的首要任务。构建社会主义市场经济条件下的政治经济学，必须透过商品交换关系的研究，努力构建和谐社会下的政府与市场的关系、资本与劳动的关系、公有制与多种经济成分的关系、社会各阶层的关系，特别是要研究变革生产方式与促进生产力的关系。这些问题的研究，集中在一点就是劳动的交换、分配关系。在当前创新劳动占主导地位的知识经济条件下，仍然需要建立在“活劳动一元假设”的前提下。马克思主义中国化的研究就是马克思主义劳动价值一元论在新的历史时期的创新和发展研究，是丰富而不是“修正”马克思主义理论宝库的研究。“丰富”在于继续“坚持”马克思对诸多价值概念的科学抽象基础上，进一步拓宽这些概念的内涵与外延，而不是抽去价值概念这个基石，用另外一套价值概念去取代马克思的价值概念。

刘诗白教授的《现代财富论》堪称是发展马克思劳动价值论的典范。他并没有把研究的视野局限在“抠”价值名词上，而是从时代特征出发，从生产力的要求出发，深刻论述了社会主义市场经济条件下现代财富的特征和促进现代财富充分涌流的社会变革要求。其主要贡献在于：坚持劳动价值一元论的命题不变。[①] 刘教授在《论当代技术创新》一文中，诠释了高科技时代创新劳动的时代特征：（1）当代技术创新表现为高技术产业产生和发展，是一个“高技术群”，而更多表现为以某一核心技术创新为主轴、带动相关技术的发展与创新。（2）高新技术具有十分密切的内在关联性，某一项技术创新会迅速引发另一项技术创新，呈现出高技术的强联动效应。（3）高新技术研发成果不只是作为技术储备供企业未来使用，而是在很大程度上要投入当前生产，来实现不间断的物质手段的革新和产品的升级换代。（4）技术研发成为企业生产过程中的一个环节，科学劳动成为劳动的一种具体形式。高科技劳动不但是现代企业生产过程中不可缺少的一部分劳动，而且高科技劳动将促进高附加值商品财富的生产。[②]季正松认为：“从体力劳动价值论到脑力劳动价值论，使价值决定由劳动时间转向能动性和创新程度，不同性质的劳动交换比例由‘算术级数’向‘几何级数’转化。”[③] 从劳动价值的外延上，刘教授

① 刘诗白．现代财富的性质、源泉及其生产机制［J］．经济学动态，2005（11）：9．

② 刘诗白．论当代技术创新［J］．经济学动态，2006（7）．

③ 季正松．从体力劳动价值论到脑力劳动价值论［J］．经济学家，2005（2）：21－25．

认为不但包括生产商品的劳动，还包括管理劳动、商业劳动、服务劳动。这就是劳动价值的时代特征。

在使用价值的内涵与外延的认识上，刘教授对现代财富的论述更是极富有创造性的发展。其贡献可以概括为：（1）现代财富本质是商品（或产品）的使用价值，而且是高附加值商品（或产品）的使用价值，从而满足以现代人需求变化为特征。（2）认为现代财富具有商品特征，也具有非商品特征。社会主义市场经济条件下要调动一切积极因素，既要最大限度地促进商品性财富的生产，也要促进非商品性财富的生产。（3）认为现代财富不但是具有实物形态、看得见、摸得着的有形商品（或产品），而且包括无实物形态、看不见、摸不着的精神产品、服务产品。因此，基于社会主义解放生产力的要求，充分发挥政府调控和市场配置资源的作用，拓宽公共品等非商品性财富生产的同时，大力促进现代财富的商品性生产。不但要促进物质财富的商品性生产，而且要促进文化、音乐、艺术品等精神财富的商品性生产和服务业的劳务生产。①

刘教授在论现代文化生产中，更体现了拓宽商品价值、使用价值认识的精妙之处。文化作为商品化生产的前提是近代“在社会分工的作用下，逐步形成了一个由多种专业组成的自由职业者阶层，他们或者是从事独立生产的‘自由撰稿人’，或者是受雇于文化企业。自由职业者的形成和壮大，是文化商

① 刘诗白．现代财富的性质、源泉及其生产机制［J］．经济学动态，2005（11）：5－10．

品发展的重要前提”。[①] 随着高科技嵌入文化品生产中，形成了庞大的文化品产业市场。“文化品作为商品，它由此获得价值性，商品性文化生产的最重要经济功能，如像创造与实现产品价值和资本增值，进行积累，促进经济增长等，均是立足于文化品的价值性的基础上”。[②] 在论述文化品商品性或价值性时，更是经典地论述了文化品价格与价值的经常背离性。认为一个充分的、自由竞争的市场经济体制会使商品价格通过不断波动，趋向和定位于某一个价格轴心，这个价格轴心水准决定于生产中的社会劳动耗费，即价值。因此，也出现了价格背离价值的多样化表现形式，基于对价值与价格范畴内涵的科学理解，人们就不难发现市场经济中多种多样的价格与价值相背离模式。例如：有价格无价值。张亚认为：（1）“以商品零价值参与商品交换”。[③]（2）以价值为轴心的市场价格。（3）垄断价格。总之，科学认识价值与价格这一对范畴的内涵，用之于分析当代发达市场经济中更加复杂的商品结构和多种多样市场价格模式，人们并不难以劳动价值论原理来对文物、文化品及其他知识产品等的价值决定做出科学阐明。[④]

从刘诗白教授运用马克思劳动价值一元论的原理分析现代财富的特征、表现形式、内涵、外延、交换和消费中，不难看出马克思劳动价值一元论对于现代财富充分涌流的指导意义。

---

① 刘诗白．论现代文化生产力（上）［J］．经济学家，2005（1）：5．

② 刘诗白．论现代文化生产力（上）［J］．经济学家，2005（1）：11．

③ 自然物没有劳动凝结，没有个别价值，但它们却以“零”个别价值参与社会价值的形成，并获得社会价值。

④ 刘诗白．论现代文化生产力（上）［J］．经济学家，2005（1）：13．

马克思的《资本论》在分析商品价值、使用价值这对矛盾运动时，把使用价值作为商品价值的物质承担者的地位，从而撇开商品使用价值多样性的研究，专心研究商品价值规律，从而揭示资本主义生产、交换、分配、消费的社会关系运动规律。在马克思的研究中，商品价值居于矛盾的主导地位，商品使用价值居于从属地位。基于这一把握，才得以完成资本运动规律的研究。而刘诗白教授的《现代财富论》则相反，基于社会主义生产目的是满足人民日益增长的物质文化需要出发，把研究视野集中在商品使用价值上，认为在当代社会中的商品价值、使用价值矛盾运动中，商品的使用价值居于矛盾的主导地位，形成调动一切积极因素促使现代财富充分涌流的现代生产方式。这就进一步从驾驭市场的高度（而不是西方经济理论研究市场均衡价格的适应市场论或是商品效用价值的消费心理论）说明完善我国市场经济制度的必要性，说明生产方式的变革仍然是当前社会经济中的主要矛盾。可见《现代财富论》是《资本论》的时代深化，是一部较为完整的诠释商品价值、使用价值矛盾运动的认识论。可见《资本论》与《现代财富论》在坚持马克思主义劳动价值一元论上，不但互相补充，而且分析方法上互逆思维，抓住了时代特征。《资本论》立足于18世纪工业时代资本主义生产方式占统治地位，研究商品价值中，资本主义生产方式下的资本家剥削相对剩余价值和绝对剩余价值，揭示不合理的社会制度；《现代财富论》则立足于我国社会主义市场经济条件下，先进生产方式如何促进多样性商品使用价值的生产，实现了当前高科技时代马克思主义劳动价值论的继承、发展与创新。

《现代财富论》的创新，还表现在社会主义制度解放劳动生产力的高科技创新优越性上。刘教授并没有囫囵于亚当·斯密的自利经济人假设的“市场万能论”上。根据劳动价值交换要求，工业革命时期，资本主义生产也是千方百计节约活劳动的消耗，使商品生产的个别时间低于社会必要时间，从而使商品的个别价值低于社会价值。在当代高科技飞速发展时期，不论是社会主义制度还是资本主义制度，都要不断地调整生产方式促进科技创新，提高劳动价值中的创新劳动含量。进而刘教授认为，社会主义制度的优越性，在于驾驭市场中可以发挥“集中资金”办大事的优势，通过市场这只“看不见的手”的激励和政府这只“看得见的手”的自觉调控，引导和促进商品性财富的生产。江泽民同志深刻指出，我们搞的是社会主义市场经济，“社会主义”这几个字是不能没有的，这并非多余，并非画蛇添足，而恰恰相反，这是画龙点睛。最近，胡锦涛总书记再一次强调，把社会主义制度的政治优势同市场经济体制的优势有机结合起来，这是我们改革和建设中必须坚持的方向。① 刘诗白教授从现代财富的使用价值入手，从价值概念的运用分析推导出社会主义制度能进一步解放生产力的社会制度优越性方面，也取得了很大成绩。

刘诗白教授还诠释了在当代高科技革命下的复杂劳动的内涵。他认为，即使是后工业时代机器的不断革新、不断地把劳动简化成“站”在机器旁边的替代劳动，但是，不论机器对

① 杨承训．准确把握社会主义市场经济改革的要谛［J］．经济学动态，2006（9）：29－32．

人的劳动替代到什么程度，生产要素的结合，仍然是“在劳动启动、黏合、调控等功能下，非劳动要素才能真正发挥出使用价值形成的功能，即使在当代高技术经济中，任何产品始终是劳动产品，是对象化的劳动体现，可见，劳动创造价值的经济学原理并未失效”。[①] 这就批驳了刘有源所谓“如果该劳动资料只需要人进行简单的启动或关闭，调控或遥控，或完全控制，那么它就形成了对人及其劳动的一种替代，同时也形成了对劳动价值功能的一种替代，同时也形成了对劳动创造价值功能的一种替代”。[②] 换言之，资本家拥有机器，则机器对活劳动的替代价值也只能归资本家占有。

的确，在工业时代的后续阶段，机器革命更是高科技劳动的创新活动并成为现代企业总生产过程中的一部分。生产工具的改良实际是高科技劳动价值对象化为机器形态。与其说机器替代活劳动，不如说高科技创新劳动替代生产过程的简单劳动、复杂劳动，而使简单劳动成几何级数倍增。事实证明刘教授的观点是十分正确的。

此文载于：经济学家，2009（8）.

① 刘诗白．现代财富的性质、源泉及其生产机制［J］．经济学动态，2005（11）：9．

② 刘有源，郭晓玲．论价值源泉与决定的双重泛化暨剥削多样化［J］．当代财经，2004（10）：5－10．

社会主义经济理论的重大创新

——刘诗白教授专著《现代财富论》读后

袁文平

我国著名经济学家、经济学界的泰斗刘诗白教授几十年如一日不断地进行着经济理论创新，特别是社会主义经济理论的创新。今天，呈现在我们面前的这部洋洋四十余万字的学术专著《现代财富论》，是他奉献的又一部经济理论创新之作，是创建当代中国社会主义政治经济学的一次新尝试，是对马克思的劳动价值理论创造性的继承和发展，更是对我国当前正在全面建设小康社会和构建和谐社会伟大实践强提供了有力的理论支撑。

首先，《现代财富论》为创建中国社会主义政治经济学提供了一个崭新的核心范畴并构建了一个科学的分析体系。

我们知道，马克思的《资本论》，是把“资本”作为资本主义经济的核心范畴来研究的。社会主义政治经济学的核心范畴是什么？在计划经济条件下曾经认为是产品、产值，在社会主义市场经济条件下又似乎认为是资金、国民生产总值，还有人主张是社会主义资本。这部专著则独辟蹊径，是把“现代财富”作为当代中国的社会主义政治经济学的核心范畴。全书研究的是现代财富的生产和分配，目的是探索现代财富生产和分配的机制和规律，为推进中国经济丰裕化和共同富裕化作贡献。之所以要把现代财富作为核心范畴来研究，是因为在当今中国，要实现社会主义大力发展生产力、实现共同富裕这一根本任务，需要研究财富生产和分配问题；要实现党的十六大提出的全面建设小康社会的宏伟目标，所需要的物质前提就是生产力的提高和财富创造力的增强，还需要研究财富生产和分配问题；世界已经进入21世纪，中国面对的是十分难得的发展的重要机遇期，我们需要也有条件争取实现经济更好的发展和更有效地创造财富，也需要研究财富生产和分配问题。

书中提出并论述了“现代财富”概念的内涵及其结构的多样性。古希腊色诺芬、亚里士多德，后来的西斯蒙第、西尼耳特别是亚当·斯密等都研究过财富问题。马克思对财富的研究，虽然沿用了前人的概念，却给予了崭新的内容。这部《现代财富论》对“现代财富”概念又赋予了不同于以往的新观念。《现代财富论》指出，作为政治经济学范畴的财富，它的内涵是生产拥有能满足人的需要的有用性。财富一词，更准确地说是社会财富，其本质规定性是劳动生产物，即劳动财富。现代财富包括商品财富和非商品社会财富或曰产品性财富两大类别。当代世界正处在社会生产全面发展的时代，由物质生产、服务生产、知识和精神生产三大部门组成的三维产业结构成为现代产业结构的特征，而物质产品、服务产品、知识和精神产品等三大类产品已成为现代社会财富组成要素。特别指出，社会主义财富是人民财富，其主要特征有四：（1）它是社会共同的财富；（2）是高度丰裕的财富；（3）是满足全面发展的新的健康需要的财富；（4）有丰裕的精神财富。社会主义条件下的社会需要与财富生产的矛盾的主要表现是：不断增长的社会需要与现有财富生产能力的矛盾。社会主义的基本任务是在生产发展基础上实现人民生活的富裕化。人民财富的最大增值、合理分配和优化使用是社会主义理论经济学的重要内容。

《现代财富论》分析了现代社会财富源泉的多样性。书中提出，劳动是社会财富的始源，但不是唯一源泉。就人类的财富生产力提高的历史轨迹来说，大体上是由主要依靠于人力，到主要依靠于工具力，再到主要依靠于科学力。在现代发达市场经济中，社会财富源泉呈现多样化的特征，除了劳动力，工具力，对象力，科学力而外，管理力、环境力等等也是社会财富的新源泉。特别强调指出，建设社会主义需要从完善社会主义生产关系，完善劳动的社会结合形式，全面提高劳动力的素质等等方面，充分发挥劳动的财富创造功能。

上述关于现代财富的多方面多层次的研究，就构成了一个新的与目前众多体系完全不同的中国社会主义政治经济学的科学体系，这就为中国社会主义政治经济学的科学体系的建立提供了一条崭新的思路。

其次，《现代财富论》深化了对马克思劳动价值论的认识，丰富和发展了马克思的劳动价值理论。

书中对社会主义市场经济条件下的商品生产劳动及其价值

创造功能进行了分析。认为，在市场经济体制下，社会财富主要表现为商品，从而具有价值。当代发达国家经济已经出现两大新情况：一是服务产品、知识产品已经占据主导地位；二是现代产业结构已经是由物质生产部门、服务生产部门和知识生产部门组成；三是现代国民财富结构也已经是以服务产品、知识产品为主要成分。面对当代经济新情况，计划经济时代撰写的政治经济学教材中流行的对马克思的劳动价值论的传统理解，即只有物质、实物化劳动才创造价值的观念已经不再适用。如何将劳动创造价值原理应用于当代实际，阐明现代财富内在的价值性，要求经济学人深化对马克思劳动价值论的认识，并且结合现代生产实际，对劳动创造价值的机制作出科学阐述。

本书对马克思阐述的劳动价值理论的创造性地丰富和发展，主要体现在三个方面：

一是重新解释了生产商品的抽象劳动的“物化”概念的含义。认为马克思提出了生产商品的抽象人类劳动物化为价值的重要论题，但是劳动“物化”概念的含义并不等同于“物质形态化”、“实体化”。马克思使用的“物化”概念的本质是“对象化”，劳动“物化”指的是商品生产中的抽象人类劳动这一商品关系的“对象化”。

二是从广义上重新解释了商品范畴的内涵。认为，马克思是把商品、价值、生产劳动等范畴作为特定的社会生产关系来把握的。他实际上提出和阐述了广义的商品理论。在分析商品和价值形成时，十分强调劳动的物质、实物性，但也提出了特别商品的范畴，把劳动能力作为特殊商品。此外，他把金银、货币以及股票、债券等资本价值凭证作为“特种商品”。此外，他将进入市场交换的服务也视为商品。由此对商品使用价值范畴的含义作出了广义的解释。马克思没有囿于物质固定化形态，还将某些人类劳动活动的功能视为使用价值，如劳动力商品的使用价值、服务的使用价值、唱歌的使用价值等等。显然，马克思将劳动者生产出来的满足各种类社会需要的多品类商品体的属性，都作为使用价值。

三是重新阐明了生产商品劳动的具体形式的多样性。认为马克思既认定制造业中生产实物产品的劳动对象化为价值，还指出服务业中生产和提供非实物形态的服务劳动也形成价值；劳动既可以在“有痕迹的”实物产品中对象化为价值，也可以在农业劳动生产的“无痕迹”的实物产品中同样对象化为价值；除此而外，运输业中的劳动只是使产品“发生位置变化”，仍然也对象化为价值。

总之，本书的主要结论是：

第一，马克思阐述的多样性生产劳动抽象化、对象化为价值的广义的和全面的劳动价值理论，能够充分说明当代产业结构下，创造多种多样的使用财富的生产劳动都具有价值创造的功能。因此，在当代，马克思的劳动价值理论并未过时。

第二，运用马克思劳动价值理论研究社会主义经济，我们就可以看到，在我国社会主义市场经济制度下，众多的商品生产部门，无论是物质、实物产品生产部门，还是商业、金融及其他服务部门，以及科学、文化产品生产部门，它们的广大从业和职能人员都参与了商品使用价值的形成和价值的创造。也就是说，在我国出现了新型的生产、劳动关系和价值创造与分配关系。这是中国特色社会主义建设中出现的新事物。

很显然，这部《现代财富论》非常成功地丰富和发展了马克思的商品理论和劳动价值理论。以这一新的商品理论和价值理论为指导，对我国社会主义社会中的新经济关系进行深入的理论分析和实事求是的阐明，将有助于揭示社会主义市场经济中劳动者利益关系的性质及其变动的规律，并为党和政府调节经济运行和生产、分配关系，正确处理社会主义社会人民内部的利益矛盾，构建社会主义和谐社会提供理论指导。

第三，《现代财富论》还有许多重要的理论创新，为我国社会主义现代化建设提供了重要的智力支持。全书都充满了理论创新。除上面已经指出的创新理论之外，还有几方面的理论创新，很值得重视。那就是关于自然财富、科学创新、文化生产等方面的探索和阐述。

《现代财富论》把自然、生态环境的保护、开发和利用的认识提到了一个新的高度。书中把“自然财富”确立为经济学范畴，提出自然财富具有重要的经济、社会功能。该书还认为，随着世界工业化、现代化进程中出现的深重的资源、生态环境的危机，表明经济学的基本理论需要进一步发展，需要确立可利用的自然是一个有限存量的命题和自然财富存量的界限或边界可扩展性的论题。社会主义经济发展的客观要求，是要实现一种理性的社会和自然协调的世世代代造福于人民的持续的扩大再生产。

《现代财富论》对科学技术进步在现代财富创造中的决定作用作了更切合当代实际、更为详尽的阐述。书中仔细分析了当代最新财富生产方式即高科技生产方式或高科技经济问题，认为这一生产方式和经济组织形式，正在迅速地和大规模地被应用于生产，有力地影响着当代的经济、社会和人们的生活。书中特别强调技术进步是财富生产力不断提升的决定性因素。认为我国新时期经济的发展要立足于技术进步基础之上。并指出，现实中的技术进步，不只是一个技术本身的效率问题，也不只是掌握新技术知识的问题，而是一个经济体制问题。正是发达的市场经济及其机制，驱动了当代科技的不断创新。书中还指出，物质技术进步的源头是科学，技术快速进步依托于科学知识的快速进步。而这种进步，又有赖于以市场体制为基础的现代知识生产的力量和效率。这些论述，就为我国如何认识技术进步在现代财富创造中的作用以及如何推动技术不断进步找到了切实有效的途径。

《现代财富论》对文化生产在现代财富生产中的作用及其管理体制进行了经济学分析。全书认为在现代发达的市场经济中，特别是当前信息经济的发展，文化越来越合并于生产，成为促进生产发展的重要经济资源，文化由此具有了生产力功能。而且出现了发达的文化生产，形成了文化产业，文化生产成为当代社会生产一个新的组成部分，文化产品成为现代国民财富的重要内容。发达市场经济中文化具有促进经济发展的多种功能：自然财富是提高劳动生产率的积极动因；良好的自然生态体系是持续再生产的前提；自然生态是人类生活环境的重要因素。本书还指出，我们既要肯定商品关系和市场机制促进知识文化生产的积极功能，又要正视市场负效应。其关键是，要构建起实现社会效益优先、经济效益与社会效益相结合的完善的文化体制。

这几个方面的理论创新对我国贯彻落实科学发展观，全面建设小康社会和构建社会主义和谐社会，对国民经济的较快、平稳、协调和可持续发展，必将发挥积极的作用。

此文载于：经济学家，2005（5）.

《体制转型论》评介

刘方健

生活·读书·新知三联书店 2008 年出版的《体制转型论》，收录了刘诗白教授发表的论文 40 余篇，集中探讨了社会主义市场经济、社会主义初级阶段、社会主义所有制与国有经济改革、社会主义产权制度等重大理论问题，构建了一个社会主义市场经济的理论框架。

对于传统社会主义经济理论，刘诗白将其归结为公有化先行论，全面的计划化理论，社会主义、共产主义“速成”论。他认为这种思潮不是把社会主义的发展作为一个生产力决定生产关系变革的自然历史过程，而是夸大了人的主观能动性，一味追求生产关系的先进性，从而造成人为的生产关系变革超前，其结果是国民经济因生产关系不适应生产力性质而遭破坏。刘诗白指出，有关社会主义经济的三大传统理论并不是马克思主义的科学社会主义理论，有的只不过是对马克思主义创始人思想的误解，因此，应对经典作家关于社会主义经济的论述重新进行认识。刘诗白将这一认识归纳为：完全的社会共同占有必须以生产力的高度发展为物质前提；商品生产被消除必须以成熟的社会共同体形成为前提；有步骤、分阶段演进的社会主义社会的发展。

针对过度的经济扩张与平稳增长的矛盾，数量扩张型的增长和增长方式转换的矛盾，快速工业化与资源、环境、生态的矛盾，城乡经济二元化和城乡跛行发展，区域差别扩大和国民经济发展失衡，公共部门的改革发展滞后和公共产品供给不足等现实问题，刘诗白指出，必须进一步搞好全面的经济体制改革，缓解市场经济的缺陷与不足。他提出，构建社会主义市场经济体制是为了有效地利用市场作用来发展社会主义，这就需要在引进与利用市场时采取兴利除弊的理性态度。他认为，需要进行以下五个方面的制度创新：针对市场机制与传统公有制模式的不兼容性，继续搞好公有制具体形式的创新；针对市场机制中经济运行的盲目性和不稳定性，构建强有力的宏观调控机制、强化和完善宏观调控体系并寻找有效的宏观调控方法；针对市场主体生产活动的消极“外部性”，采取经济、行政、社会、道德等多方面的制度安排，形成制度约束下的经济活动自由；针对市场机制拉大收入差距的效应，采取多样措施加强收入调节，完善社会主义分配关系、保障分配公正；针对市场机制生产和提供公共品失灵，构建发达的公共品生产与提供体系，改善民生、增加社会福利。

此文载于：光明日报，2009－02－03.

与改革开放的时代同行

——读刘诗白《体制转型论》

丁任重　刘方健

今年是中国改革开放 30 周年。回顾 30 年来的历程，中国的改革开放取得了举世瞩目的成就：经济快速发展，人民群众的生活水平不断提高，各项社会事业全面进步，国际地位日益提高，国际影响日益增强。而中国改革开放取得成功的一个重要原因，就是我们党坚持把马克思主义基本原理与中国实践相结合，立足于中国的具体国情，创造性地走出了发展社会主义市场经济的新路。在社会主义市场经济的探索过程中，我国的一批经济学家作出了突出的贡献，刘诗白就是其中之一。

刘诗白，马克思主义经济学家，1949 年即开始学术研究活动，60 年来发表大量论文，出版专著 7 部。他的研究领域涉及国际经济、《资本论》研究、社会主义经济基本理论。他的学术风格是坚持以马克思主义基本理论来研究当代实际问题。改革开放以来，他对我国经济体制改革的重大理论与实践问题进行了大量研究，作出了不少理论创新。

刘诗白对《资本论》研究功底深厚。由于他早年致力于马克思主义哲学的研究，使他善于用辩证唯物主义与历史唯物主义方法论，来分析新的现实经济现象和问题。他的论文，理论分析深入、阐述全面、具有说服力，也经得起实践检验。他的学术视野开阔，能够敏锐地把握时代发展的大趋势，提出新问题、新阐述。在社会主义市场经济、社会主义所有制、国有企业改革、产权制度构建等我国经济改革重大理论问题的研究和阐述中，他都是先行者和积极参与者。他长期深入工厂、农村、基层，对改革实践中发现的问题进行新的理论思考。由三联书店出版的《体制转型论》一书收录了刘诗白 1978—2000 年间发表的有关体制改革的 41 篇论文，它们是从 180 篇中精选出来的。该书所研讨的是我国经济体制改革的最重大的理论与实践问题。本文仅就刘诗白有关社会主义市场经济的论述作一评述。

一、最早提出了要发展社会主义商品经济与利用市场

十一届三中全会以来，刘诗白发表的第一篇文章是 1979 年 2 月的《论发展社会主义商品经济与利用市场》。该文把社会主义经济的属性规定为社会主义商品经济，突破了计划经济是社会主义本质特征的传统观念，这也是十一届三中全会后中国经济学界不少同志开始持有的新观点，尽管这种观点远未成为主流，当时只允许提“发展商品生产”。这种提法在当时的

理论环境下实属不易。

该文第一大标题是：加快四个现代化的步伐，必须着力发展社会主义商品经济。在这篇文章中，刘诗白把“发展商品经济”的论题，明确地归结为利用市场。该文第二大标题是：发展和完善社会主义商品经济，必须充分利用社会主义市场的积极作用。[①] 认为：“在当前发展和完善社会主义商品经济中，最关键的是要充分发挥和利用社会主义市场的积极作用。这就要求我们以马克思主义为指导，对社会主义市场的性质、范围、结构、机制、规律和作用等问题进行深入地研究与探索”[②]。该文的主旨是：我国经济改革的方向和中心课题是充分利用市场。论文还提出，就马克思主义政治经济学理论（社会主义）来说，对社会主义市场的研究还十分薄弱，基本是生产理论加上分配理论，而缺少市场理论。[③] 由于传统理论的束缚，在当时提出这一理论认识需要极大的勇气。该文曾送给一位著名经济学家审阅，对方说论文题目不通。而两个月后，邓小平就提出：“说市场经济只存在于资本主义社会，只有资本主义的市场经济，这肯定是不正确的。社会主义为什么不可以搞市场经济，这个不能说是资本主义，我们是计划经济为主，也结合市场经济，但这是社会主义的市场经济。”[④]

---

① 刘诗白. 体制转型论［M］. 北京：生活·读书·新知三联书店，2008：3.

② 刘诗白. 体制转型论［M］. 北京：生活·读书·新知三联书店，2008：8.

③ 刘诗白. 体制转型论［M］. 北京：生活·读书·新知三联书店，2008：236.

④ 邓小平. 邓小平文选：第2卷［M］. 北京：人民出版社，1994：236.

二、全面论述了社会主义市场经济概念

1979 年 4 月，中国社会科学院经济研究所在无锡举行关于价值规律作用问题的讨论会。刘诗白在《试论社会主义计划管理与利用市场机制》一文中，明确地提出了社会主义市场经济的概念并加以论述。他认为市场经济具有一般经济范畴性质。市场经济就是指这种为市场而生产的商品经济，它的特征是：(1) 它不是为了满足生产者自身或他人的消费需要而生产，而是以市场交换为目的的生产；(2) 它的生产状况（如生产什么，生产规模的扩大或缩小等)，决定于市场供求状况与价格的涨跌，受商品经济的基本规律——价值规律的调节。“市场经济就是资本主义”，这是经济学界长期流行并至今还在一些人头脑中视为天经地义的传统见解。刘诗白认为，这种见解是缺乏科学根据的。市场经济既然是为市场而生产的商品经济，因而它不是一种独立的生产方式，也不是资本主义社会特有的经济范畴，而是自原始公社解体时就开始萌芽、几乎存在于人类社会各个不同经济形态中的一般性的经济范畴。① 由于时代的局限，该文主张“引进市场机制”，尚未突破“计划管理为主”的传统观念，但这一为刘诗白等经济学家所提倡的观点，在 1984 年被写入党的十二届三中全会通过的《中共中央关于经济体制改革的决定》之中。从此，“发展社会主义商品

---

① 刘诗白．体制转型论［M］．北京：生活·读书·新知三联书店，2008：17．

经济”不只是经济学家们讨论的话题，而是成为全国范围内生气勃勃的经济改革实践。

80 年代中后期，改革在中国城乡全面推进。1992 年初，邓小平发表“南方谈话”，中国社会主义市场经济思想呼之欲出。在 1992 年 7 月中国《资本论》学术年会上，刘诗白提交了学术论文《社会主义市场经济之我见》。该文对社会主义市场经济概念的内涵作了五点具体阐述，今天看来还是很准确的。在这篇论文中，刘诗白提出：在 90 年代的今天，传统计划经济体制的弊端早已暴露得十分鲜明，对它进行根本性的改革已经是十分紧迫的任务，因而这就要求我们在当前，再一次冷静总结历史经验，加深对社会主义经济的认识，对我国新经济体制予以更精确的概括。这就有“社会主义市场经济”概念的提出，这是我国在改革的伟大实践中及时总结经验，深化理论认识的合乎逻辑的发展。这一概念在我国能得到推出，是小平同志的功绩。

什么是市场经济？刘诗白提出：广义地说，市场经济就是商品经济，列宁对此早有论述。狭义地说，真正的市场经济，就是社会化大生产条件下的商品经济，是市场充分发育，表现为完备的市场体系，市场调节作用得到充分发挥的商品经济，是发达的商品经济。刘诗白认为社会主义市场经济的内涵有以下五个基本特征：（1）市场经济不排斥计划。实行社会主义市场经济，要更充分利用和发挥计划的功能，首先要调控好宏观经济，引导微观经济。（2）市场经济不排斥政府经济功能，也不排斥国家在某些领域组织兴办企业。市场经济还需要政府提供各种服务，社会主义市场经济更需要有效发挥政府的经济调节、规划、监督、服务的功能。(3）市场经济概念，前面有“社会主义”为定语，明确规定它是坚持以公有制为基础和主体。(4）“市场经济是以市场机制为基本调节器，因而不可避免会有经济活动的自发性与盲目性。”但人们可以借助于计划功能的发挥，对这种盲目活动进行限制和引导，并实现国民经济总体的运行有序，期望有一个不存在自发性的市场经济机制本身就是不现实的。(5）“市场经济有盲目生产、经济波动、扩大收入差别等等弊端。”但是，有利无弊的体制只存在于人们的幻想之中。何况在社会主义条件下，人们借助于计划功能和政府调控，有着减少上述弊端的更大可能性。

综上所述，刘诗白提出社会主义市场经济概念的内涵可以这样加以阐明：以公有制为基础的，实行有效的政府调控的，能充分发挥计划作用的市场经济。“社会主义市场经济”从概念上明确了计划与市场二者中，市场是基础，价值规律这一商品经济的基本规律，仍然起着重要的、核心的作用，计划是立足于价值规律作用之上，立足于对各种经济杠杆——价格、利息、税收等的自觉利用之上。基于对社会主义市场经济概念的上述理解，刘诗白认为，在“有计划的商品经济”，“有计划的市场经济”，“社会主义市场经济”等等提法中，社会主义市场经济以其抓住和突出了新的商品经济体制和运行的本质特征，因而可以作为首选。在1992年10月召开的中共十四大，正式接受了“建设有中国特色的社会主义市场经济”这一提法。

三、深刻论证了市场经济与公有制的“兼容”问题

新中国成立以后，由于我国的理论界机械地、教条主义地理解马克思和恩格斯关于公有制社会的论述，并照搬苏联的那种高度集权的计划经济体制，因而在经济理论上把市场经济与公有制对立起来，认为两者是水火不相容的关系。刘诗白认为，认定市场经济与社会主义公有制不相“兼容”的传统理论观点是站不住脚的。刘诗白提出，“兼容”问题只能解决于实践之中，而不是裁定于书斋之中。20 世纪 80 年代初期乡镇企业和城市集体企业迅速增长，自发产生了“苏南模式”，这是中国 20 世纪 80 年代改革中意义最重大的成果。市场经济改造了传统农村以及城市集体经济，使它初步获得了与市场相兼容的机制与组织形式。此后，农村还出现了在土地公有制基础上的股份合作制，它们以更加清晰的主体产权，进一步增强了与市场机制的兼容性。可见，中国乡镇企业和新集体经济这一改革的新创造，实际上解出了经济学家争论不休的“市场能否与社会主义兼容”的哥德巴赫论题。在从 1984 年起开展的全面城市经济体制改革中，传统的国有企业，在经历扩权、让利、承包、租赁等改革中逐步增强了活力，获得了对市场的一定适应性。自 1992 年以来全面推开的国企股份制改革，一批企业转换了经营机制，成为自主经营、自负盈亏的市场主体。因此，实现市场机制与社会主义基本经济制度的有机结合，已不再是一个能不能的问题，而是如何使二者结合得更好、如何使“兼容度”最大增强的问题。

从理论上来说，解决“兼容”性问题还需要认清现阶段社会主义社会的特点。刘诗白认为，马克思和恩格斯原先设想，在未来社会，随着生产资料私有制被消灭和完全的社会共同占有的实现，商品经济将趋于消亡。然而，社会主义制度最初都出现在经济不发达的国家，因而社会主义的初级阶段就“带有更加鲜明的不成熟和不纯粹的特征”[①]。这种不成熟和不纯粹的特征，一方面表现在社会主义初级阶段上能实现以公有制为主体、多种经济成分共同发展的所有制结构；另一方面表现为“社会主义全民所有制是不完整的全民所有制，……生产资料的全民所有关系与产品的企业局部占有关系是社会主义全民所有制不完整的基本特点。……在社会生产力水平还不够高，在劳动的社会化还未达到应有的高度的条件下，还不可能使企业的生产资料与产品真正地和无差别地归全民占有，……还不可能立即在全民所有制体系范围内实现生产资料的彻底的公有化。因此，要认真研究与及时发现全民所有制关系不适合生产力发展的具体环节，及时加以解决，使企业所有制关系不断完善，避免把全民所有制具体形式凝固化与绝对化。”[②]

1981年，刘诗白提出，独立核算、自负盈亏是社会主义企业经营管理的一般形式，它不仅适用于社会主义集体所有制，也可以采用于社会主义全民所有制。[③] 赋予和确认企业的

---

① 刘诗白．体制转型论［M］．北京：生活·读书·新知三联书店，2008：257．

② 刘诗白．体制转型论［M］．北京：生活·读书·新知三联书店，2008：313．

③ 刘诗白．体制转型论［M］．北京：生活·读书·新知三联书店，2008：341．

占有权，意味着企业法人地位的塑造和企业权益得到法律的保护。国有企业产权制度的改革，主要是进行国家与企业之间，所有者与经营者之间的财产权、责、益的调整，它是公有制实现形式的变化，其目的是要探索与市场经济“兼容”的公有制具体形式。①

四、坚持在改革的大方向上不能动摇

构建社会主义市场经济的过程，是一个大胆地改革传统计划经济体制的过程，也是一个不断地总结实践经验的过程。这一过程中，还会产生新矛盾，遇到新问题，甚至还难免要冒风险。刘诗白提出：关键在于要解放思想，转换脑筋，搞好超前的理论研究和操作性研究，做到心中有数，我们就可以少交学费，在出现问题时也可以沉住气，在 1994 年的一篇论文中，他就提出了在改革的大方向上不动摇。② 他认为，建立市场主体，进行市场结构、运行方式、调控方式、行为准则等等要素的改革与重塑，还需要有几十年时间的努力。

刘诗白认为由于中国在几年间走过了一些西方国家经过数十年才走完的路程和多种条件不具备，特别是管理跟不上，制度不健全，大跨步的改革也使中国市场化正在出现种种问题。例如：(1) “权力经商”，钻空子谋利等等，带来了一个时期

① 刘诗白. 体制转型论 [M]. 北京：生活·读书·新知三联书店，2008：591.

② 刘诗白. 体制转型论 [M]. 北京：生活·读书·新知三联书店，2008：145.

内的经济秩序混乱。(2) 局部领域的"泡沫经济"的出现，增强了经济高增长中的膨胀趋势，引起了经济行动中的矛盾。这种情况也使一些人感到市场化改革十分棘手和充满风险，产生了对进一步引进市场作用的畏惧心理。但是不能把改革中出现的矛盾和困难，归之于市场机制及其组织的引进，更不能通过改革停步来消除这些矛盾。那种认为可以通过实行某种半市场半计划的东西来消除经济生活中的矛盾，更是一种错误的观点。中国当前经济高增长中出现的问题和困难，本质上是体制性矛盾，两种体制的摩擦是由计划体制向市场体制的历史性转换中难以避免的现象，许多行为离轨，是由于市场机制未能充分发挥作用所造成，而这些问题和矛盾也将随着改革的深化获得解决。[1]

综观全书，可以看出刘诗白的理论研究有几个鲜明的特点：一是全方位探讨经济体制改革。刘诗白是我国最早研究改革的经济学家之一，但他对改革的研究并不局限于某一特定的领域，而是着眼于全局，多方位地展开研究。该书从宏观到微观，从农村到城市、从体制到政策、从经济到社会等，其研究覆盖了改革的各个领域。二是立足实践，立足国情。刘诗白并不是在书斋里闭门研究的经济学家，他总是以马克思主义原理为指导，时刻关注着中国改革开放的进程，对改革开放中出现的新生事物，如市场机制运行、农村家庭联产承包制、国有企业股份制改造、完善宏观调控等，他都提出了自己的见解。三

① 刘诗白. 体制转型论 [M]. 北京: 生活·读书·新知三联书店, 2008: 160.

是理论观点有说服力。刘诗白一贯坚持理论与实践相结合，他深信只有根植于实践才有理论的活力、才有理论的创新、才有理论的发展。正因为他能坚守在改革开放实践的前列，使他的许多理论观点有很强的洞察力和说服力，而这也是值得我们后辈学习的一个经济学家的优良学风和研究品性。

此文载于：经济学家，2008（6）.

知识经济时代的“国富论”

——《现代财富论》评介

丁任重　王雪苓

今年春，我国著名理论经济学家刘诗白教授撰著的《现代财富论》一书，由生活·读书·新知三联书店出版发行，全书40万字。自专著问世以来，在学术界引起强烈反响。①

早在1992年，刘诗白教授就在《社会主义经济原论》一书中提出，人民财富的最大增值、合理分配、优化使用，是社会主义政治经济学的新主题，为经济学的理论创新提出了一条重要思路。而今年出版的、作者经历7年心血所完成的《现代财富论》这部学术专著，更是坚持了与时俱进、理论创新的精神，以理论经济学家广阔的历史与现实的视野，以作者深厚的

① 《人民日报》、《光明日报》、《经济日报》、《经济学动态》等多家全国主要的报纸杂志刊载了《探讨现代财富及其源泉的力作》、《现代财富多样化的探讨》、《着力完善科技创新体系》、《发展文化生产要提防“市场陷阱”》等专家书评和报道，对该书做出了高度评价。2005年4月，学术界还针对该著作先后在北京、成都召开学术研讨会。

学术功底，抓住“财富”这一基本经济范畴为出发点，以“财富创造”这一人类基本的社会实践活动为主体，以推进人民财富丰裕化、实现我国建设全面小康社会为基本宗旨，对现代财富的性质、结构、源泉和加快财富创造的经济机制和规律，特别是发达市场经济和高科技经济条件下社会财富创造的新情况、新特点，进行了全方位、深层次的经济学、社会学的理论思考与分析。

《现代财富论》敏锐及时地触及到我国加快人民财富增长，实现共同富裕，促进人的全面发展这一新时期社会经济发展的本源和宗旨问题，努力寻求一种最佳财富生产模式，从而深刻体现了党中央“以人为本”和科学发展观的要求。同时，该著作通篇贯穿了以马克思的经济理论和历史唯物主义为指导的思想和具体分析工具，密切地结合世界和当代中国的实际，富有新意地探寻和阐释了财富创造的各种源泉、科学配置与最大限度发挥劳动和各种资源在财富创造中的重要作用，以及构建相应的体制等重要问题，从而为深化经济改革，发展文化产业，特别是加快高科技发展，以及深化劳动价值理论等重大课题提出了一系列极富启迪的新见解。

《现代财富论》这部著作主要回答了社会财富的形式与结构、现代社会财富源泉多样化、自然财富在社会财富形成中的功能、当代高技术生产方式、商品经济和市场机制促进技术进步的功能、现代知识生产及其经济社会功能、现代文化生产性质与机制、社会主义市场经济条件下劳动价值理论的深化发展等八个方面的问题。以下予以简要述评。

一、对社会财富的形式和结构的分析

在1776年出版的影响深远的《国民财富的性质和原因的研究》(以下简称《国富论》)一书中，英国古典经济学家亚当·斯密探讨了工场手工业时代的财富形态和财富生产的机制，认为物质财富是国民财富的基本形式，而分工和市场，可以极大地增加社会财富。250年后的今天，当代人类社会的一个显著特点是与科学技术的迅猛发展相伴随的财富形式、结构、形成的深刻变化。当代经济学家必须回答现代财富的特征、性质和源泉等一系列问题。

那么，什么是现代财富呢？刘诗白教授在《现代财富论》里开篇就回答这一问题并提出了"财富结构多样化"的重要命题。认为从财富的社会经济性质着眼，现代社会财富在市场经济形态下主要表现为商品财富，但是不从属于市场机制的产品性财富也是社会财富的组成部分。[①] 随着市场化和商品财富生产领域的扩大，商品财富包括了物质产品、服务产品、知识精神产品（即科学品、文化、艺术品等的总和）、价值物（即货币，价值凭证或虚拟财富）、商品化自然原生产品以及商品劳动力等等丰富内容；[②] 而产品性财富，如基础教育产品、基础文化设施、社会福利、国防产品、生态环境基础设施等，也

① 刘诗白．现代财富论［M］．北京：生活·读书·新知三联书店，2005：22．

② 刘诗白．现代财富论［M］．北京：生活·读书·新知三联书店，2005：21．

是现代社会财富的构成要素。简言之，现代社会财富包括商品财富和非商品财富两大类别，是生产品拥有的能够满足人的需要的有用性。

结构的多样性从来是社会财富的特征，更是现代财富的鲜明特色。现代财富结构的多样性表现在四个方面：（1）物质财富、服务财富、精神财富的三维结构日益凸显；（2）服务财富和精神财富的快速增长，及其逐渐成为社会总财富主导形式的趋势；（3）知识和科技密集型的现代财富的出现、大规模生产和对传统财富替代的加强；（4）对自然资源、生态财富的维护和创新愈加成为财富生产的重要内容。对财富进行这样的理论概括，使其远远超越了物质财富的范畴，是对当代财富性质的既鲜活又生动的真实写照。

现代财富结构的多样性是由生产力、社会生产的状况和产业结构决定的。该书认为，当今世界正处在一个生产全面发展的时代。首先，物质生产在高技术基础上迅猛发展；其次，在国民总产值的比重已成为最大产业的服务业由于信息技术的引进，发展势头迅猛；最后，高技术经济固有的科技创新机制促进了科学知识产品的扩大再生产；同时，文化消费需求的快速增长推动了文化品、艺术品的生产发展，促使文化产业勃然兴起。于是，从产品体的性质及其功能的角度出发，该书指出，物质产品、服务产品以及知识文化产品等三大类产品已成为现代社会财富的组成要素。

该著作指出，社会主义财富是人民财富，其主要特征有四：一是社会共同的财富；二是高度丰裕的财富；三是满足人的全面发展和新的健康需要的财富；四是丰裕的精神财富。该书强调，在发展社会主义生产中，人们应该确立全面的财富观，特别是整体的财富观，统筹商品财富和产品性财富二者的共同增长和谋求物质财富、服务财富和精神财富三者结构的优化，谋求多样财富形式的协调发展和互相促进。

该书提出并加以阐释的全面的财富观，特别是整体的财富观，体现了理论的创新，更是对历史实践的生动总结。整体财富这一理论概括，无疑有助于我国当前正确处理三大生产部门的关系，优化产业结构和人民财富的创造，同时也将为我国新时期社会主义经济理论研究拓展出一个新视野、新领域。

二、对现代社会财富源泉多样性的论述

在探讨了现代财富结构的多样性之后，该著作系统而深入地阐述了现代社会财富的源泉问题。作者认为，亚当·斯密在其著名的《国富论》中将财富的形成归之于劳动，体现了其在经济分析中的敏锐眼界；被马克思称为“政治经济学之父”的英国古典经济学家威廉·配第认为“劳动是财富之父，土地是财富之母”，则点出了财富源泉的多样性；而马克思通过对劳动二重性的分析，既科学阐明了劳动是社会财富的本源，是商品价值的唯一源泉，又科学阐明了商品及其使用价值是多种生产要素共同作用的结果，并由此指出：劳动并不是使用价值即物质财富的唯一源泉，提出和阐述了社会财富源泉多样性的思想。作者将马克思关于使用价值财富生产的理论和分析方法运用于现代，论述了劳动是社会财富的始源，参与生产过程的工具和自然对象——从广义的土地（地表、地下）到被使用

的宇宙——也是财富的源泉；通过考察社会财富形成中由主要依靠人力到工具力，到科学力的历史演进轨迹，指出人类社会发展中生产方式的进步和升级，实现了社会财富新源泉的开发和富源的多样化。特别是现代市场经济和高技术经济的生产过程中呈现出生产要素的多维化，除了劳动力、工具力、对象力之外，科学力（知识力）、管理力、环境力等也成为生产过程的有效因素，并且对产品使用价值和社会财富的形成发挥重要作用。该书尤其强调了科学知识在现代财富创造中的决定性作用。

显然，随着人类社会的不断进步，人类创造、开发社会财富的能力也日益增强，社会财富的结构及其源泉将日益多样化。该专著正是着眼于此，立足于当代生产的新性质和新特征，深入分析和探讨社会财富的新要素及新源泉，将马克思主义经济学理论研究推向了时代的前沿。

三、对自然财富在社会财富形成中功能的阐述

该著作将自然财富源泉确立为经济学范畴，提出了自然财富是社会财富的形成的物质基础（物质源泉）这一命题。对自然财富在社会财富形成中的重要作用作出了新的阐述：(1) 自然财富是生产资料和生活资料的源泉，从而自然财富的高存量和优质，成为劳动生产力提高的积极动因；(2) 保持良好的生态循环，是社会再生产和经济循环顺利进行的前提条件；(3) 自然生态是人类生活环境和生活质量的重要要素。

然而，对于人类社会发展的一定阶段来说，在特定的生产

力水平下，能现实参与财富生产的地球自然资源，总是表现为一个有限的存量，社会生产也总是存在着财富生产与自然物存量耗损的一般矛盾。基于此，该著作提出自然财富边际有限性的命题，要求大力寻找和实行节约自然的经济模式（生产方式和消费方式）和发展模式，把经济高增长和自然资源节约，环境的维护和优化相结合，以保持人和自然相协调和实现可持续的发展。

自然财富有限存量的命题显然是以在现有生产力水平不变的假设为前提的，但是在社会生产力提高、自然开发在广度深度上的发展的条件下，可利用的自然财富也就会相应扩大。基于此，该著作提出自然财富存量的界限或边界可扩展性的第二个命题。这一命题是针对“罗马俱乐部”西方环保学者有关地球资源将耗尽、经济增长将终结的“末日论”观点，提出了科技将开发不竭财富新源泉的乐观主义发展观。

由此可见，专著将对自然、生态环境的保护、开发和利用的认识提高到了新的高度。自然财富不仅是创造社会财富的基础，而且其本身也是人类的财富，在社会主义条件下，是人民财富的一部分。自然财富边际有限，但人类社会借助于知识、科技、文化的发展，将超越自然财富的有限性，开拓财富生产的新源泉和经济增长的无限美好的前景。因此，在当代中国，实行一种理性的、社会与自然相协调的、世世代代造福于人民的持续的扩大再生产模式，是社会主义经济发展的要求。

四、对当代高科技生产方式的经济分析

财富的内涵和结构、源泉，以及各种生产要素在社会财富创造中功能的变化，无不是由生产方式的发展变化引起的。该书指出，当代世界出现了传统工业生产方式的升级，对这一新的生产方式，该书称之为高科技的生产方式或高科技经济。

该书指出，高科技经济是以信息技术为代表的高技术日益被广泛使用，成为新的物质技术基础，并引起生产方式、生产组织发生新的变化的社会经济组织形式。这一生产方式正在带来一系列变革，包括生产工具革命，现代使用财富的创造，劳动生产率的提高，有效需求的扩大，企业组织的重构，宏观调控的加强和完善等等，并对人类的经济、社会变革发生着深刻影响。该著作还以较大的篇幅，对现代高技术条件下的再生产进行分析，在分析过程中还采用数学模型，揭示了现代市场经济生产扩张与总量均衡的基本特征。特别是该书提出和论证的“科技生产力乘数效应”范畴，这一范畴可与将科技作为内生变量引入经济发展的罗默的新经济增长理论相媲美。

作者认为，物质财富生产和知识财富生产并举并以知识生产促进物质生产，成为当代经济发展的大趋势，是知识经济的基本特征。

该书指出，现代知识生产不同于一般含义的知识生产，是指发达市场经济体制下的知识生产。其特征是：（1）立足于物质生产基础上的精神生产，知识生产的性质、特征、规模、方向都要适应物质生产的要求。（2）一部分知识生产立足于

市场体制之上，转化为商品性知识生产。（3）众多的知识生产部门出现，形成了新的知识产品。（4）发达的商品性知识生产与产品性生产并存和共同发展。

商品性科技知识生产的主要有四种形式：（1）企业本身进行的知识生产，例如大公司，特别是高科技公司开发的科技成果及提供的科技服务；（2）由专业性科技研发公司进行的知识生产；（3）以合同形式由各种科研单位从事的知识生产；（4）由个人（包括大学生及其他科技爱好者）进行的知识生产。

对知识生产所进行的精细而新颖的分析，应该说是该书的理论创新的重要方面。在这里，政治经济学研究的对象和内容都得到了拓宽，为当代知识生产的政治经济学提出了一个新的理论构架。传统的西方经济学和马克思政治经济学，主要是对物质生产和服务生产的经济学分析和解释，但是它们未能分析当代经济新形式——知识经济。基于20世纪末以科技革命和知识经济出现的这些新的变化，政治经济学研究对象的范围应当从物质产品领域扩大到服务产品领域，进而扩大到今天的知识（信息）产品领域；而在当代发展生产则应由着眼于发展物质产品生产到同时着眼于服务产品生产和知识产品的生产；而搞好物质生产、服务生产、精神生产，即加强物质财富和精神财富的创造，最大限度地提高创造财富的能力，是全面建设小康社会的根本途径。该书提出的上述论题，看来是切合时代对政治经济学要求的。

五、对商品经济和市场机制促进技术进步功能的分析

该书从历史的视角，分析了从人类早期社会千百年发展中细微的技术渐进，到工业经济时代技术间歇性进步，到当代高技术经济中的技术飞跃。作为经济学的分析，该书强调，现实经济中的技术进步不仅是一个技术本身的效率问题，也不只是对新技术知识的掌握问题，更是一个经济体制问题。历史表明，商品经济和市场“这只无形的手”有力地推动了科学知识产品向物质生产的转化，市场经济固有的使高效率的技术转化为主体净收益的机制，从来都是技术进步的驱动力。

该书指出，在商品经济条件下，市场机制是推动科学知识产品转化为财富创造的动因。其原因在于：(1) 市场需求和原有物质生产能力的矛盾，是技术进步的经济动因；(2) 市场经济奉行的“利益最大化”原则，促使技术进步有了主体利益驱动，是推动技术进步强大的内生力量；(3) 市场经济固有的竞争和“优胜劣汰”机制，是促进技术进步的另一强有力的内在力量；(4) 市场经济中，股份制企业组织和信用、金融体制，为进行技术革新提供金融支撑。

因此，当代市场经济的制度安排及其制度创新（包括知识产权制度、风险资本、文教体制创新等）构成了一整套制度体系，使效率更高的新技术在产权明确的条件下，经过商品化、市场化，被合并于生产，成为提高效率、增进产品附加值，从而产生了净收益，即超额利润的新手段；特别是高科技经济的

体制，使知识、技术转化为资本，在资本市场上得到评价和增值，从而带来资本收益。上述制度安排，启动了为追逐超额利润的技术不断创新。市场经济国家工业化、现代化过程中机器工业技术进步的加速，当代高科技经济中技术的不断创新，无不是以新技术产生净收益的经济机制的作用为基础。该书对科技进步的经济机制的阐述，旨在强调在我国当前需要以改革和制度创新来推动和催化全面而快速的技术创新。

六、对现代知识生产及其经济、社会功能的理论分析

马克思曾提出物质（产品）生产、服务（产品）生产、精神（作品）生产以及人的生产，即四类生产组成“整个世界的生产”的经济学命题。在马克思看来，精神生产是指哲学、法学、道德等思想、观念的“意识的生产”，各种社会意识的形成以及科学知识的创造均属于知识生产。该专著中认为，当代发达的知识生产，是立足于市场经济体制基础之上的大知识生产机器，既包括自然科学和社会科学的科学知识生产，还包括文化、精神生产。书中认为，在当代，一部分知识生产是商品性知识生产，带有鲜明的盈利特征。传统政治经济学将精神生产劳动视为一种完全摆脱了物质利益动机的“纯洁”劳动，无需经济利益的驱动。显然，当代部分精神、知识劳动已经从属于商品机制和经济利益，这是不以人的意志为转移的经济新发展与生产新变迁。

在市场性知识生产领域，商品关系和市场机制的恰当引

进，会激发主体知识、精神活动的积极性和创造性，从而促进知识产品生产力的提高。商品关系和市场机制除了对知识生产产生利益激励功能而外，还拥有促进知识劳动分工的功能、科学活动导向和资源合理配置的功能，以及知识生产企业化组织形式（如贝尔实验室）解放和发展科学知识生产力的功能。当然，市场性知识生产领域仍然存在市场失灵，也会出现市场驱动知识生产畸化、知识垄断、商品性知识生产中固有的分配与财富占有不公[①]，过度的知识生产商品化也会导致作为公共产品的非商品性知识生产领域（尤其是科学基础知识生产）的削弱等缺陷。该书阐述了商品性知识生产基本矛盾的命题，指出商品性知识生产中固有的分配与财富占有不公，源于商品性知识生产的基本矛盾，即参与科学产品使用价值形成的社会化劳动和参与科学产品价值创造的直接生产劳动的矛盾。具体而言，参与科学成果的使用价值创造的是社会化劳动——直接的和间接的劳动，但是只有参与科学成果创造的直接生产劳动和有偿原知识中体现的劳动参与价值形成，这就是知识商品生产固有的内在矛盾。这一分析，为社会主义市场经济构建知识生产体系过程中如何兴利除弊、有效发挥商品关系和市场机制促进知识财富生产力的功能，如何正确处理市场性知识生产的矛盾，以及如何处理好市场性知识生产和作为公共产品的非商品性知识生产的关系等问题提供了理论依据。

---

① 刘诗白．现代财富论［M］．北京：生活·读书·新知三联书店，2005：370．

七、对现代文化生产的性质、机制以及如何构建社会主义文化生产体制的分析

在经济不发达的社会里，文化对经济是疏远的。长期的计划经济体制又留下了一些带有体制特征的文化生产观念，譬如笼统地认为"文化是花钱的，经济是赚钱的"，"文化靠国家投入，不能进入市场"，"文化是事业而非产业"等等。该著作一扫这些观念，明确指出，在知识经济的时代、在发达的市场经济中，文化正在被大规模地合并、嫁接于生产，商品性文化生产成为当代社会大生产的新组件，文化产品成为现代国民财富的重要内容，文化产业成为促进经济增长和财富增值的支柱产业。这意味着文化已经具有了生产力的性质。

该书追溯了文化产品作为商品来生产和经营的历史进程，得出一个结论：文化在近现代之所以能迅猛发展，并能变为一种经济生产，原因就在于商品经济机制的引入。发达的市场经济改变了文化产品的生产方式和文化资源的配置方式。文化生产发展成为由数量庞大的文化生产者参与、分工细致、专业众多的大产业。我们看到，80 年代以来，在发达国家，被他们称之为"创意产业"的一系列知识密集型的文化产业成为主导产业乃至支柱产业，在国民经济中的地位迅速跃升。美国商业电影大片、大众传播、时尚设计等文化商品的出口收入已经超过了信息产业、甚至石油等产业的出口收入；日本文化产业的产值已经超过了汽车产业；包括东南亚经济危机之后的韩国，一批在全球范围配置文化资源的跨国企业成为文化产业的

“巨无霸”。

该书指出，文化生产只是部分地成为商品生产；而且文化生产毕竟不同于一般商品生产，进入市场的文化、精神产品是具有意识性和商品性的特殊商品。并且，文化产品的艺术、社会价值与商业价值这两个因素在市场机制作用下形成了“商品性文化产品的内在矛盾”。这一矛盾的具体表现是：在文化生产过程中，一些文化创作者“对文化产品商业价值的追求，超越和脱离于文化产品艺术、社会价值的创造”的非理性行为。这种由于文化生产偏离艺术、社会价值创造的本质目标，文化工作者陷入“市场陷阱”而导致的文化生产“畸化”现象和文化市场里“庸品驱逐良品”的现象，在国内文化生产中也随处可见。该书将这些现象称之为文化产品在商品领域中的市场失灵和市场负效应。

为此，作者认为，市场机制对文化生产来说是一把双刃剑，它既是促进文化生产发展的有力杠杆，但也有诱发文化艺术创作畸化的负效应。并且，商品经济中固有的文化垄断及垄断价格机制，还将倍数地放大、强化市场机制对文化生产的双刃剑作用，最终导致社会物质文明繁荣与精神“文化危机”并存的社会发展畸形化。

作者进而强调，文化生产、特别是商品性文化生产，它的健康发展离不开一个政府规制的和有制度约束的、有调控的、“社会效益优先、经济效益与社会效益相结合”的完善的市场体制[①]。为了求得文化财富又多又好的创造，以服务于社会主义事业，在商品性文化、精神生产领域，应该实行政府主导和有规制的商品生产模式，实行看不见的手、看得见的手和先进思想指导作用相结合。这样，人们就能够在发展商品性文化生产中兴利除弊，既有效改进和克服市场负效应，又形成生气勃勃、"活而不乱"、"管而不死"的市场性的文化生产。精心构造和有效利用文化生产的这一新的杠杆，我国文化生产将由此获得新的动力。借助于文化生产力功能和文化与经济互动，既能够加快我国经济的发展，又能够优化社会财富的结构，更能够实现文化发展和文化育人。

八、对马克思劳动价值理论的新探讨

马克思的价值论和财富论，是从不同角度提出的里表相依的理论。为了剖析和揭示资本主义的内在规律，《资本论》把重心放在价值论上，在批判地吸取前人成果的基础上，科学地阐明了劳动价值论，创立了剩余价值学说。同时，马克思对由使用价值构成的、表现为"庞大的商品堆积"的财富也有精辟的论述，并预言在一个以共同占有生产资料为基础的社会里，耗费在产品生产上的劳动，不再表现为产品的价值，财富论将具有更重要的理论和实践意义；共产主义社会将使"集体财富的一切源泉都充分涌流"。

① 刘诗白．现代财富论［M］．北京：生活·读书·新知三联书店，2005：465．

《现代财富论》将马克思主义政治经济学的上述理论运用于当代实际，当代中国实际，特别是基于中国特色社会主义的新条件和新发展，对马克思劳动价值理论的进行了新探讨：(1) 深入阐述了生产商品的抽象劳动的“物化”概念的含义，认为劳动“对象化”，不能狭隘地理解为“实物化”、“固定化”；(2) 从广义上重新解释商品范畴的内涵；(3) 重新阐明了生产商品劳动的具体形式的多样性；(4) 对新型商品（知识产品和文化产品）的价值分析和定价分析。

该著作认为社会财富其根本规定性是劳动生产物，即劳动财富。劳动是价值的唯一源泉，抽象的一般人类劳动是价值实体，形成价值的劳动不能简单地理解为“实物形态的劳动”，而应当按照马克思理论的本意，理解为“对象化劳动”。马克思劳动价值论的精髓不仅在于把对象化的抽象一般人类劳动看成是价值的唯一源泉，更在于把价值看成是一定社会历史条件下的生产关系。该著作在坚持马克思劳动价值论的同时，对当代社会主义市场经济条件下价值形成的重要变化做出了新的理论解释。该著作认为，在我国社会主义市场经济制度下，众多的商品生产部门，无论是物质、实物产品生产部门还是商业、金融及其他服务部门以及科学、文化产品生产部门，其从业和职能人员都参与了商品使用价值的创造。该著作还指出，流通部门从业人员的劳动具有创造价值的新功能；但明确界定，只有必要流通劳动才创造价值。同样地，金融劳动有积极性劳动和消极性劳动的区分，指出只有积极性金融劳动才能创造价值。这种区分也完全适用于商业领域，在商业领域的假冒伪劣、以次充好、坑蒙拐骗乃至于贩黄贩毒等活动，不仅具有消极性，甚至可以说是具有破坏性的。在我国尚处于社会主义初级阶段，市场经济制度以及监管制度、调控措施都还很不健全的情况下，这部分活动的分量并不轻。经过该著作的缜密、辩证的分析，流通领域劳动的生产性问题的讨论可以说有了一个比较合乎实际而无片面性的结论，这无论在理论建设还是在实践上都有着重大的意义。应该说，该书的这些理论阐述和创新，为马克思主义的中国化做出了努力，从而增强了马克思科学理论和方法对现代经济诸多新事物、新现象的解释力。

总体而言，刘诗白教授的这部篇幅巨大的专著，紧扣时代脉搏，对现代财富性质、源泉及其发展进行了独辟蹊径的政治经济学分析，观点新颖系统、深刻，回答了一个社会要促进现代化财富生产、实现国家富强和人民富裕所必须回答的一系列理论问题。一方面，对我国进行全面小康建设新时期的工业化、现代化，转变增长模式，有极强的现实意义；另一方面，也为我国新时期社会主义经济理论研究拓展出一个崭新的视野，为以社会财富为基本范畴，以人民财富的最大化与公正分配为基本框架的社会主义政治经济学新体系的建构提供了一份独具特色的理论素材。

刘诗白教授《现代财富论》所阐述的思想，无论对当代中国化的马克思理论建设还是对当前中国新崛起的实践都有现实意义，展示了一个资深经济学家与时俱进的思想风采。《现代财富论》中所提出的问题、所进行的阐述及其引发的讨论，也将有益于当前的社会主义理论经济学的构建工作，特别是有益于新时期中国政治经济学的研究和创新。

此文载于：海派经济学，2006（1）.

现代财富观的创新思维

——读刘诗白教授《现代财富论》有感

杨继瑞　丁任重

近日，国内经济学界的一部前沿性理论专著走入我们的视野，它便是我国著名经济学家刘诗白教授的新著《现代财富论》。

作为一名理论经济学家，刘诗白教授着重探讨社会主义政治经济学的发展，研究范畴从学科体系到基本范畴、从基础理论到现实问题、从历史发展到当代国情、从世界经济到国内动态，涵盖了社会主义政治经济学的众多领域。不仅如此，刘诗白教授立足于新时期的实践，不断进行社会主义新经济理论的研究，是社会主义新经济理论的积极探索者之一。特别是他对社会主义的发展阶段、所有制、商品经济与市场体制、股份制改革、社会主义产权制度等问题，提出了在学术界很有影响的、创造性的诸多观点，显示出他在理论上的远见卓识和不断进取的创新精神。

纵观《现代财富论》，该专著至少有如下理论特点和创新思维：

就理论取向而言，刘诗白教授在研究马克思主义劳动价值论中丰富和发展马克思主义劳动价值。劳动价值论是解释人类社会商品经济现象及规律的科学理论，也是马克思剩余价值理论和科学社会主义学说的理论基石。深化对劳动价值论的研究和认识，就是要适应时代发展和社会主义市场经济的新实践，丰富和发展马克思主义劳动价值论。先生的新著坚持和体现了劳动价值论研究的这一马克思主义理论方向的基本要求。在全书中，刘诗白教授致力于将劳动价值论运用于当代实际，阐明和解释现代财富的内在的价值性，并结合现代生产实际，对劳动创造价值的机制作出了科学的阐述。

就理论论证而言，刘诗白教授坚持运用马克思主义劳动价值论的基本理论和基本方法来研究马克思主义劳动价值论的理论难题。新著运用马克思主义劳动价值论的基本理论和基本方法，结合社会主义市场经济的实际，较好地探索和回答了马克思主义劳动价值论研究中的重大理论难题，从理论上达到完美融洽。刘诗白教授指出，把价值作为生产关系是马克思主义劳动价值论的理论精髓，马克思把商品、价值、生产劳动等范畴作为特定的社会生产关系来把握，实际上提出和阐述了广义的商品理论，阐述了广义的产品观、商品观和生产观，提出和阐述了广义的使用价值范畴，并阐述了多样具体形式的商品生产劳动物化和对象化为价值的极其严谨周全的劳动价值论。因此，马克思的劳动价值论在当代依然具有鲜活的生命力。

就理论思维而言，刘诗白教授以严谨的科学态度对待马克思主义劳动价值论问题的科学研究，实现理论发展由必然王国向自由王国的新飞跃。刘诗白教授新著中最重要的内容就是对于当代最新的财富生产方式——高科技生产方式或者说高科技经济——的开拓性研究，具体分析了关于生产工具革命、现代使用财富的创造、劳动生产率的提高、刺激与扩大有效需求、企业组织的重构、信息技术与知识生产、信息技术与宏观调控等多个角度、多个层面的问题，由此完成了对高技术生产方式的全面、系统、深刻的经济学理论分析。

就理论源泉而言，刘诗白教授以实践作为理论发展的唯一源泉和唯一标准，在实践中丰富和发展马克思主义劳动价值论。新著集中体现了与时俱进这个显明特点。无论是关于现代财富形式的探讨，抑或关于现代财富源泉的深究，无不体现着极为鲜明的时代特色。刘诗白教授分析了现代社会财富的形式与结构，提出整体财富的概念，统筹商品财富和产品性财富二者的共同增长，谋求物质财富、服务财富和精神财富三者的结构协调和优化；详尽论述了现代社会财富源泉的多样性，尤其强调自信息革命始拉开了用高科技生产财富的时代，人类社会寻找到了一种发挥高技术力—最先进的工具力—的新的劳动、生产方式和寻找到财富生产的最丰饶不竭的源泉。

就理论方法而言，刘诗白教授以马克思主义哲学为指导，运用多元思维研究方法特别是创新思维方式，来研究劳动价值论的理论和实践问题。刘诗白教授提出：在社会主义经济理论的研究中，我们不能丢掉老祖宗，也不能照搬西方。重要的是要有新的建树和全面的创新，在发展中才能坚持马克思主义。我们需要牢固地确立解放思想、实事求是的思想方法，把理论立足于实际。所以，刘诗白教授在研究中结合自己多年从事经济学研究的切身体会，总结概括出经济学研究的多种思维研究方法，在他的新著中充分运用了这些理论研究的创新思维方式。

就理论创新而言，新著可谓是在深化劳动价值论研究中与时俱进的创新性理论成果。该书理论研究的方向明确，思想解放，尊重实践，论证科学，治学严谨，方法得当，在深化劳动价值论的研究中，提出和论证了一系列新的理论观点。特别是现代社会财富的形式与结构，现代财富来源的多样性，科技创新是现代财富创造的决定因素，知识生产是发达市场经济中的一种新的生产方式，文化生产是现代市场经济的重要生产部门以及对于社会主义市场经济条件下的商品生产劳动及其价值创造功能的阐述等，都是难能可贵的创新性研究成果。

笔者深信，刘诗白教授的新著必将以其博大精深的体系构造、高屋建瓴的崭新视角、透彻精辟的解析论述，成为中国当代经济研究的经典作品。该著作势必对完善社会主义市场经济体制的实践起着积极的指导作用。

此文载于：四川日报，2005-09-26.

现代财富观的创新思维

——读刘诗白教授《现代财富论》有感

杨继瑞

古语有云：书犹药也，善读可以医愚。人不能尝百药而医一疾，但可读百书而求一解。除一疾必须对症下药，求一解更要博览群书。近日，国内经济学界的一部前沿性理论专著正在走入我们的视野，它便是我国著名经济学家刘诗白教授的新著《现代财富论》（生活·读书·新知三联书店 2005 年出版）。

读罢刘诗白教授的新著，不由得令人兴奋不已。书中字里行间对财富理论与实践的阐述，都让人耳目一新：书中每一个专题都贴近当今中国的经济生活与改革实践。本书虽是理论专著，但既没有经院哲学一类的陈词，又不乏“道不远人”的魅力。这部洋洋 40 万言的理论大作，理论性极强，但只要一眼，顿生行云流水之感。读者本人内心由衷为其新颖的超前性而惊叹，为其透彻的理论性所折服，为其鲜明的现实性而感动，为其精确的系统性所吸引，为其具体的可操作性而释然。

刘诗白教授是我国著名的经济学家，他研究有素，涉猎广泛，善于创新，宽厚待人，在学术界赢得了人们普遍的尊敬。作为一个理论经济学家，他着重探讨社会主义政治经济学的发展，研究范围从学科体系到基本范畴，从基础理论到现实问题，从历史发展到当代国情，从世界经济到国内动态，涵盖了社会主义政治经济学的众多领域。不仅如此，刘诗白教授立足于新时期的实践，不断进行社会主义新经济理论的研究，是社会主义新经济理论的积极探索者之一。特别是他对社会主义的发展阶段、所有制、商品经济与市场体制、股份制改革、社会主义产权制度等问题，提出了在学术界很有影响、颇具创造性的诸多观点，显示了他在理论上的远见卓识和不断进取的创新精神，许多见解是富有启发性的，带有超前性，经得起历史检验的，一直影响着我国经济学界及晚辈学人，成为理论研究和工作实践的指导性文献。新著《现代财富论》承继其一贯风格，充分体现了刘诗白教授严谨的治学作风、深厚的学术素养与精湛的理论水平，既坚持了马克思主义劳动价值论的基本原理，又体现了马克思主义劳动价值论与时俱进和理论创新的时代要求。

纵观刘诗白教授的《现代财富论》，我以为，该专著至少有如下理论特点和创新思维：就理论取向而言，刘诗白教授在研究马克思主义劳动价值论中丰富和发展了马克思主义劳动价值论。劳动价值论是解释人类社会商品经济现象及规律的科学理论，也是马克思剩余价值理论和科学社会主义学说的理论基石。深化对劳动价值论的研究和认识，不是要抛弃马克思的劳动价值论，也不是用什么别的价值论来代替马克思的劳动价值论，而是要适应时代发展和社会主义市场经济的新实践，丰富和发展马克思主义劳动价值论。先生的新著坚持和体现了劳动价值论研究的这一马克思主义理论方向的基本要求。刘诗白教授在新著开篇即明确指出，面对当代经济的新发展，计划经济时代主导的对于马克思劳动价值论的传统解释，已经不适应于理论研究与实践指导。在全书中，刘诗白教授都致力于将劳动价值论运用于当代实际，阐明和解释现代财富的内在的价值性，并结合现代生产实际，对劳动创造价值的机制做出了科学的阐述。

就理论论证而言，刘诗白教授坚持运用马克思主义劳动价值论的基本理论和基本方法来研究马克思主义劳动价值论的理论难题。因为马克思的劳动价值论以及以劳动价值论为基础的剩余价值论，是以社会主义对资本主义的否定和代替作为立论目标和实践目的的，而且是明确主张社会主义将取消商品经济。要以马克思的劳动价值论作为指导社会主义市场经济的基础理论，并且沿用劳动、商品、使用价值、价值、资本、新价值或剩余价值等理论范畴，这本身就是一个矛盾问题。新著运用马克思劳动价值论的基本理论和基本方法，结合社会主义市场经济的实际，较好地探索和回答了马克思主义劳动价值论研究中的重大理论难题，从理论上达到了完美的融洽。刘诗白教授指出，把价值作为生产关系是马克思劳动价值论的理论精髓，马克思把商品、价值、生产劳动等范畴作为特定的社会生产关系来把握，实际上提出和阐述了广义的商品理论，阐述了广义的产品观、商品观和生产观，提出和阐述了广义的使用价值范畴，并阐述了多样具体形式的商品生产劳动物化和对象化为价值的极其严谨周全的劳动价值论。因此，马克思的劳动价值论在当代依然具有鲜活的生命力。

就理论思维而言，刘诗白教授以严谨的科学态度对待马克思主义劳动价值论问题的科学研究，实现理论发展由必然王国向自由王国的新飞跃。马克思主义的理论，其中包括劳动价值论，是不断丰富、发展和创新的理论。马克思的某些科学理论，相对于原来一切不科学的理论而言，是实现了人们对该事物的理性认识由必然王国向自由王国的飞跃，但在实践发展中，当某个理论已经成为不合时宜的论断，从而不能指导实践，而人们的理性认识仍然停留在过去时，原来的自由王国也就变成了新的必然王国。马克思劳动价值论关于科学技术的理论认识就属于此类性质的问题。对此，刘诗白教授的理论做出了具有质的飞跃意义的探索与开创。刘诗白教授新著中最重要的内容就是对于当代最新的财富生产方式——高科技生产方式或者说高科技经济——的开拓性研究，具体分析了关于生产工具革命、现代使用财富的创造、劳动生产率的提高、刺激与扩大有效需求、企业组织的重构、信息技术与知识生产、信息技术与宏观调控等多个角度、多个层面的问题，由此完成了对高技术生产方式的全面、系统、深刻的经济学理论分析。

就理论源泉而言，刘诗白教授以实践作为理论发展的唯一源泉和唯一标准，在实践中丰富和发展马克思主义劳动价值论。刘诗白教授理论研究成果累累，在他发表的百余篇论文和多部专著中，有一个显明的特点，就是从实践中选题，以实践作为理论研究和理论发展的唯一源泉和唯一标准，敢于突破那些已被实践证明不合时宜的理论判断和结论。刘诗白新著集中体现了与时俱进这个显明的特点。无论是关于现代财富形式的探讨，抑或关于现代财富源泉的深究，无不体现着极为鲜明的时代特色。刘诗白教授分析了现代社会财富的形式与结构，提出整体财富的概念，统筹商品财富和产品性财富二者的共同增长，谋求物质财富、服务财富和精神财富三者的结构协调和优化；新著详尽论述了现代社会财富源泉的多样性，尤其强调了自信息革命始拉开了用高科技生产财富的时代，人类社会寻找到了一种发挥高技术力——最先进的工具力——的新的劳动、生产方式和寻找到财富生产的最丰饶不竭的源泉。

就理论方法而言，刘诗白教授以马克思主义哲学为指导，运用多元思维研究方法，特别是创新思维方式，来研究劳动价值论的理论和实践问题。新中国建立以来，甚至自马克思劳动价值论诞生以来，理论界之所以在劳动价值论问题上举步维艰，主要是因为“左”的思想影响和教条主义的思想束缚，从而不能以科学的态度对待马克思主义科学。除此之外，哲学及其思维科学研究的实际贫困和创新思维方式的严重短缺，也是重要原因之一。创新是一个民族进步的灵魂。理论创新、制度创新和技术创新，是一个国家科技进步和经济社会发展的源泉和动力。而所有这些创新，首先是思维的创新。刘诗白教授提出：在社会主义经济理论的研究中，我们不能丢掉老祖宗，也不能照搬西方，重要的是要有新的建树和全面的创新，在发展中才能坚持马克思主义。我们需要牢固地确立解放思想、实事求是的思想方法，把理论立足于实际。所以，刘诗白教授在研究中结合自己多年从事经济学研究的切身体会，总结概括出经济学研究的各种思维研究方法，在他的新著中充分运用了这些理论研究的创新思维方式。

最后，就理论创新而言，新著可谓在深化劳动价值论研究中与时俱进的创新性理论成果，理论研究的方向明确，思想解放，尊重实践，论证科学，治学严谨，方法得当，在深化劳动价值论的研究中，提出和论证了一系列新的理论观点。特别是关于现代社会财富的形式与结构、现代财富来源的多样性、科技创新是现代财富创造的决定因素、知识生产是发达市场经济中的一种新的生产方式、文化生产是现代市场经济的重要生产部门以及对于社会主义市场经济条件下的商品生产劳动及其价值创造功能的阐述等，都是难能可贵的创新性研究成果。

刘诗白教授在理论研究中的超前意识和创新理念，以及科学态度和在经济领域的远见卓识，是他在科学研究中能够做出新贡献的关键性原因。如何看待社会科学研究中的成功与失败，是困扰马克思主义理论发展的一个最大难题。江泽民同志指出："科学探索是认识真理的过程，出现曲折、失误甚至失败是难免的。从马克思主义认识论的角度出发，成功的探索可以取得接近真理的认识，失败的探索可以成为接近真理的过程。"笔者深信，刘诗白教授的新著必将以其博大精深的体系构造、高屋建瓴的崭新视角、透彻精辟的解析论述，成为中国当代经济研究的经典作品，从而势必对完善社会主义市场经济体制的实践起着积极的指导作用。

此文载于：天府新论，2005（4）.

现代财富多样性的探讨

——简评刘诗白教授新著《现代财富论》

李义平

英国经济学家亚当·斯密 1776 年发表的《国民财富的性质和原因的研究》，断定经济学的基本目标是使人类富裕，集中研究了工场手工业时代财富的基本形式，即物质财富，强调分工与交换能够极大提高经济效益。这是在科学技术进步对社会财富的贡献十分有限的情况下具有里程碑意义的研究。250 年后的今天，人类社会的一个显著特点是与科学技术的迅猛发展相伴随的财富形式、结构、形成的深刻变化。因而，当代经济学家必须回答现代财富的特征、性质和源泉。由生活·读书·新知三联书店前不久出版的刘诗白教授的学术专著《现代财富论》，对上述问题作了深刻而生动的回答，同时深入探讨了如何促进现代财富增加、促进国家富裕的一系列问题，展示了一个资深经济学家与时俱进的思想风采。

《现代财富论》首先回答的是什么是现代财富。作者提出了财富多样性的命题，认为由物质生产、服务生产和知识、精神生产三大部门组成的三维产业结构已成为现代产业结构的特征。而物质产品、服务产品、知识和精神产品等三大类产品已成为现代社会财富的有机组成部分。这样的概括，远远超越了物质财富的范畴，是当代财富状况的既鲜活又生动的真实写照。

财富的内涵和结构的变化是由生产方式引起的，新的生产方式就是刘诗白教授在《现代财富论》里称之为高科技的生产方式、高科技经济。书中指出，高科技经济是以信息技术为代表的高技术日益被广泛使用成为新的物质技术基础，并引起生产方式、生产组织发生新的变化的社会经济形态。包括生产工具革命，现代使用财富的创造，劳动生产率的提高，制度与扩大有效需求，企业组织的重构，信息技术与宏观调控等面对人类的经济、社会进步发生着深刻影响。作者认为，物质财富生产和知识财富生产并举并以知识生产促进物质生产，成为当代经济发展的大趋势，形成了知识经济的基本特征。与此同时，相当多数的现代知识，其本身也成为一种商品，一种产业。事实上，也正是现代知识和科技的企业化、市场化生产，才使得现代知识和科技得以迅猛发展。

在《现代财富论》中，作者面对既构成财富的重要内容，又渗透于并且促进当代经济蓬勃发展的文化产业及其生产，进行了深刻的经济学分析。作者认为，现代市场经济中出现了一种文化与经济的互动。一方面，在市场经济深度发展的基础上，实现了更大范围的文化活动转化为经济生产，文化成为生产要素和新的经济资源，成为促进国民经济增长的新杠杆，这意味着文化有了生产力的性质。另一方面，在物质生产、知识文化生产、服务生产三种生产互促、互动下的现代经济增长，为文化生产的进一步发展创造了物质基础和经济载体，由此促进了文化生产与文化活动的进一步兴旺发达。这种文化与经济的互促、互动是现代经济增长和社会发展的一个重要动因。由于文化产业的特殊性，我们应当借助于一个政府规制的和有调控的、完善的市场体制，构建起文化与经济的相生相成、良性互动的社会经济体制。有效利用这一机制，既可以促进经济增长，又能够实现文化发展和文化育人。

此文载于：光明日报，2005－04－05.

刘诗白教授新著《我国转轨期经济过剩运行研究》评介

李义平

中国经济在进入改革开放以后，经历了几次“一放就乱，一收就死”的快速发展，自1997年开始，进入了过剩运行阶段，经历了一个长期复苏时期。这对于中国经济学家是一个具有挑战性的研究课题。我国著名经济学家刘诗白教授深入地研究了我国经济发展过程中这一新现象的特征、成因，并就如何步入进一步的健康发展，进行了深层次的分析。近期由西南财经大学出版社出版的刘诗白教授的新著《我国转轨期经济过剩运行研究》就是这一研究的集中体现。

在刘诗白教授看来，所谓过剩运行，是我国经济告别短缺，进入相对过剩以后的一种特有的经济形态。这种特有的经济形态的特点是：（1）国内需求严重不足，表现为投资增长缓慢和消费需求不足。投资增长缓慢主要表现为居民收入增加缓慢，收入差距拉大及对未来的不景气预期。（2）需求不足与供给结构失衡并存，主要原因是由于地方保护形成的重复建设。(3) 消费品的供给过剩与居民储蓄的增长并存。据此，刘诗白教授总结性地认为，“我国当前经济过剩运行的出现，既是由于有效需求的不足，是一种相对的过剩，也是由于供给结构的缺陷，体现了重复建设下的产品过量供给和结构性的过剩。”

刘诗白教授认为，形成过剩运行的原因如下：

一是东亚金融危机以来出口剧减。

二是相对低潮的经济态势，导致了投资需求增长放慢，特别是社会投资增长的放慢。

三是消费需求不足。刘诗白教授认为，消费需求滞后于生产的增长已经成为我国经济运行中的一个主要矛盾。原因在于相当一 部分的国有企业困难日增，效益下滑，职工收入下降；实行体制转轨会带来有关群体收入的暂时下降；近年来农民收入增幅也进一步下滑。由于收入差距的拉大，则抑制了平均消费倾向的提高，大大降低了整个社会的平均消费水平。

四是就业、医卫、教育、住房和政府机构等体制改革的全面推进，以及在国有企业面对诸多困难和大量下岗的形势下，人们受到预期消费支出会增加的心理压力，产生了抑制即期消费的聚合负效应，促使广大消费者储蓄倾向增强，这实际上是一种自我保护。

五是有效供给增长不足。我国当前消费品市场上的突出现象是产品种类少，质量差，假冒伪劣现象较为普遍，对消费热点产品开拓不足，因而很难刺激消费需求的增长。

在如此态势下如何进一步启动经济发展，是该书的重点。

刘诗白教授将过剩运行下的经济启动与短缺运行下的经济启动做了比较，指出在短缺经济下适度扩张的宏观政策有着明显的启动经济的效应，使经济较快回升，迅速地转入高增长的轨道。而过剩运 行的态势则使政策松动的启动经济效应大大弱化，呈现出“治冷难”，即启动经济困难的现象。在这种情况下，就需要有一个在调整与完善宏观政策中启动经济，逐步理顺和恢复经济机制的时期，这是一个特殊复苏的时期。为此，专著提出的对策性建议是：

一是要大力启动投资需求。（1）需要继续进行一定规模的公共投资来维持启动经济所必须的基本投资；（2）实行政府投资与社会投资相结合的方式，力争在一些基础设施建设中，使公共投资发挥直接拉动社会投资的效果；（3）为企业的有效投资提供财政支持，政府建立基金，为支持企业技改，特别是发展高科技进行贴息，把对企业投资的支持和深化国有经济的改革相结合。

二是实行启动投资需求和启动消费需求的有效结合。仅仅启动投资需求是不够的，还必须启动消费需求。从一定意义上讲，这可能是更重要的。欲要重振消费需求，既要治标，即采取多种刺激即期消费的政策措施，更要治本，即在增强微观主体活力基础上提高基本消费群体的收入；既要着眼于促使居民储蓄更多地转化为即期消费，更要着眼于形成一大批生机勃勃的微观主体，后者能创造适销对路的有效供给，又能不断提高职工的收入。再加上有关制度，如社会保障体制的完善的配合，那么转轨期的消费需求增长滞后就能从根本上得到治理。

此文载于：经济学动态，2001（3）.

刘诗白：产权立论兴国企

蒋少龙

引言：省委书记拜师传佳话

1964 年，一位文质彬彬的学者由于其科研成果的突出贡献，以中青年理论工作者的身份，被邀请出席了在京召开的中国科学院哲学社会科学学部扩大会议。这位未及不惑之年的中青年理论工作者，就是后来著名的经济学家刘诗白。

刘诗白是我国较早提出社会主义所有制多元性的学者之一。他较早提出发展社会主义商品经济、高度重视市场经济机制的作用，并较早提出社会主义市场经济体制这一概念。

刘诗白以其独到的见解被称为中国三大产权理论流派之一。从 20 世纪 80 年代开始，他一直主张从产权制度入手改革国有企业，强调重塑微观主体，着眼于改革公有制的实现形式，大力构建和有效利用产权主体多元化的股份公司制，认为这种混合所有制形式的公司制是我国企业改革的方向。他还强调要推进国有资产的流动重组和国有企业的战略性重组，从国有经济整体着眼来搞活国有企业。

1985 年，刘诗白在全国人大提出建立货币委员会和 1990 年提出“缓解市场疲软十策”等提案，均引起决策部门的高度重视并采纳。1985 年，他率先提出银行企业化改革的设想，业已成为我国金融体制改革的现实。

1993 年 5 月，新当选的中共四川省委书记谢世杰冒雨来到西南财经大学光华园，与刘诗白就四川经济发展战略、深化国有企业改革诸问题进行切磋。省委书记登门拜师，在巴蜀大地传为佳话。

……

理论探索和改革之路从来不是平坦笔直的长安大街。在刘诗白从事学术探讨的半个世纪中，正是我国由民主革命转向社会主义革命和建设、由产品经济过渡到市场经济的转轨时期。与国家的命运一样，刘诗白的学术生涯也有着不平常的经历。

在科学的入口处

1925 年，刘诗白出生在一个教育世家，父亲当时系成都法政专科学校校长，在抗战时期曾担任四川省教育厅厅长。老先生是一位崇尚民主的爱国知识分子，热衷于社科文化研究，博览群书，从中国的诸子百家，到西方的启蒙学者，甚至马克思和列宁的著作，均有涉猎。而母亲则工于诗词歌赋，其造诣不俗，与当时有名的女词人沈祖芬是好友。书香门第浓郁的文化熏陶，使刘诗白从小就热爱文学和社会科学。他的学生时代，正值旧中国外受帝国主义列强掠夺，内遭新旧军阀和专制政府横征暴敛，人民群众处于水深火热灾难境地的时期。1937年，日本侵略军大举进攻上海，“八一三”事变爆发，刘诗白一家从上海逃亡到重庆。一路上，刘诗白耳闻目睹侵略者的野蛮暴行，在他幼小的心灵中萌生出救国兴邦的最初愿望。在重庆读中学时，大后方风起云涌的抗日救亡运动和国统区无产阶级革命文化的传播，对刘诗白影响极大。他从高尔基、托尔斯泰等俄国作家著作中了解到十月革命的历史；鲁迅的《呐喊》、《彷徨》、郭沫若的《女神》、《星空》以及茅盾、夏衍等革命作家的大批文艺作品，刘诗白爱不释手；《母亲》、《战争与和平》等译作更是刘诗白科学民主思想的启蒙读物。当时的重庆地处抗战后方，但却并非世外桃源。日本侵略军的飞机不时狂轰滥炸，山城弹痕累累，人们天天跑警报。尽管如此，刘诗白仍然坚持学习，他如饥似渴地阅读马克思主义哲学、政治经济学方面的著作，如由郭大力、王亚南译，三联书店出版的《资本论》；《家庭、私有财产和国家的起源》、《帝国主义论》等，以及国内进步学者艾思奇、钱俊瑞等写的许多启蒙读物。特别是 1939 年出版的郭、王所译的《资本论》成为刘诗白步入经济学研究神圣殿堂的向导。《资本论》中关于商品二重性、商品拜物教，特别是剩余价值理论，引起刘诗白极大的兴趣，启发了他的革命思想。

1942 年，刘诗白中学毕业考入武汉大学经济系。当时著名的教育家王星拱担任武大校长，这位崇尚科学的爱国知识分子，广揽饱学之士，实行民主办学，使武大名流荟萃，学术风气甚浓。如经济系的陶因主任，资深学者杨端六、刘秉麟；英国文学教授朱光潜、哲学教授张颐、俄文教授缪朗山等。名师出高徒，在他们的指导下，刘诗白系统阅读了马克思的经济学著作，亚当·斯密的《国民财富的性质和原因的研究》、大卫·李嘉图的《政治经济学及赋税原理》，马歇尔的《经济学原理》等大批西方经济学原著。不过，刘诗白并非闭门只读圣贤书，他关心国家兴亡，积极参加革命活动。在武大，刘诗白结识了许多进步人士和学生，参加了由中共南方局领导的进步学生组织“文谈社”。武汉大学在抗战时期迁到四川乐山，彭迪先、杨东莼等一大批进步教授在讲坛和各种论坛上宣传革命理论，抨击国民党反动统治，这与他以后致力于马克思主义政治经济学的研究和教学有着直接的关系。刘诗白在武大时，因学习《资本论》而经常向彭迪先请教，从此彭迪先成为他的良师，他从导师那里得到了很多的教益。

1946 年，刘诗白武汉大学毕业，应彭迪先教授之邀，受聘于四川大学经济系，开始从事经济理论研究。1947 年，他翻译了英国马克思主义经济学家多布（M. Dobb）所著《资本主义发展之研究》一书，多布曾亲自为之作序。他积极参加进步学生运动，是四川大学进步团体“文学笔会”活动的参与者。1948 年，他参加革命群众反对成都军阀王陵基镇压学生运动的示威游行。1949 年春，成都一片白色恐怖，刘诗白发起和参加了地下进步青年组织“职业青年联合会”，并亲自为该会起草了宗旨：拥护中国共产党，实行新民主主义，迎接解放军。这一年 5 月，刘诗白加入了中国民主同盟，进行争取民主和迎接解放的革命活动。1946—1949 年底，刘诗白在成都的住所——奎星楼街 10 号一直是川西地下党和进步人士的秘密聚会点。川西地下党负责人刘世杰等经常在此秘密集会，策划成都迎接解放的各种活动。

新中国成立后，1951 年，全国高校进行院系调整，刘诗白由四川大学调到成华大学讲授政治经济学、外国经济史、当代资产阶级经济学说等课程。1958 年以前，他主要研究当代资本主义经济和社会主义经济问题。1958 年以后，研究重心则主要集中于社会主义经济理论问题，如论证人民公社必须发展商品生产，重视价值规律，发展农村家庭副业，社会主义经济效果等问题。这些最初的探索，为刘诗白日后研究社会主义经济理论和体制改革奠定了基础。

“文化大革命”中，我国遭受了空前未有的厄运，刘诗白也被打成“反动学术权威”，多年来从事教学科研的讲稿、笔记，花费了许多心血写成的近 20 万字的《当代资本主义经济危机》书稿及书籍被洗劫一空。虽历经折磨，但他并未气馁。1978 年，刘诗白被借调到中国社会科学院经济研究所工作两年，参加许涤新主编的我国第一部《政治经济学辞典》的编写工作。此后还参加了《中国大百科全书》经济学卷、《〈资本论〉辞典》等的编写工作。党的十一届三中全会奏响了思想大解放的号角，我国迎来了经济体制改革和经济理论创新的新时代。80 年代，刘诗白承担了大量学校行政工作和社会政治活动，但是他一直坚持从事科学研究。由于亲身经历过 50 年代中期以来，特别是“文化大革命”的曲折，对历史的冷静思考使他深信中国社会主义的振兴，关键在于搞好改革开放。作为一个经济理论工作者来说，最为重要的则是按照小平同志所提出的“解放思想，实事求是”，结合中国的实际和国情，进行理论探索和创新。近20年来，刘诗白一直致力于社会主义经济理论研究，其中包括对政治经济学的研究对象、所有制及社会主义商品经济、价值规律与市场机制、家庭联产承包经济、向市场体制转轨、搞活国有大中型企业、股份制与产权等重大经济理论问题的研究。在上述领域的经济理论研究中，他提出了不少在经济学界有影响的、独创性的见解。

刘诗白还积极参加国际学术交流活动，并在国际上享有一定声誉。1984年，他赴美国考察，访问了美国十多所大学；1987年赴澳大利亚和新西兰访问，并在澳大利亚的墨尔本大学、堪培拉大学和新西兰的维卡托大学讲学；1988年应邀到美国哈佛大学、西北大学、田纳西大学、玛里塔学院及加拿大圣玛利学院等校讲学；1996年和1997年赴德国高等财经学院访问。他在这些大学讲授中国经济体制改革问题，受到国外经济学家的好评。

马克思说："在科学的入口处，正像在地狱的入口处一样。"新中国成立以来至改革开放以前的30年间，我国社会主义革命和建设历经坎坷，政治斗争风风雨雨，"十年浩劫"狂潮急浪，使理论研究成为政策的解说和注释。更为可怕的是，在传统体制下形成的"唯书"、"唯上"不良学风阴魂不散，凡事先问姓"社"姓"资"，缺乏科学研究所需的求实创新精神。对此，即使是刻苦钻研、呕心沥血甘坐"冷板凳"的科学研究工作者也难有作为。刘诗白尽管自嘲"在50年代就写了不少这样的只能放在抽屉内由老鼠的牙齿去批判的作品"[①]，但他的许多作品，包括"文革"前的作品，是经得起实践检验的。如早在50年代，刘诗白就倡导拓宽政治经济学研究范围。他在《论马克思列宁主义政治经济学的对象》一文中提出，研究对象与研究范围是两个不同的范畴，研究范围总是大于对象范围。他在肯定社会生产关系是政治经济学的基本研究对象的同时，论述了政治经济学的研究范围中应该包括生产力和上层建筑的某些方面，而不能像传统研究方法那样只研究生产关系的本质特征。此后，刘诗白进一步指出，社会主义政治经济学要把研究的范围拓宽，把生产力发展运动的规律和经济运行机制纳入其研究范围，要对社会主义经济运行中的具体经济问题进行深入研究和总结，以指导经济活动的实践，而不能把政治经济学的任务和内容只限于几条抽象的"规律"。这篇发表在《经济研究》上的文章，在当时即引起了国内外理论界的关注。

又如1962年，刘诗白在《江汉学刊》上发表的《关于社会主义经济效果》一文，从理论上较完整地阐述了讲求经济效果的重要意义，成为我国社会主义经济效果理论体系的先驱之作。由于他是当时学术论坛上活跃分子，因而被邀请参加了1964年全国哲学社会科学学部扩大会议，成为与会经济学家中最年轻的代表。在这次会议上，来自西南的刘诗白得以与孙冶方、王亚南等经济学先辈同组讨论，深受他们的启发。

---

① 刘诗白．刘诗白文集：第1卷［M］．成都：西南财经大学出版社，1999：2．

科学的入口处就是地狱的入口处。可以说，正是因为有刘诗白这样一批不怕下“地狱”、板凳甘坐十年冷的经济学家，在改革以来思想解放的大背景下，中国才出现了“百花齐放、百家争鸣”的思想大活跃、学术大繁荣的生气勃勃的大好局面。

倾心改革献良策

为时代所孕育，刘诗白从中学时代就立下振兴中华之志。在经济研究方面，他一贯主张，经济学是致用之学。把理论研究立足实际，有所创新，有所发展，为社会主义经济建设和改革服务，成为他学术研究的鲜明特色。

他主张社会主义政治经济学必须致力于民富国强，提出社会主义政治经济学的基本内容应是人民财富学。90 年代初期，他主编的《社会主义经济学原论》把“人民财富”的研究作为贯穿全书的一条红线。这一构架的新颖独特之处在于：把人民财富的最大增值、合理分配与优化使用作为社会主义政治经济学的基本内容；把人民财富上升为一种理论形态进行全方位的分析、归纳和科学概括。贫穷不是社会主义。社会主义的根本任务在于发展生产力，实现全体劳动者共同富裕。因而，刘诗白提出人民财富的最大增值、合理分配、优化使用是社会主义政治经济学的新问题，无疑为革新社会主义政治经济学提出了一条重要思路。

所有制问题过去一直是我国理论研究的“禁区”，而刘诗白是我国较早提出社会主义所有制多元性的学者之一。早在

1979 年以前，他就一直在思索，如何调整和完善所有制结构，寻找公有制新的实现形式，以取代传统的国有国营模式。他发表在《经济研究》1979 年第 2 期上的《试论经济改革与社会主义全民所有制的完善》一文，从理论上阐明了把统收统支、吃国家大锅饭的国营企业改造为实行自负盈亏的市场主体的必然性和合理性。这种观点，在当时是具有相当超前性的。

1981 年，在成都召开的首次全国所有制理论讨论会上，刘诗白提出了社会主义社会所有制结构的多元性、所有制形式的多样性、公有制具体形式的多层次性的“三性”观点，引起了较大的社会反响。上述“三性”观点是针对长期以来流行的社会主义“纯公有制论”、“单一公有制”，以及“全民所有制 = 国营企业”的观点而提出的。他认为，作为主体的社会主义公有制与其他各种社会主义所有制形式将长期并存；其具体形式，除全民和集体外，还有“全民 + 集体”、“全民 + 集体 + 个体”、“集体 + 集体”等多种联合所有制形式。公有制是多层次性的，如全民所有制在经营形式上，将会出现国有国营、国有企业经营、国有集体租赁、国有个体租赁等；在资金结构与分配结构上，将出现吸收部分职工资金和实行按股分红，还可以吸收集体资金、社会个人资金以及向其他企业投资等按股分红形式。当时他明确提出的上述论点，可以说是对 20 年后我国所有制形式发展做出了理论预言。

1985 年，上海人民出版社出版了刘诗白的专著《社会主义所有制研究》。该书根据马克思主义关于所有制的一般理论和经典作家关于社会主义所有制的理论，结合我国改革实际，对社会主义公有制的内涵重新进行了理论论证。《学术月刊》曾载文评价《社会主义所有制研究》“揭示了社会主义所有制运动的规律，并对一系列问题做了分析和回答”。

刘诗白的上述认识并非仅仅来源于理论推导，更多的是基于对改革实践的思考。始于1979年的四川省国营工业企业扩大企业自主权改革试点，给他以有益的启示，即构建社会主义经济新体制的微观经济基础，必须在全民所有制组织结构与模式的改革上下工夫。

刘诗白是社会主义实行市场经济先驱理论研究者。早在50年代末期，他就曾经著文论证过人民公社必须发展商品生产，重视价值规律的作用。粉碎“四人帮”以后，1979年4月在无锡召开的全国价值规律作用讨论会上，刘诗白曾经提出社会主义经济仍然带有市场经济性质，是崭新的社会主义市场经济的论点。他认为：“社会主义经济中，无论是个人副业经济、集体所有制经济，以及全民所有制消费品生产领域的经济活动，都具有市场经济的性质。这些领域不仅离不开市场交换，而且不同程度上要从属于市场上价值规律的调节。”在当时，社会主义是计划经济的传统观念是牢不可破的信条。即使是一些人认识到传统体制的弊端，但顶多也只提到社会主义实行商品经济。而刘诗白明确提出社会主义市场经济这一理论命题，这不仅具有深厚的理论功底，而且需要有很大的理论勇气。此后，我国市场化改革的实践，证明了刘诗白这一理论创新的预见性。

80年代中期以来，刘诗白对过去理论界认为“离经叛道”的产权问题，进行了不懈的探索。他认为，传统国有制企业模式是计划经济的产物。改革以来，引入了市场机制，采取了扩权让利等多种措施，力图把企业推向市场。但种种改革措施，并未使企业真正活起来，其原因就在于国有企业的产权制度改革的滞后。刘诗白很早就提出企业应该是独立的产权主体这一命题。他的许多阐述国有企业改革的文章，都是以构建产权主体立论。他认为，一个真正的企业，其行为特征是围绕着市场团团转，是真正的市场主体；但企业要成为市场主体，它必须是产权主体，即必须拥有财产所有权或支配权，并能享有“产益”和承担“产责”。而我国传统的国家所有制企业，其产权模式与市场经济是不能兼容的。缺乏法人财产机制，企业没有真正面向市场所必须的责、权、利，当然就不可能真正自负盈亏和拥有市场主体的行为特征。因此，构建市场机制，必须着眼于改革公有制的实现形式，重点是进行产权制度的改革，即按照两权分离的原则，探索和构建确保国家所有权、强化企业经营权的法人财产制度并由此建立现代企业制度。而构建起一种能有效地实现国家所有权和保证企业经营权的新产权制度，必须深化企业改革，把单一国有产权制度改造为多元产权制度；把高度集中的国有国营的产权制度改造为两权相分离的产权制度；把模糊不清的产权关系改造为明晰化的产权关系。因而，他主张构建新的产权制度，是搞活我国国有企业的突破口。

刘诗白是公有产权论的倡导者，他提出构建和明晰企业产权不等于实行企业所有制。构建起企业产权或法人产权并不意味着企业的国有资产性质的改变，国家仍然将通过经营者选择权、重大决策权以及利润和税金上缴等形式实现所有者权益。

所以，企业拥有法人产权并不等于实行所有权企业化和放弃社会主义国家所有制。当然，刘诗白的产权理论，更是反对产权私有化的。

在我国，产权问题一直是个理论禁区，直到1995年理论界仍然有人认为产权改革就是私有化。这种错误认识，延误了我国国有企业改革。而刘诗白研究产权理论，不是为了赶时髦、标新立异，而是改革的需要。党的十四大明确提出改革产权问题，十五大进一步提出企业进行产权改革的方向和途径。事实证明，刘诗白的探索是超前性的。刘诗白一贯主张理论研究要为经济建设和改革服务，他的许多对策建议也屡屡为政府决策部门所采纳。在1988年全国人大七届一次会议上，他与蒋一苇等43名人大代表联合提出提案，建议加强中央银行独立执行货币政策权力，建立货币委员会。当初这一提案曾引起强烈反响，它不仅开拓了金融体制改革的思路，而且有利于强化和改善宏观调控。1995年，《中华人民共和国中国人民银行法》中有关成立货币政策委员会的条款，采纳了当时提案的建议。1988年，为了平抑物价上涨，中央实行治理整顿，这在当时是必要的。但急刹车方式的全面紧缩带来负效应，1989年春出现市场销售疲软，9月以后更出现严重的生产滑坡与效益滑坡。情况的变化，需要调整“紧缩”力度，实行松动银行的政策。于是，刘诗白在1990年全国七届人大三次会议上提出“缓解市场疲软十策”的建议。这十策是：用活资金来启动市场带动市场；强化商业功能以疏通市场；用开发新产品来开拓市场；用好价格机制来促进销售；用消费来激励市场；减少对一些商品的不必要限制以活跃销售；限制不必要进口，提倡国货以扩大销售；优化产业结构和提高经济效益；采取有效措施清理“三角债”；用好投资来启动市场。实践表明，这些政策建议收到了较好的效果，对缓解市场疲软起到了一定作用。《人民日报》全文刊登了这篇发言。

刘诗白始终十分关注国有企业的改革。他提出，要大力抓好关键性的少数，集中力量抓好一批骨干性国有大企业的“三改一加强”，切实搞好“抓大”；对于小企业要采取联合、承包、租赁、股份合作、出售给职工等多种方式，放开搞活。要实行“扶优”，通过联合、兼并、破产等形式，促使那些低效、无效运行的资产，向优势“龙头”企业集中，从而盘活资产存量。他还身体力行，亲自参加了四川省现代企业制度试点及1993 年国有企业改革 33 条等重要文件的起草工作。党的十五大明确提出要加快推进国有企业改革，要着眼于搞好整个国有经济，抓好大的，放活小的，对国有企业实施战略性改组。而这些观点，刘诗白能够较早地提出，充分体现了一个经济学家在体制大变革中求真的思维轨迹。

结语：学而不思则罔

学而不思则罔，这是刘诗白信守的格言。在经济学这个园地里，他辛勤耕耘了 50 余年，不仅著述宏丰，而且取得了许多具有创造性的研究成果。

作为一个马克思主义理论经济学家，刘诗白始终坚持把马克思主义一般原理和实践经验相结合，强调根据新的实践进行理论创新，在发展中坚持马克思主义。他不是学究式的书斋学者，而是从现实经济生活中寻找思维源泉的经济学家。几乎在我国社会主义经济建设的各个重大时期，他都提出过具有时代气息的新观点。实践证明，许多观点是经得起历史检验的，并对实际工作发挥了积极影响。

80 年代以来，刘诗白亲身参与实践，从实际出发，赴江浙、广东等地考察，对温州模式、苏南模式、广东模式进行总结和推广，充分肯定乡镇企业的积极作用。

近年来，刘诗白虽然从行政领导岗位上退了下来，但他仍然担任四川省社会科学界联合会主席和四川省经济体制改革的顾问及多个全国性学术研究会会长。“老骥伏枥，志在千里。”刘诗白心系改革，他把更多的精力和时间用在充当“智囊”，为中央及地方经济建设和改革献计献策上面。1996 年，他不辞辛劳，带领一队中青年学者深入调查研究，在此基础上提出构建大成都经济圈的四川经济发展战略的建议，受到了四川省委、省政府的高度重视。同时，他的科学研究并未中止，且成果日丰。1998 年 12 月，国家社会科学基金“九五”规划重点项目，由刘诗白主笔的《主体产权论》由经济科学出版社出版，填补了我国社会主义产权经济学的空白。1999 年 5 月，八卷本的《刘诗白文集》隆重面世，成为我国经济理论界和出版界的盛事。针对我国出现内需不足、经济过剩这一新情况，刘诗白正在从事《转轨期的需求与供给》这一新课题的研究。其硕果累累，无一不渗透着刘诗白的拳拳报国之心。谈及国有企业改革，刘诗白对此充满信心。他认为，必须从战略上调整国有经济布局，坚持有进有退，有所为有所不为。无论是退是进，在国有经济布局的战略调整中，都应该借助资本市场，通过资产重组的方式来完成。搞好搞活国有大中型企业，一是靠制度创新，其核心是产权问题，要以公司制为目标建立现代企业制度；二是企业组织结构优化；三是技术进步；四是加强管理。一句话，要形成一个机制，有一个好产品，有一个好领导。他认为体制是先决条件，体制决定机制，机制决定活力。有了制度做保证，再有了好的领导班子，选准了好产品，企业自然也就活了。

学而不思则罔。刘诗白是这样说的，也是这样做的。衣带渐宽终不悔，情系改革献良策。每年有新作问世，争取一年出一本书……如今，刘诗白更忙了，也活得更充实了！

此文载于：中外企业家，2000（1）.

对社会主义新经济理论的积极探索

——《刘诗白文集》评介

丁任重

刘诗白教授是我国著名的经济学家，他研究有素、涉猎广泛、善于创新、宽厚待人，在学术界赢得了人们普遍的尊敬。他在近50年的学术生涯中创作出大量的著述，出版过10多部专著，发表了数百篇学术论文。此次出版的八卷本《刘诗白文集》(以下简称《文集》)，汇集了他一生中主要的科研成果。这套《文集》是他数十年理论研究的结晶，展示了他在经济学领域中辛勤耕耘的足迹。下面我想对这套《文集》作一概括性的介绍，并简要地发表一点自己的学习体会。

一、对马克思经济学理论，特别是社会主义政治经济学基本理论的多方面研究

刘诗白教授在新中国成立前，从中学生时代就开始研究马

克思主义理论，在几十年的学术生涯中，他始终以马克思主义为指导。作为一个理论经济学家，他着重探讨社会主义政治经济学的发展，他的研究从学科体系到基本范畴、从基础理论到现实问题、从历史发展到当代国情、从世界经济到国内动态，涵盖了社会主义政治经济学的众多领域，如研究对象、研究方法、以农业为基础、社会再生产、经济效果、经济规律、劳动价值论、生产劳动与非生产劳动、所有制结构与形式、分配方式、物质利益、国家职能、商品经济、市场机制、产权制度等等。

刘诗白教授长期致力于马克思经济理论的研究，这从《文集》的第 2 卷可以窥见一斑。《文集》第 2 卷收录了他的《〈资本论〉研究》文稿，这是一部从未发表过的著作，总计 25 万字，涉及《资本论》的研究对象、研究方法等内容，从中可以看出他的深厚的马克思主义理论功底。

从 50 年代开始，政治经济学的研究对象就是一个争论时期较长，且分歧较大的一个问题。刘诗白对此有自己独特的理解，他认为关键是要区分研究对象和研究范畴。政治经济学的研究对象是生产关系。科学的对象乃是指科学所要去反映、认识和探究其规律的客观存在的特定领域。客观现象与事物具有质的区别性和相对独立性。另一方面客观事物又具有相互联系、制约、影响的性质。因而任何一门科学的研究过程对于某些不属其对象范围，但是却与后者密切相联系的诸现象与事物，也要加以考察和研究。所以，“政治经济学的研究范围中要包括生产力和上层建筑的某些方面"。[①] 除此之外，他还主张政治经济学应该加强对经济运行机制、经济组织形式与经济体制的研究。在社会主义社会进入了改革开放的新时期后，经济体制、经济政策、经济组织、经济发展的内容等等都有了很大的变化，"中国的政治经济学的研究，不能只是局限于生产关系而应有更广阔的视野，要拓宽研究范围，使政治经济学真正成为广义的政治经济学"。[②]

刘诗白认为政治经济学的方法不是单一的，而是一个方法体系。他认为唯物辩证法是《资本论》的基本方法，同时它还有其特殊的方法，即科学抽象法。此外还有历史的方法、归纳法、演绎法，甚至采用一定程度的数学方法。可以说《资本论》中存在着以唯物辩证法为"纲"，以科学抽象法为主干，以其他的方法为"目"的多层次的方法论体系。[③] 刘诗白认为，在社会主义政治经济学的研究中，除坚持科学的抽象法之外，还应加强数量分析方法。因为：(1) 社会主义政治经济学的研究对象，是社会主义生产关系及其运动的规律性，只有在对生产关系的定性分析中辅之以定量分析，才能真正最完备地阐明社会主义生产关系的性质及其运动规律；[④] (2) 社会主义

---

① 刘诗白. 论马克思列宁主义政治经济学的对象 [J]. 经济研究，1961 (10).

② 刘诗白. 面向21世纪新时期中国政治经济学研究之我见 [J]. 学术月刊，1993 (3).

③ 刘诗白. 刘诗白文集：第2卷 [M]. 成都：西南财经大学出版社，1999：67.

④ 刘诗白. 刘诗白文集：第3卷 [M]. 成都：西南财经大学出版社，1999：142.

政治经济学还应研究社会主义经济运行机制，就是要揭示共同形成国民经济活动的各个不同种类与不同层次的经济活动之间的内在联系，以及它们之间的数量关系；① （3） 把数学分析应用于经济学之中，体现了经济学与数学的交叉和融合，这是当代社会科学综合化的一个重要的表现，也是经济学进一步科学化的必然发展趋势。②

刘诗白教授对农业的再生产形式有过非常细腻、深入和独到的分析，并创造性地提出了萎缩的再生产形式的观点。他在《试论社会主义农业扩大再生产的形式》一文中指出：农业生产过程乃是社会劳动过程与有生命的动植物的自然生长过程的统一，而农业再生产过程则是一个经济再生产与自然再生产的统一。考察农业扩大再生产，除了要看生产条件是否增加外，还要看农业品数量是否增加。从生产条件与农产品这二重见地来考察社会主义农业扩大再生产过程，就会出现以下几种情况：（1） 生产条件改善与农产品相应增加。这是农业扩大再生产的实现的形态；（2） 生产条件改善了，但产量没有增加，这是农业扩大再生产未获实现的形态，这便是简单再生产甚至是萎缩的再生产；（3） 生产条件没有改善，产量增加。如果生产的增长不是凭借社会生产力的提高，而是凭借有利的自然条件引起的劳动的自然生产率的增长，这种农业再生产形式是扩大的外观的简单再生产；如果生产条件不变而产量减少，则是

---

① 刘诗白．刘诗白文集：第 3 卷［M］．成都：西南财经大学出版社，1999：121．

② 刘诗白．刘诗白文集：第 3 卷［M］．成都：西南财经大学出版社，1999：143．

萎缩的外观的简单再生产。刘诗白在研究再生产时，还提出要区分社会再生产与个别单位再生产这两个范畴，这两者是整体与局部的关系，作为总体的社会再生产，正是这些相互联系、互为条件的个别生产单位的再生产的有机总和。[①]

二、立足于新时期的实践，不断进行社会主义新经济理论的研究

1979—1999 年的 20 年，中国进入了改革开放的新的发展时期。这一时期，也是在邓小平理论指导下，中国的社会主义新经济理论的形成时期。在这一时期中，我国的经济学界思想解放，研究气氛十分活跃，社会主义经济理论取得巨大的发展和突破。刘诗白是社会主义新经济理论的积极探索者之一，从《文集》中的论著来看，他的研究涉及社会主义经济理论的十分广泛的领域，特别是他对社会主义的发展阶段、所有制、商品经济与市场体制、股份制改革、社会主义产权制度等问题，提出了一些在学术界很有影响的、创造性的观点，显示了他在理论上的远见卓识和不断进取的创新精神。

（一）对社会主义所有制理论的新探索

1979 年，针对当时刚刚开始的国有企业改革和扩大企业的自主权，他敏锐地认识到这一改革关系到所有制的调整，关系到社会主义全民所有制的进一步发展和完善。他在 1979 年

① 刘诗白．试论社会主义农业扩大再生产的形式［J］．经济研究，1963（8）．

第 2 期《经济研究》发表的《试论经济改革与社会主义全民所有制的完善》一文中，提出了社会主义全民所有制企业存在一定的产品占有权与收益分配权，是不完全的全民所有制的新论点，他指出："社会主义全民所有制的具体形式，必须适合于生产力发展的程度"，不能"把全民所有制的具体形式凝固化和绝对化"。他认为：只有从完善全民所有制的理论高度来认识企业改革，我们才能认清改革的性质与方向。

他还较早地论证了社会主义所有制形式的多样性。他在 1981 年 5 月发表的《论社会主义商品经济与社会主义所有制具体形式的多样化》一文中指出，应该把"全民所有制和全民所有制具体形式这两个范畴区别开来"，他指出，同其他社会一样，"社会主义所有制也具有多样的具体形式"。"就全民所有制来说，也存在许多各有特色的具体形式，如像它在经营形式上，有国有国营，国有、企业经营，国有、集体租赁，国有、个人租赁，……等等"。他指出，"联合化必然要引起公有制关系的再调整和重新结合，导致全民所有制具体形式的变化"。"如果把全民所有制桎梏于僵硬不变的模式之中，全民所有制经济就会失去其生机"。

（二）对社会主义商品经济的新论证

刘诗白教授是我国较早地认识到在社会主义初级阶段，必须发展社会主义商品经济的经济学家之一。早在 1979 年 2 月，在《论发展社会主义商品经济与利用市场》一文中，他从当前的社会主义发展阶段入手，论证了发展社会主义商品经济的必然性。他认为："不发达社会主义阶段的生产具有普遍的商品生产性质，这是社会主义初始发展阶段所有制的性质所决定的”。因为这时社会主义社会中还存在着非公有制形式，社会主义公有制还保持着全民所有制和集体所有制两种形式，全民所有制还具有局部占有性和不成熟性。他指出：社会主义经济的商品性，要求“在组织社会生产、交换、分配、消费中，必须遵循社会主义商品经济的客观规律，大力发展与完善社会主义商品经济，充分发挥商品交换对生产的积极促进作用”。[①]

（三）对社会主义市场经济的新阐述

在刘诗白的理论中，他所设计的社会主义商品经济的基本构架及其运行方式，其实就是社会主义市场经济的构架与运行模式；他所理解的商品经济，就是把市场机制作为资源配置的基本手段的形式，实际上就是市场经济。例如，早在1979年4月为在无锡举行的“社会主义经济中价值规律问题”的理论讨论会提交的论文中，刘诗白就提出了“社会主义经济仍然带有市场经济性质”，“是崭新的社会主义的市场经济”的命题，主张“彻底破除把市场机制看成与社会主义计划管理水火不容的传统观念”。而在当时，计划经济等于社会主义经济，市场经济等于资本主义经济的传统思想仍然是经济理论界不可动摇的信条。在这一背景之下，他能正式提出社会主义经济是市场经济的观点，确实是需要有理论勇气和远见卓识的。在当时他就认为：“市场经济就是资本主义”这一在经济学界长期流行并至今还被一些人视为天经地义的旧观点，是缺乏科学依据的。他提出：市场经济“不是一种独立的生产方式，也不是资

---

① 刘诗白．论发展社会主义商品经济与利用市场［J］．社会科学研究，1979（2）．

本主义社会特的经济范畴，而是几乎存在于人类社会各个不同经济形态中的一般性的经济范畴”。“社会主义经济仍带有市场经济的性质，不过它的社会本质、范围、机制、作用都有新的变化”。①

（四）对社会主义产权理论的新发展

长期以来，产权问题一直是社会主义政治经济学中的一个空白，改革开放之后，刘诗白教授是我国较早开始产权理论研究的经济学家。他就产权问题发表了一系列的论著，特别是他于 1993 年出版的《产权新论》一书，是我国第一本系统研究社会主义产权理论的专著。他着重研究了以下问题：产权的内涵、产权的功能、产权的构建、产权转让、现代公司产权制度与社会主义产权制度等等。特别是 1999 年出版的《主体产权论》这本书，进一步系统和完整地概括了他的上述各种观点。值得一提的是，他的产权理论并不是要提倡私有化，而是着眼于在公有制框架内建立起产权明晰的现代企业制度，争取实现市场经济与社会主义基本制度的有机结合。

三、以高度的历史责任感，坚持为改革开放实践服务

刘诗白教授的理论著述有一个显著的特点，就是具有强烈的时代感与实践性。作为一个马克思主义理论经济学家，他始

① 刘诗白．试论社会主义计划管理与利用市场机制［M］//社会主义经济中计划与市场关系（上册）．北京：中国社会科学出版社，1980．

终坚持把马克思主义的一般原理与实践经验相结合，强调要根据新的实践进行理论创新，在发展中坚持马克思主义。他不是关在书斋中做学问的纯学究式的学者，他一直坚持现实经济生活是经济理论的源泉，而经济理论一定要为社会主义经济建设服务。只有这样，社会主义政治经济学才有活力，才有新鲜感，才有发展的方向。

遵循这一宗旨，他一方面把自己的研究工作与社会主义经济实践紧密相连，特别关注现实经济生活中的一些重大问题和难点问题。几乎在我国社会主义经济建设的各个重大时期，他都提出过具有时代气息的新观点，许多观点是经得起历史检验的，并对实际经济工作产生了积极影响。这些研究包括：农村家庭联产承包制、乡镇企业、国有企业改革、分配方式、通货膨胀、金融改革、流通改革、启动消费、经济特区、扩大开放等等。例如，他在1990年4月10日《人民日报》上发表的文章《全面疏导，多方启动——缓解市场疲软十策》，受到了党和国家领导人的重视。再如，从1992年1~5月，他先后发表数篇文章，一论、二论、三论广东经验。他认为广东经验，一是较早实行了一系列特殊政策，二是得天独厚的特殊地理与人文条件，三是有发展商业与外贸的传统，四是较早形成了商品经济运行机制。尽管广东经济中还存在着一些问题，但广东在改革开放中勇于开拓、敢为人先的做法，是值得各地学习的。①

搞活国有大中型企业，是经济体制改革的中心环节。如何不断深化国有企业改革，也是社会主义经济理论研究的中心课

① 刘诗白．对广东经验的几点看法［J］．改革，1992（2）．

题。刘诗白教授在不同的历史时期发表了多篇文章，对此问题提出了自己的看法：（1）找准原因。尽管 10 多年来改革收效不理想，但是国有企业并不是注定搞不活的，关键在于要找准原因，对症下药。刘诗白提出了应当确立构建法人财产权，建立现代企业制度这一新的改革目标，及其他一系列改革措施，对国有企业进行深层次的改革。（2）重点突破。1994 年，他就多次提出国有企业改革应当实行重点突破。他建议新时期国有企业改革应包括：放开一片，即放开大量的中小企业；嫁接引入多元产权主体，发挥杂交优势；死一小块，即对那些长期资不抵债、救活无望的企业实行兼并和破产；重点突破，对国有大中型企业，特别是关系国计民生、国防、科技的企业，要大力推进公司化改革。[①]（3）着眼整体。国有企业改革要有新思路，要跳出就企业谈企业改革的旧的思维方式，采取从国有经济整体着眼，以国有经济结构的优化为目标来考虑和规划企业改革。(4）资产重组。大力推进国有资产的流动重组，对搞好搞活国有企业十分重要。这有助于资产增值、盘活存量、减债增资、实现国有经济的调整。[②]（5）股份制度。刘诗白是较早地从理论上阐述社会主义股份制的经济学家之一。早在 1986 年，他就论述了社会主义条件下股份制出现的必然性，指出在社会主义商品经济体制下，作为独立商品生产者与经营者的企业，其资金的形成将日益采取自主的资金联合形式，而实现资

① 刘诗白．国有企业改革要重点突破［N］．改革时报，1994－04－12．

② 刘诗白．有关国有企业深化改革的若干问题［J］．经济研究，1996（12）．

金的自主联合，股份制就是一种具有较高灵活性和较强吸引力的经济形式。股份制体现了一种利益共享、风险共担的联合投资关系，能够高效率地把社会上分散的、闲置的资金融合和凝聚起来，因而是商品经济条件下有较强生命力的一种企业组织形式。①

刘诗白教授提出：在社会主义经济理论的研究中，我们不能丢掉老祖宗，也不能照搬西方。重要的是要有新的建树和全面的创新，在发展中才能坚持马克思主义。我们需要牢固地确立解放思想、实事求是的思想方法，把理论立足于实际。“我们需要建立一门以马列主义、毛泽东思想、邓小平理论为指导的，立足于中国实际，继承中国历史与经济学研究的精华，吸取西方经济学优秀成果的中国的社会主义经济学理论。”② 刘诗白教授毕身致力于中国的社会主义政治经济学的研究与发展，这部《文集》可以说是他上述学术目标的真实反映。

此文载于：经济学家，1994（4）.

① 刘诗白．试论社会主义股份制［J］．经济研究，1986（12）．

② 刘诗白．社会主义政治经济学需要不断进行理论创新［J］．高校社会科学研究和理论教学，1978（5）．

刘诗白经济学思想述评

李建勇

刘诗白从事经济理论研究工作，始于 20 世纪 40 年代，1947 年，他翻译了英国马克思主义经济学家多布（M. Dobb）所著《资本主义发展之研究》一书。新中国成立后，他一直从事教育工作并对当代资本主义经济和社会主义经济问题进行了深入研究，撰写出版了《原子能利用上的两条路线》、《帝国主义殖民体系及其危机》等专著。从 50 年代后期开始，他的研究重心集中于社会主义经济理论问题，发表了许多学术论文。改革开放以来，他以旺盛的激情投入社会主义经济建设和经济改革理论的研究，先后参加了许涤新主编的《政治经济学辞典》以及《中国大百科全书》经济学卷、《〈资本论〉辞典》的编写工作，出版了《社会主义商品生产若干问题研究》（四川人民出版社 1983 年出版）、《社会主义所有制研究》（上海人民出版社 1987 年出版）、《社会主义经济理论探索》（西南财经大学出版社 1987 年出版）、《社会主义经济学原论》（人民出版社 1992 年出版）等专著和 140 余篇论文。在这些著述中，他运用马克思主义的立场、观点和方法，对我国经济发展和改革过程中出现的许多新事物、新问题进行了深入探讨，提出了独到的见解，引起了国内外学术界和实际经济部门的重视。他的著述涉及的领域相当广泛，本文仅就他对政治经济学的研究对象、社会主义社会的所有制、社会主义商品经济、社会主义条件下的价值规律与市场机制、家庭联产承包经济和家庭生产方式、社会主义股份制与产权等问题的研究进行简要评述。

一、提倡政治经济学要拓宽研究范围

关于政治经济学的研究对象和研究范围，国内外经济学界长期存在争论，刘诗白对这个问题的独到见解，引起了经济理论界的广泛重视。

1. 政治经济学研究对象与研究范围的区分

早在50年代，刘诗白就倡导拓宽政治经济学对象。他的基本观点是：为了适应生产力和社会主义经济建设事业发展的需要，政治经济学必须拓宽研究范围，并提出研究对象与研究范围是两个不同的范畴①。他认为，科学的对象是科学所要探究其规律的客观存在的特定领域；由于客观事物质的区别，决定了各个学科的对象的区别性。但是，客观事物之间所具有的相互联系、相互制约的性质，决定了科学的研究过程，不仅要

① 刘诗白．论马克思列宁主义政治经济学的对象［J］．经济研究，1961（10）．

探索属于其对象的特定领域的规律性，而且还要对某些不属于其对象范围，但与研究对象有密切联系的事物加以考察。因此，研究范围总是大于对象范围。根据以上逻辑推论，刘诗白在肯定社会生产关系是政治经济学的基本研究对象的同时，论述了政治经济学的研究范围中应该包括生产力和上层建筑的某些方面，而不能像传统研究方法那样只研究生产关系的本质特征。这个观点，在当时就引起了国内外理论界的关注。

2. 社会主义政治经济学要重视经济运行机制的研究

刘诗白认为，社会主义政治经济学更需要把研究的范围拓宽，即要把生产力发展运动的规律和经济运行机制纳入其研究范围，从而更好地服务于社会主义经济建设这一中心目标。① 为此，就必须深刻地分析社会主义再生产过程中生产、分配、交换、消费诸环节的运动，要对社会主义经济运行中的具体经济问题进行深入研究和总结，以指导经济活动的实践，不能把政治经济学的任务和内容只限于几条抽象的“规律”。

刘诗白指出，社会主义经济运行机制包括宏观、微观和中观的经济运行机制。宏观的经济运行机制是从国民经济总体上来研究社会再生产和各种经济活动；微观的经济运行机制是从企业的角度来研究生产、分配、交换等经济活动；中观的经济运行机制是从一个城市、一个部门的角度来研究经济活动。他认为，只有通过对经济运行机制的全方位的分析与研究，才能更好地揭示社会主义经济的现实运动及其规律，从而更好地指

① 刘诗白．社会主义政治经济学与经济运行机制的研究［J］．经济科学，1986（2）．

导与服务于社会主义经济建设。

3. 强调在政治经济学研究中运用数量分析方法

基于社会主义政治经济学研究经济运行机制的任务，刘诗白十分重视并强调在政治经济学研究中加强数量分析。① 他认为，要研究经济运行必然涉及具体的经济数量关系，如需求量、供给量、货币发行量、投资量、工资量等等。因而，通过数量分析，才能阐明经济活动与经济过程之间量的关系，使人们可以从复杂的经济现象中分离出若干独立变量，找出各种变量之间的相互依存关系，区分出内生变量和外生变量，制定各种经济平衡方程式，建立起各种数学模型，从而利用它们来进行经济预测，制订经济计划。为此，他主张有效的宏观调控必须建立在对经济过程精确的数量分析与计量的基础之上；否则就难以避免决策失误和“瞎指挥”。他的这一见解，立足于社会主义政治经济学必须研究分析经济运行机制这一新的任务，同时也符合当代理论经济学研究的一般趋势。这对于丰富社会主义政治经济学的研究对象，无疑是具有重要意义的。

4. 提出人民财富的理论

基于政治经济学必须拓宽研究范围的认识，刘诗白认为，社会主义政治经济学的基本内容应是人民财富学。② 在他主编的《社会主义经济学原论》一书中，实际上把对“人民财富”的研究作为贯穿全书的一条主线。这一构架的新颖独特之处在

① 刘诗白．经济科学必须加强数量分析［J］．社会科学研究，1985（6）．

② 刘诗白．社会主义经济学原论［M］．北京：人民出版社，1992；刘诗白．论社会主义物质基础与物质富裕［J］．社会科学战线，1988（4）．

于：把人民财富的最大增值、合理分配与优化使用作为社会主义政治经济学的基本内容；把人民财富上升为一种理论形态进行全方位的分析、归纳和科学概括。他的这种人民财富观，体现了一种新观念和新思维，即把社会主义现代化和实现人民生活富裕化作为我国社会主义发展的两个主轴，以富国裕民为要旨。这也是他关于政治经济学必须研究生产力的运动和经济运行机制的思想的进一步具体化，为革新社会主义政治经济学提出了一条重要思路。

二、对社会主义所有制的多维分析

对社会主义社会的所有制的研究，是刘诗白涉猎较多且颇有创新的一个领域。多年来，他发表了许多论文和专著，从不同侧面对这个问题进行了多维的研究。

1. 对社会主义社会所有制特征的概括

长期以来，对所有制问题的研究一直是理论禁忌最多的一个领域，但刘诗白坚持实事求是的科学态度，敢于大胆探索，是我国经济学界最早的研究者之一。1978 年以来，他在一系列论著中论证了社会主义全民所有制是一种不成熟、不完全的所有制。1981 年在成都召开的第一次全国所有制理论讨论会上，他提出的社会主义社会所有制结构的多元性、所有制形式的多样性、公有制具体形式内部的多层次性的新颖观点，受到了理论界的高度重视，也是他分析社会主义经济问题的一个基本立足点。

刘诗白认为，社会主义社会的所有制具有多元性，即作为主体的社会主义公有制与作为补充的各种非社会主义所有制形式将长期并存，因为由私有制向公有制的质变采取了“扬弃”的形式，即破坏了旧事物的基本结构而保存了它的某些附件，或者克服了旧事物的内在本质而保留了它的某些形式。这样，在过渡时期结束之后，我国社会主义社会的所有制结构中，除了占统治地位的社会主义公有制而外，作为补充的各种非公有制经济成分（包括某些带有公有制因素的过渡性与中间性的所有制形式），仍将长期存在并会有较快的发展。

刘诗白认为，社会主义所有制形式具有多样性，不赞成把社会主义公有制仅仅归结为全民所有制和集体所有制两种形式的观点，并根据近年来我国多种经济形式、多种经营形式和经济联合组织的发展，以及社会主义公有制在相互渗透、交叉和结合中出现的多样化现象，从理论上论证了社会主义所有制还有多种具体形式或多种的联合所有制形式，例如“全民+集体”型、“全民+集体+个体”型、“集体+集体”型等等。

刘诗白较早地指出公有制的具体形式具有多层次性。就全民所有制来说，将会产生各有特色的若干具体形式，例如，在经营形式上将会出现国有国营、国有企业经营、国有集体租赁、国有个人租赁等具体形式；在资金结构与分配结构上，将出现吸收部分职工资金和实行按股分红；吸收集体资金、社会个人资金和实行按股分红，向其他企业进行投资和按股分红等具体形式。

2. 主张社会主义全民所有制企业实行自负盈亏

刘诗白基于对社会主义全民所有制的不成熟性的分析，把这种所有制的特点概括为：生产资料的全民占有关系与产品的企业局部占有关系，企业活动不是体现完整的全民利益，而是体现有部分企业局部利益；企业劳动者不仅要从统一的社会基金中取得收入，还要从归企业占有与支配的企业基金中取得一部分补充收入。他指出，传统的全民所有制企业实行国家所有、国家经营和国家统一分配，企业没有权、责、利的经营管理方式，其根源正是在于忽视社会主义全民所有制的这种不成熟性。

依据对全民所有制特点的上述认识，刘诗白较早地主张全民所有制必须实行自负盈亏。1979 年，四川省在全国率先实行以扩大国营企业自主权为内容的城市经济体制改革的试点，他深入实际认真总结了实践经验，撰写了一系列文章，对全民所有制企业实行自负盈亏的问题进行了充分的理论论证。他认为，实行自负盈亏是改革我国经济等理体制、解决国有企业缺乏活力的根本途径，不仅可以通过企业对国家上缴税金实现社会主义的全民所有的权利，同时又通过企业独立支配自有资金和对产品的局部占有，实现社会主义全民所有制的不成熟性要求。他还认为，全民所有制企业的自负盈亏是一个有弹性的范畴，可以有初步的、较充分的、完全的区别，国家可以根据企业的具体情况选择适当的形式。改革的实践证明，他的上述观点是完全正确的。

3. 对家庭生产方式的新论证

鉴于长时期以来理论界对家庭生产方式的研究不够，对这种小生产的意义和作用估计不足，刘诗白在 1985 年发表了《试论农业家庭生产方式》一文（《经济研究》1985 年第 8 期），从新的角度阐述了家庭生产方式的性质及其在社会主义经济中的作用。

刘诗白认为，家庭生产方式不等于家庭经济或个体经济，也并不必然就是落后的生产方式。家庭生产方式在历史上曾经长期存在于不同的社会经济形态之下，并采取过多种不同的形式，依存于各种不同的物质技术条件，依附于不同的所有制。在第二次世界大战以后，特别是70年代以来，科学技术革命为家庭生产方式注入了新的活力。刘诗白不赞成哈佛大学帕金斯教授认为家庭经济增产效果只有7年的看法，而是基于家庭生产方式在发展生产力中具有弹性的认识，强调家庭生产方式能够吸收科学技术进步的果实以增强其适应性。他根据我国生产力的发展状况，认为家庭生产方式将成为我国社会主义生产方式体系中一个持久的组成要素，并将成为21世纪中国经济复兴的一支重要力量。

三、对社会主义商品经济的探索

刘诗白对社会主义商品经济的研究独具特色，并以其理论体系的完整性和系统性引起了广泛的关注。

1. 坚持用“所有制论”解释社会主义经济的商品性

在刘诗白的一系列论著中，他对解释社会主义经济商品性的各种观点，如两种公有制论、物质利益论、按劳分配论、核算工具论、社会分工论等，进行了认真而有说服力的评论，并坚持用“所有制论”解释社会主义经济商品性的根源。他认为，社会主义经济的商品性，完全可以从社会主义主体所有制——全民所有制企业的占有关系和利益关系的特点中得到说明。由于现阶段全民所有制还不成熟，这种情况决定了企业不能把它的产品无偿地让渡给对方，它在让渡自己生产的产品时，不能不考虑与计较生产中的劳动耗费能否得到补偿，不能不关心它的生产与交换活动能否给企业带来物质利益，从而决定了企业只愿意把自己的产品当作商品让出去，决定了产品的商品性质和社会主义经济的商品性。①

刘诗白认为，在社会主义制度下，由于物质的生产条件成为社会公共财产，劳动不再是个人的私事，而是从属于社会共同利益！劳动力使用的结果不再是直接形成归私人占有的收入，而是直接形成社会统一分配的社会基金。这一切表明，劳动已具有了社会化的性质。但是劳动的社会化水平还不高，产品还未极大丰富，并且由于劳动还存在重大差别，人们还存在囿于个人利益的市民权利的狭隘眼界，因而对社会主义劳动必须实行物质鼓励，贯彻按劳分配、多劳多得，劳动者天赋的或后天形成的不同等的劳动能力成为个人消费品分配中的某种特殊的占有权利。这就表明，社会主义劳动除了公益性外，还有一定程度的私益性。社会主义劳动的这一特点，要求承认企业联合劳动的质的差别，要求实行等价交换，多产多益。如果在企业的收益分配中不承认联合劳动的差别和贯彻社会主义物质利益原则，就不能调动广大劳动者的积极性。

2. 关于商品经济在社会主义条件下的地位和作用

（1）正确地评价商品经济的历史作用

由于囿于传统观念，我国理论界在一个很长时期对发展商

① 刘诗白．论发展社会主义商品经济与利用市场［J］．社会科学研究，1979（3）．

品经济的意义和历史作用一直未能给予正确的评价。但是，刘诗白始终坚持历史地、客观地评价商品经济的历史作用。[①] 这主要体现在以下诸方面：

——商品经济促进了分工和生产社会化的发展。刘诗白指出，商品生产和商品交换以社会分工的存在为前提；同时，商品关系又“通过促进社会劳动分工的发展而成为促进生产社会化与社会生产力发展的经济杠杆”，“在发达的市场商品关系中，……促使资本主义社会的社会分工与生产社会化飞速地向前发展”。

——商品经济促进社会生产力发展的作用在当代发达资本主义经济中仍未消失。刘诗白认为，当代资本主义之所以还有巨大的发展潜力，是因为“商品经济在促进社会生产力向前发展中的作用，在当前发达资本主义国家中尚未消失”，这些国家“在商品经济向更大的广度与深度发展的基础上，业已将生产专业化发展到前所未有的程度，……从而把生产社会化提升到新的高度”。

——要充分重视商品经济的历史作用。刘诗白指出，社会主义以前的商品经济都是与阶级剥削和阶级对抗相联系的，但更重要的是，商品经济在历史上也充分发挥了促进生产力发展，推动生产社会化的作用，这是“商品经济这一社会生产组织形式的‘合理内核’”[②]。

① 关于刘诗白对商品经济历史作用的论述，可主要参见刘诗白《社会主义商品生产若干问题研究》，四川人民出版社1983年版。

② 刘诗白．社会主义商品生产若干问题研究［M］．成都：四川人民出版社，1983：96．

(2) 社会主义要大力发展商品经济

社会主义为什么也要大力发展商品经济呢？刘诗白主要从下述几个方面做了论证：

——要发展商品经济以促进社会主义生产的社会化。刘诗白始终认为，在现阶段社会主义社会，“商品关系仍然是发展社会主义社会分工与促进生产社会化的重要经济杠杆”；“一切摒弃商品关系而在非等价的实物交换或无偿的活动交换基础上建立普遍的社会劳动的联系的做法，都是不成功的”；“必须根据生产力发展的要求建立和发展社会主义的商品关系，来促使生产社会化”①。

——不发达社会主义更需要大力发展商品经济。刘诗白认为，发展商品经济对于不发达的社会主义国家“分外地重要”。因为这些国家在经济方面还非常落后，需要城乡之间、工农之间更大规模的商品交换；需要进一步提高农业的商品率；需要通过商品关系来发展专业化协作；需要发展商品化、社会化的生活服务事业；需要通过商品关系来发展科技文卫事业；需要通过商品经济关系促进国际经济联系②。

——中国尤其需要大力发展商品经济。刘诗白强调指出，对于中国这样的“未经历完全的资本主义商品经济化，从而在许多领域还带有自给自足性质的国家来说，更要进一步发展商品关系”；“这个社会主义商品关系的发展可以说是一身二任

---

① 刘诗白．社会主义商品生产若干问题研究［M］．成都：四川人民出版社，1983：96－99．

② 刘诗白．社会主义商品生产若干问题研究［M］．成都：四川人民出版社，1983：99－100．

的：一方面，它带有补课的性质，即通过它去完成资本主义商品经济化所理应完成的推动社会分工与生产社会化的使命；另一方面，它又是进一步推动社会主义社会化大生产向前发展所必需的。”①

（3）社会主义的商品关系要向纵深发展，形成发达的商品经济

针对长期流行的“产品经济论”以及对商品关系进行限制的观点和传统认识，刘诗白较早地提出社会主义商品经济要向广度和深度发展，使社会主义生产在更大范围表现为商品化。他指出，不能认为社会主义公有制在本性上是排挤商品关系的，是束缚商品关系发展的枷锁；更不能因社会主义制度下某些方面商品关系的缩小而得出商品关系将全面缩小、不断遭到削弱和立即为产品经济所代替的结论。社会主义公有制本身的不成熟就包含着商品生产进一步发展的广阔余地，特别是像我国这种生产力水平低，商品经济不发达的社会主义国家，扩大和深化商品货币关系，更是生产力发展的迫切要求。

3. 认为市场调节是基础性的调节机制

刘诗白在他的论著中，阐述了社会主义仍然要重视发挥市场机制作用的观点，强调社会主义经济的计划调节，必须立足于市场和市场机制的作用基础之上。

（1）发挥市场的作用是发展商品经济的关键

早在 1979 年，刘诗白就针对社会主义经济理论对市场问

① 刘诗白．社会主义商品生产若干问题研究［M］．成都：四川人民出版社，1983：101．

题研究的不够以及把“市场看作资本主义”的旧观念强调指出，“在发展和完善社会主义商品经济中，最关键的是要充分发挥和利用社会主义市场的积极作用”[①]。

对市场机制作用的重视，以友对把市场机制与社会主义计划完全对立起来的观念的批判，在刘诗白于改革初始的一些论著中就有明确的论述。例如，在 1979 年的一次全国性理论讨论会上，刘诗白极力主张要改革排斥市场机制作用的中央集中计划管理体制，“正确利用社会主义商品经济固有的市场机制”[②]。这种把市场机制看做是内在于社会主义经济的调节机制的思想，这在当时还是不多见的。

（2）社会主义计划调节要立足于市场机制的基础之上

刘诗白认为，市场机制虽然是社会主义经济的内在的调节机制，但它并不是资源优化配置的唯一机制，还必须发挥计划机制的调节作用，实行计划与市场相结合。他指出，计划机制与市场机制具有各自的特点，具有互不相同的和互相不能替代的功能，从而适用于不同的对象领域。人们应该按照社会主义经济的不同领域、不同层次的状况和要求，分别采用与之相适应的调节形式，使计划机制的调节与市场机制的调节各得其所，互相配合，彼此补充，使二者的调控功能得到充分地发挥。他强调指出，不管是计划万能论还是市场万能论，都是片面性思维方式的反映。

---

① 刘诗白. 社会主义经济理论探索［M］. 成都：四川人民出版社，1988：268.

② 刘诗白. 论社会主义计划管理与利用市场机制［M］//社会主义经济中计划与市场的关系. 上册. 北京：中国社会科学出版社，1979：328.

刘诗白还强调指出，要实现计划与市场的结合，必须改变国家对经济活动的直接调控，实行计划调节宏观经济，市场调节微观活动的分工。为此，他提出了“国家——市场——企业”这样一种调控模式，指出这是一种国家调控市场参数，把计划置于市场机制的自动调节基础之上的调控模式。计划化的全过程是：国家计划机制（国家用来贯彻计划的经济政策与经济杠杆）+市场调节机制，可简写为A—M—K。A—M表现为国家调控市场参数，属于计划机制。国家调控参数采取两种方式：一是用行政手段直接形成市场参数，二是用经济方法间接形成市场参数。M—K表现为市场自动调节机制，它表面上是市场调节，但实质上却是有计划调节渗透其中。总之，计划化全过程中的A—M，只不过是有计划的经济调节的初步，它还要继之以M—K即市场调节，而后续的市场调节则体现了国家计划机制的预期目的。上述计划化的全过程，体现了计划与市场双重机制的作用，是二者的统一和结合，但却是以市场调节为基础，而表现为M—K的市场机制乃是实现计划的经济工具。①

4. 提出建立社会主义商品经济新体制的设想

（1）构建社会主义商品经济新体制的主要任务

刘诗白认为，社会主义商品经济体制的构建与确立，必须首先解决好微观基础重塑、市场体制完善与国家调控强化等三大任务。

---

① 刘诗白．社会主义经济理论探索［M］．成都：四川人民出版社，1988：305-306．

——企业经营实体化。刘诗白指出，商品经济中的企业是独立的商品生产者，具有自主经营、自负盈亏、自行发展、自主积累、自我约束、自我调整的机制与功能，对市场变动具有充分的适应性和能动性。按照上述原则改革企业体制和经营机制，重塑社会主义商品经济的微观主体，是构建社会主义商品经济体制最基础的任务。

但是，在我国传统的企业体制下，国家直接插手微观经济活动，对企业生产下达指令性计划，对产品与物资实行统一调拨，对赢利实行财政统收，对亏损实行国家统负，企业缺乏责、权、利，成为上级行政机构的附庸。这样的企业体制与机制决定了企业对于经营自然不会有物质利益上的关心，不可能具有对市场的自主的适应性，不可能有市场性的企业行为，不可能有价格→供求的市场效应。因此，为了构建能使市场机制充分发挥作用的新经济体制和运行机制，就必须对传统的企业体制和经营形式进行改革。要实行独立核算、自负盈亏，使企业成为自主经营的经济实体，并在此基础上转换经营机制，从而构筑起社会主义商品经济的微观基础。

——社会主义市场体系的建立。刘诗白指出，为了发挥市场调节作用，必须建立完备的社会主义市场体系。在发达的商品经济中，市场是一个多样性、多层次市场交换的总和，它包括物质产品、精神产品、服务、信息、劳动力的交换等等，因而市场不是单一的，而是由多种要素市场形成的市场体系。

完备的市场体系的形成，是以国民经济的商品化为前提的。作为商品经济最高形式的资本主义发展了社会生活诸领域全面的、无所不包的商品化，形成了商品、劳动力、资金、信息等要素市场组成的市场体系，使市场机制更加完善和充分，形成了由“看不见的手”灵活地进行调节的全面的市场经济。社会主义市场也需要发展包括各种要素市场的社会主义市场体系。因此，要建立起一个包括消费品市场、生产资料市场、金融市场、劳务市场、科技信息市场在内的完备的市场体系，实现各个生产要素交换的市场化，这是市场机制起作用的组织基础。

——国家宏观调控体系的形成。刘诗白认为，市场机制作用下的微观经济活动毕竟是一种自发性的活动，会表现出盲目性，从而与社会主义市场经济的有序运行的要求相矛盾，这就需要形成国家的宏观调控体系，强化国家的经济调控功能。

刘诗白把社会主义国家的经济调控的特征概括为：把宏观经济作为国家管理的主要对象，而对微观经济实行放开；把运用经济杠杆，使用指导性计划作为国家调控微观经济的重要手段；建立起包括价格、信贷、税收、工资等组成的完备的经济调节杠杆体系并正确而有效地加以运用。为了规范社会主义市场经济运行中的企业行为，还必须建立起一个完备的和强有力的法律体系，用市场经济的法规来约束企业（和个人）的经济行为，逐步形成社会主义市场经济的新秩序。

刘诗白认为，上述三项新体制的结构要素是互相依存、互相促进、互相制衡的；企业的活动是由市场导向和启动的；市场活动是由国家依据计划要求而加以调控的；国家调控作用的发挥，又是以市场机制的作用为条件和杠杆的；市场机制的得以发挥作用，又是以企业具有适应市场的功能为条件的。可见，企业自主、市场调节、国家调控三者互相渗透，相互促进，互相制衡，形成了一个能充分发挥计划作用和市场作用的完善的内在机制，使社会主义市场经济在运行中既能充满活力，又能有序地和按比例地发展。他指出，上述三大任务的完满实现，才标志着我国真正完成了由传统的经济体制向市场经济新体制的转换。

（2）提出社会主义经济是市场经济的命题

在刘诗白的理论中，他所设计的社会主义商品经济的基本构架及其运行方式，其实就是社会主义市场经济的构架与运行模式！他所理解的商品经济，就是把市场机制作为资源配置的基本手段的经济形式，实际上就是市场经济。例如，早在 1979 年 4 月在无锡举行的“社会主义经济中价值规律问题”的理论讨论会上，刘诗白就提出了“社会主义经济仍然带有市场经济性质”，“是崭新的社会主义的市场经济”的命题，主张“彻底破除把市场机制看成与社会主义计划管理水火不容的传统观念”①。而在当时，计划经济等于社会主义经济，市场经济等于资本主义经济的传统思想仍然是经济理论界不可动摇的信条。在这一背景之下，他能正式提出社会主义经济是市场经济的观点，确实是需要有理论勇气和远见卓识的。

四、对社会主义条件下股份制与企业产权的研究

1. 认为社会主义股份制有其必然性

在中国经济学界，刘诗白是较早地从理论上阐述社会主义

① 刘诗白．论社会主义计划管理与利用市场机制［M］//社会主义经济中计划与市场的关系．上册．北京：中国社会科学出版社，1979：317-320．

股份制的经济学家之一。早在1986年，他就论述了社会主义条件下股份制出现的必然性，指出在社会主义商品经济体制下，作为独立商品生产者与经营者的企业，其资金的形成将日益采取自主的资金联合形式，而实现资金的自主联合，股份制就是一种具有较高灵活性和较强吸引力的经济形式。股份制体现了一种利益共享、风险共担的联合投资关系，能够高效率地把社会上分散的、闲置的资金融合和凝聚起来，因而是商品经济条件下有较强生命力的一种企业组织形式①。

刘诗白还从更深的层面，阐述了社会主义条件下股份制的出现，将对传统的社会主义财产占有形式和所有制结构产生重大影响。他认为，股份制不仅是一种新的企业组织形式，而且也是一种新的占有形式。部分国有企业的股份化，是微观经济基础的重大变革，它使原有的单一国家所有制或单一的集体所有制转化为“一企三制”，从而产生交错的和联合的所有制形态。在实际上是把集体所有制要素引入传统的全民所有制企业之中，把全民所有制要素引入传统的集体所有制企业之中；与此同时，把私人个体占有要素引入公有制企业之中。这样，企业的所有制不再是单一的，而成为多元的结构。这种多元的所有制把国家、企业和个人的利益有机地结合起来，它是社会主义公有制的进一步完善和发展。

2. 对企业产权问题的研究

刘诗白在《经济研究》、《经济学家》等刊物上发表了一系列文章，论述了社会主义条件下的企业产权问题，形成了自

① 刘诗白．试论社会主义股份制［J］．经济研究，1986（12）．

己独特的社会主义产权经济理论。[①]

(1) 认为明确企业产权是社会主义商品经济运行的法权基础

刘诗白指出，产权包括财产的所有权、占有权、使用权和处置权，是具有法律赋予的社会权力的所有、占有、使用、处置关系。作为经济所有制关系的法权形式，产权是特定的生产方式下人们用来硬化一定的所有制关系，约束人们的经济行为，维护与稳定一定的经济秩序的法权工具。产权关系的复杂与明朗，乃是发达的商品经济的特征，也是发达的商品经济顺利运行的法权基础。他批判了认为社会主义公有制一旦建立，国营企业在财产关系上就只表现为单一的国家财产，不再存在具体的产权和产权矛盾的“产权消亡论”，认为在社会主义商品经济的运行中，仍然存在着十分复杂的财产关系，存在着诸种产权的矛盾，因而仍然需要明确的产权规范来指导和约束自然人与法人的经济活动。他指出，社会主义全民所有制企业应该拥有自己的企业财产即企业产权。这种企业产权，是作为法人的企业对企业营运资产所拥有的实际的占有权，对企业资产的支配使用权、处置权和一定的收益分配权，亦即法人产权。只有赋予国有企业充分的企业产权，才能真正使企业成为独立自主经营的、能够自负盈亏的、具有法人资格的商品生产者和

① 刘诗白关于社会主义企业产权问题的主要论述有：《社会主义商品生产与企业产权》，《经济研究》1988 年第 3 期；《论产权构建》，《经济研究》1988 年第 9 期；《论产权自主转让》，《经济学家》1989 年第 1 期；《试论国营企业的产权制度》，《财经科学》1988 年第 12 期；《产权转让及其机制的形成》，《经济改革新思考》，改革出版社 1988 年版；《兼并是企业产权转让的一种重要形式》，1989 年 2 月 3 日《人民日报》。

经营者，成为社会主义商品经济中的微观经济细胞。

（2）认为企业产权不等于企业所有制

在阐述社会主义企业产权理论中，刘诗白指出，企业产权与企业所有制是两个既有联系但又有区别的概念。他认为，企业产权或法人产权，是指作为法人的企业对国家财产的实际占有和直接支配。这种企业的法人财产权并不等于企业所有制，而后者表现为一种财产的终极所有权。他不赞成把企业法人财产等同于企业所有制的观点，认为企业法人财产权的概念并不意味着企业中的国家财产性质的改变，更不等于实行所有权企业化和放弃社会主义国家所有制。对于上述企业财产，国家仍然将通过利润和税金的上缴而得以实现。他的这种观点，是符合我国建立社会主沐市场经济条件下构建国有企业产权的基本方向。

（3）对企业产权转让与企业兼并的论述

刘诗白深入分析了在社会主义商品经济中企业产权转让与兼并的重要性与积极作用。他指出，产权转让是一种财产占有关系的变更，随着商品经济的发展，经营性的产权自主转让，即产权的商品化和市场流动化成为一种普遍的经济现象，这也是发达商品经济中产权的特征。他认为，产权之所以能自主转让，在于产权所具有的商品性质。在社会主义商品经济条件下，企业作为自负盈亏的经济实体的性质，使它们不能接受产权转让的无偿调拨形式，而产权作为商品，作为自主的、有偿的、等价交换的对象就是不可避免的。这是促进生产要素的全面市场流通，调整产业结构，实现资源优化配置的一种必要的经济机制，也是企业增强自我调整功能的内在契机与必要条件。而为了实现产权自主转让，其重要形式是企业兼并。因此他指出，兼并不是资本主义商品经济特有的现象，而是发达商品经济中企业扩展的一种方式。社会主义商品经济的发展，必然出现企业的兼并，它是促使全民所有制企业生产要素优化组合，优胜劣汰的重要机制。

五、严谨切实的治学精神

刘诗白在经济学这个园地里，辛勤耕耘了50 余年，不仅著述宏丰，而且取得了许多具有创造性的研究成果。这与他几十年如一日，始终坚持实事求是的科学态度和严谨的治学精神分不开的。在笔者看来他的治学之道有以下几个显著的特点：

1. 强烈的时代感与实践性。刘诗白的主要著述无一不与现实生活紧密相连，具有强烈的时代感与实践性。作为一个马克思主义理论经济学家，刘诗白始终坚持把马克思主义一般原理和实践经验相结合，强调根据新的实践进行理论创新，在发展中坚持马克思主义。他不是学究式的书斋学者，而是从现实经济生活中寻找思维源泉的经济学家。几乎在我国社会主义经济建设的各个重大时期，他都提出过具有时代气息的新观点，许多观点是经得起历史检验的，并对实际经济工作发挥积极影响。

2. 深厚的理论基础和科学的研究方法。刘诗白在经济学研究领域的造诣，与他的经济学理论基础的扎实深厚是直接关联的。他几十年来孜孜不倦地研读了马克思主义经典作家的许多经济学、哲学著作，特别是对《资本论》炉火纯青的研究，对《资本论》中的科学方法（特别是抽象法）有独到的理解[①]，因此，他熟知马克思主义的辩证唯物主义和历史唯物主义的基本原理，并善于运用马克思主义的观点和方法来研究现实经济中的一系列重大理论问题。由于他善于把科学方法应用于经济学研究之中，所以他的论著不是对经济现象概念化、模式化的浅层描述，而总是透出一种令人折服的哲理性与逻辑性。

3. 实事求是的科学态度。刘诗白敢于探索，敢于坚持真理，敢于讲真话，这种实事求是的科学态度，正是他的学术思想的生命力的源泉。比如，在 50 年代末期，我国经济生活中的“唯意志论”、“共产风”、否定家庭副业和个体经济、违反价值规律等错误倾向曾盛极一时，他敢于冒着政治上的风险，对这些错误倾向进行客观的实事求是的分析和批判。这在“左”倾思想盛行的当年，是难能可贵的。

4. 勇于自我否定的治学精神。刘诗白的治学精神令人钦佩之处，还体现在他对自己既有的认识和观点，敢于自我否定和修正。由于认识和时代背景等诸种因素的限制，他对某些问题的认识并不是没有曲折的，对某些问题的最初思考也不像后来那样清晰和明确。宏观背景的变动也曾给他的某些论述打下烙印。但是，作为一个学者，他始终坚持不渝的信条是：理论必须通过实践检验与修正，思维必须创新。在 1992 年 7 月全国《资本论》研究会年会上，他在阐述他对社会主义市场经济理论观点时提出，作为一个马克思主义经济学家，首先要敢

① 刘诗白．论《资本论》中的科学抽象法［J］．学术月刊，1983（2）．

于自我否定，在自我否定中自我修正，自我完善；要真正形成一个经得起实践检验的、有强大生命力的社会主义经济理论，就要敢于摆脱囿于本本、囿于他国模式、囿于传统做法的老框框。抱残守缺，故步自封，只能窒息学术研究。这种坦诚和执著的学者风范，值得我们学习和敬佩。

此文载于：中国社会科学，1994（3）.

刘诗白

丁任重

刘诗白，四川省万县人，现任西南财经大学校长、教授、博士生导师。中共党员，民盟成员。

刘诗白1925年出生于一个知识分子家庭。1942年进入当时内迁四川乐山的武汉大学经济系读书。1946—1950年在四川大学经济系任教，新中国成立后，先后在四川大学、成华大学、四川财经学院讲授政治经济学、外国经济史等课程。1981年3月晋升为教授，同年5月任四川财经学院副院长。1984年，被批准为政治经济学博士研究生导师。1985年2月，任四川财经学院院长，同时被国务院学位委员会聘任为学术委员会第二届学科评议组（经济学分组）成员。1985年11月，四川财经学院更名为西南财经大学，刘诗白任校长。刘诗白是四川省政协第3~6届委员，中国民主同盟中央常委，四川省委员会副主任，四川省社科联副主席，第七届全国人民代表大会代表。

1977—1979年间，刘诗白被借调到中国社会科学院经济研究所，参加许涤新主编的《政治经济学辞典》的编写工作，是编审组主要负责人之一。同时，他还参加了《中国大百科全书》经济卷的编写工作，任编委会常务编委和《社会主义部分》分编委副主编。另外还参加了《〈资本论〉辞典》的编写工作，并担任编委。1983 年被选为全国高等财经院校《资本论》和《政治经济学（社会主义部分）》研究会会长，他发起编写《〈资本论〉教程》（一、二、三卷），并担任主编，积极提倡和推动把《资本论》的研究和中国社会主义经济的实践相结合。

刘诗白主要致力于经济学的研究。1958 年前后，他撰写和出版了《原子能利用上的两条路线》、《帝国主义殖民体系及其危机》等专著。党的十一届三中全会以来，他的研究成果日益丰硕，先后出版了《社会主义商品生产若干问题研究》、《社会主义所有制研究》、《社会主义经济理论新探》三部专著，还出版了《社会主义经济理论探索》、《论社会主义所有制》等两部论文集。其中，《社会主义商品生产若干问题研究》和《社会主义所有制研究》，分别荣获四川省 1984 年和 1986 年哲学社会科学研究成果一等奖。此外，他先后在《经济研究》、《学术月刊》、《光明日报》等全国报刊上，发表论文近百篇。刘诗白运用马克思主义的立场、观点和方法，对我国经济体制改革中出现的新情况进行了探讨，并给予新的理论论证。他所研究的领域包括：不发达社会主义经济的特征，社会主义社会的所有制，社会主义有计划的商品经济，价值规律的作用和社会主义市场机制，家庭联产承包经济，社会主义企业及其活力，社会主义股份制，生产劳动与非生产劳动等等。

在上述领域的理论研究中，他提出了不少在经济学界具有影响、具有独创性的见解。

刘诗白还积极参加国际学术交流活动。1984 年，他赴美国考察，访问了美国十余所大学；1987 年赴澳大利亚和新西兰访问，并在澳大利亚的墨尔本大学、堪培拉大学和新西兰的维卡托大学讲学，受到国外经济学家的好评。刘诗白数十年卓有成效的科学研究、教学行政工作和社会活动，使他在国内外享有一定声誉。目前，他已被列入美国传记研究所编的《国际名人录》（1988 年第 2 版）、英国剑桥国际传记中心编的《国际领袖人物录》（1988 年版）、《澳洲、亚洲、远东名人录》第 1 版（1988 年版）等传记之中。

对经济理论研究的独到见解

(1) 关于政治经济学研究对象的独特忍路

在政治经济学研究对象问题的论战中，刘诗白阐发了自己的见解，引起了经济学界的重视。他在《论马克思列宁主义政治经济学的对象》一文中，首先提出了政治经济学的研究对象和研究范围是两个不同的范畴。他认为，科学的对象乃是指科学所要探究其规律的客观存在的特定领域。由于客观事物具有质的不同，从而决定了各个科学对象的区别性。但是另一方面，由于客观事物具有相互联系、相互制约的性质，决定了各门科学不可能将作为其对象的特定领域孤立起来，与外界绝缘地进行研究。他认为，研究范围总是要大于对象范围，因为任何一门科学的研究过程，不仅要探索属于其对象的特定领域的规律性，而且为了达到这一目的，对于某些不属于其对象范围，但是却与后者密切相联系、相制约的诸事物，也要加以考察。根据以上思想，他在肯定生产关系是政治经济学的研究对象的同时，又指出政治经济学的研究范围中要包括生产力和上层建筑的某些方面，这实质上是把政治经济学的研究拓宽了。[①]刘诗白的这一见解，受到国外理论界人士的注意。英国学者西内尔·契伦·林在《当前中国经济学的复兴》一文中提到，刘诗白等人除了主张社会主义经济学研究的对象是生产关系以外，还主张对生产力、经济效益、技术进步和资源的合理利用进行研究。

(2) 社会主义政治经济学要研究经济运行机制

把经济运行的机制和规律纳入社会主义政治经济学的研究范围之中，这是刘诗白着意加以阐述的一个论点。党的十一届三中全会以来，中国的经济改革一步步向前发展，旧的经济模式正在向社会主义有计划的商品经济的新模式转换。这样，对于社会主义经济的运行机理的探究与阐明，就不能不成为社会主义政治经济学的现实的任务。社会主义经济运行机制，包括宏观、微观、中观的经济运行机制。他认为，重视经济运行机制的研究，乃是指这门学科的研究范围的扩大和发展，不是指这门学科的研究对象的改变，而是为研究生产关系提供了一个新的观察点。所以，社会主义政治经济学要紧密结合经济活动

① 刘诗白．论马克思主义政治经济学的研究对象［J］．经济研究，1961（10）．

的发展运行，来进一步研究社会主义生产关系的完善。[①]

（3）对马克思的科学抽象法的独具特色的分析

针对我国50年代以来政治经济学教科书多是从抽象定义出发，几大经济规律平列，缺乏从表现生产关系的本质特征的抽象范畴向生产关系具体形式上升的方法等状况，刘诗白主张应进一步运用科学抽象法。他认为，科学的抽象法包括以下两个步骤：第一步，从实在和具体开始，从实践经验和实际材料出发，进行逻辑思维与理论分析。抽象与排除事物的非本质的、次要的、外在的因素与联系，然后对特定的生产关与过程进行抽象概括，找出它的最简单的规定。第二步，是抽象上升。由简单的规定出发，加上与之相互联系的新一层关系的规定性，得出更具体的、即次一级的抽象范畴。如此一步步上升，其终点便是一个拥有许多规定的、丰富的、有血有肉的具体。马克思科学抽象法的第二步，即抽象上升到具体，往往不被人们所理解，而刘诗白却着重对这一抽象过程进行了研究。例如，在分析社会主义的个人消费品分配时，应该以简单的按劳分配为逻辑的起点，然后引入全民所有制生产关系，产生全民所有制的按劳分配，这是第二级的抽象范畴；下一步的分析是引入集体所有制生产关系，产生集体所有制的按劳分配，这是第三级的抽象范畴。在当前，如果我们引进农村集体经济家庭承包关系，就产生家庭包干分配的范畴。他认为，由简单范畴向具体上升中，将形成一系列有关社会主义所有制、劳动、

① 刘诗白．论马克思主义政治经济学的研究对象［J］．经济科学，1986（2）．

分配、交换等等的严谨有序的经济范畴的体系。这些经济范畴体系不仅在观念上呈现出社会主义生产关系某一方面、某一环节的拥有许多规定性的丰富的具体，而且由此也更清楚地展示了社会主义某一经济过程的机制与规律。这样就能进一步加强社会主义经济理论分析的深度与广度，进一步挖掘社会主义经济机体的内在的，更深的层次及其经济机制，在更高的科学水平上阐明政治经济学的规律。[①] 他的这些有关研究方法论的生张，对于改革社会主义政治经济学教材，是有现实意义的。

（4）政治经济学要有数量分析

刘诗白认为，理论经济学固然要着重于经济关系的质的规定性的分析，但不能忽视对经济实际发展过程的量的规定性的分析。他基于社会主义政治经济学所面临的新任务——研究生产力和经济运行机制，由此强调数量分析方法在完善政治经济学方法论体系中的意义与作用。第一，生产关系如同其他事物一样，也表现为质与量的统一，所以要深入地阐明生产关系的质，也必须说明这一生产关系的量的特征。第二，政治经济学的研究范围绝不限于生产关系，而且还涉及生产力、生产方式的物质技术方面。而对这些物质技术问题的分析，显然必须借助数量分析方法。第三，社会主义政治经济学要研究社会经济活动与经济过程的具体发展，而要阐明经济活动、过程之间的量的关系，就必须依靠数量分析。他认为，以定性分析为基本方法的社会主义政治经济学，并不排斥在一定范围内使用定量分析的方法。相反，只有在对生产关系的定性分析中辅之以定

① 刘诗白．论《资本论》中的科学抽象法［J］．学术月刊，1983（2）．

量分析，才能更完备、更清晰地阐明社会主义生产关系的性质及运动规律。[①]

提出有计划的商品生产，以及计划与市场的多层次结合

(1) 社会主义商品生产的存在具有长期性

刘诗白是我国较早认识到商品经济不可逾越的经济学家之一。他在1981年写成的《社会主义商品生产若干问题研究》一书中，就指出人类社会经济是按照产品经济——商品经济——产品经济螺旋式发展的。商品经济作为一种社会生产的组织形式，在历史上曾经起着推动生产社会化的巨大作用，作为社会经济发展的一个阶段，它不可能在它容许生产力发展的潜力尚未耗竭以前退出历史舞台。国内外社会主义经济建设的正反两方面的经验教训，向我们提出了这样的课题：不仅要深刻认识社会主义商品关系存在的必然性，而且要深刻认识社会主义商品关系存在的长期性，要看到社会主义生产带有商品性，乃是社会主义社会发展中的一个“既不能跳过也不能用法令取消的自然的发展阶段”的必然现象。[②] 因此，社会主义生产方式并不是商品关系的尽头，而是新型的商品生产发展的中继站与新的起点。社会主义社会在它的发展中还将经历一个存在商品关系的很长的历史时代，这是一切社会主义国家社会发

① 刘诗白．经济科学必须加强数量分析［J］．社会科学研究，1985（6）．

② 刘诗白．社会主义商品生产若干问题研究［M］．成都：四川人民出版社，1983：45．

展中的不可逾越的阶段。[①]

(2) 社会主义商品生产是有计划的商品生产

刘诗白认为，经济规律的作用总是决定于客观经济条件。在人类历史的不同时期，由于某些共同经济条件的存在，因而在这些“共性”经济条件下产生的一般经济规律的作用，总是存在着某些共同点。另一方面，由于不同生产方式下经济条件的特征，这些一般经济规律的作用也就具有它的特点。在社会主义制度下，价值规律失去了作为商品生产的万能调节者的作用，社会主义商品生产中最高的调节器是国民经济有计划发展的规律。商品生产是许多社会中都存在的经济现象，但社会主义的商品生产，是社会主义计划经济制度下的商品生产，是国家（或社会中心）调节下的有计划的商品生产。[②] 刘诗白在1981 年就提出了“有计划的商品生产”这一概念，足见他在经济理论研究中的远见卓识。

(3) 社会主义制度下价值规律发生作用的三种特殊形式

刘诗白从计划与市场相结合的角度，提出了社会主义制度下价值规律发生作用的三种特殊形式。第一，计划起最高调节器的作用，价值规律作为保证实现直接计划调节的工具；第二，在计划起最高调节器作用的同时，价值规律通过市场机制起直接的自动调节器的作用；第三，价值规律起主要调节器的作用。他认为社会主义经济中的市场机制，不同于资本主义商

---

① 刘诗白．社会主义商品生产若干问题研究［M］．成都：四川人民出版社，1983：50．

② 刘诗白．社会主义商品生产若干问题研究［M］．成都：四川人民出版社，1983：157．

品经济中的纯自发性的市场机制，它具有生产资料社会主义公有制所规定和所赋予的新特征：①它是有限度的市场机制；②它是可调节的市场机制；③它是有计划和无危机的市场机制。他指出，在社会主义的计划管理中，应该把指令性计划与指导性计划结合起来，把直接的计划机制与市场机制因素的运用结合起来，把国家对经济的自上而下的自觉调节与价值规律的调节作用有机结合起来，从而真正做到“统而不死，活而不乱”。[①]

着眼于宏观、总体的角度，探索社会主义社会所有制结构的改革

所有制的研究也是刘诗白涉猎较多并颇有创见的理论领域。多年来，他发表了许多论文和专著，从不同的侧面对社会主义所有制进行了分析和研究。

（1）多种经济成分的并存与公有制的主体地位

刘诗白认为，多种所有制的并存是一切社会形态的共同特征，特别是在一切社会形态的初级阶段表现得最为鲜明。我国是一个生产力水平低、经济不发达的社会主义国家，基于生产关系一定要适合生产力性质的规律，我国社会主义社会的所有制不可能纯而又纯。这表现在既存在有社会主义公有制，又存在有个体经济、私营经济、国家资本主义经济等非社会主义经

① 刘诗白．社会主义商品生产若干问题研究［M］．成都：四川人民出版社，1983：159－171．

济成分。但是，我国宏观的所有制的改革，必须坚持公有制的主体地位，必须加强社会主义国家自上而下的引导，将这些非社会主义要素规范在一定的数量界限之内，才能既充分地发挥非社会主义性质的所有制的辅助作用，而不影响和削弱公有制的主体性质。①

(2) 现阶段全民所有制的特征

长期以来，我国和其他社会主义国家对全民所有制企业的管理方式，实行的是国家所有、国家经营和国家统一分配，企业既无经营自主权，也没有独立的经济利益，更不承担经济责任。这是一种不存在企业局部占有性的、体现无差别公共利益的全民所有制模式，这种模式抑制了企业的活力，阻碍了国民经济的发展。因此，我国经济体制改革的实践，要求在理论上重新阐述现阶段全民所有制的特征。刘诗白针对传统全民所有制模式的弊端，根据自己对不发达社会主义经济的认识，提出了“不完全或不成熟的全民所有制”这样一个命题。他认为，现在全民所有制企业的现实占有关系具有以下一些特征：①全民所有制的国有企业生产资料属于全民所有，但企业产品却不是归全民完全地占有，而是存在着企业的局部占有；②企业活动不是体现完整的全民利益，而是体现有部分的企业局部利益；③企业劳动者不是完全从全民所有制的统一社会基金中取得收入，还要从归企业占有与支配的企业基金中取得一部分补

① 刘诗白．论宏观的社会主义所有制结构的改革［J］．学术月刊，1986（7）．

充收入。这些正是现阶段全民所有制不完全性的表现。[①] 根据“全民所有制的不成熟性”这个命题，刘诗白进一步地得出了以下几个观点：①现阶段全民所有制的不成熟性，是社会主义社会存在商品生产的重要原因。②正是由于现阶段全民所有制的不成熟性，所以不能实行国有国营、统包统揽的管理体制，而必须实行两权分离，以调动企业的积极性。③与不成熟的全民所有制相适应，国营企业必须实行自负盈亏，其内容是企业用自己的收入抵偿支出，实行分户立灶，独立自主地生产与经营，废止统收统支、吃大锅饭的体制。

（3）社会主义所有制形式的多样性

社会主义所有制的传统理论，把公有制归结为全民所有制和集体所有制两种形式，否认公有制形式的多样性，这是一种把所有制形式凝固化的形而上学的观点。刘诗白根据我国近年来多种经营形式和经济联合组织的发展，以及社会主义公有制在相互渗透、交叉和结合中出现的形式的多样化，从理论上细致地分析了社会主义公有制形式的多样化问题。他认为，社会主义公有制不仅有社会主义全民所有制，也有社会主义集体所有制，此外还有社会主义联合所有制。而公有制的上述三种类型中又存在着各种具体形式和亚种，如就联合所有制来说，它存在“全民 + 集体”、“全民 + 集体 + 个体”、“集体 + 集体”、“集体 + 个体”等多种形式。而且就全民所有制来说，也存在许多各种特色的具体形式，如在经营形式上，有国有国营、国

① 刘诗白．试论经济改革与社会主义全民所有制的完善［J］．经济研究，1979（2）．

有企业经营等等。[①] 他认为，研究社会主义所有制形式多样性问题的现实意义，就在于在社会主义经济建设中，国家要根据生产力的性质与状况，适当地调整各类所有制的关系，寻求和建立一个优化的所有制结构，使它们各显其能，促进社会生产力的发展。

此文载于：财经科学，1999（6）.

① 刘诗白．论社会主义所有制具体形式的多样性［J］．社会科学战线，1985（4）.

方法论在经济科学研究中的重要性

——读刘诗白著《社会主义经济理论探索》

傅红春 朱胜良

刘诗白教授的《社会主义经济理论探索》(下称《探索》)一书，已于1987年8月由西南财经大学出版社出版。该书汇集了他的论文共28篇，时间跨度正好是28年(1959—1986年)。在这期间，我国社会主义建设在曲折中发展，终于在党的十一届三中全会后走上了正确的道路。刘诗白教授从来是勤于笔耕，写了大量的论著，纵览《探索》，可以大致把握一个经济学家的学术思想脉搏，28年来是如何与时代的脉搏一起跳动的，看到一个理论工作者是怎样听从“不停顿发展的生产力的呼唤”①，在经济理论领域不懈地探索所留下的足迹。在《探索》中几乎篇篇都有经得起时间和实践检验的深邃见解，其内容涉及政治经济学的研究对象、社会再生产、商品经济、

① 刘诗白．社会主义经济理论探索［M］．成都：西南财经大学出版社，1987：1．

经济运行机制、物质利益、经济效果、经济规律、农业经济、地区经济、企业体制等方面。其中不少观点引起了国内外学者的注意和赞赏，可以说是为经济学增添了一份思想财富。《探索》只是刘诗白教授累累学术硕果中的一族。本文不准备详尽地介绍《探索》中 28 篇文章的全部学术思想，只是从方法论的角度述评《探索》一书对经济科学的贡献。

一、区分政治经济学的对象范围和研究范围的方法

政治经济学，尤其是社会主义部分的研究对象，理论界历来有争论。如果说 20 世纪二三十年代的争论关系到社会主义政治经济学的诞生，那么以后的争论则关系到它如何为现实服务朝什么方向发展。刘诗白教授研究和解决这一问题的观点和方法，集中体现在《探索》的《论马克思列宁主义政治经济学的对象》和《再论马克思主义政治经济学的对象》两文中。他明确地提出应该把政治经济学的研究范围和对象范围区别开来。

科学的对象范围是科学所要反映、认识和探究其规律的客观存在的特定领域。由于客观现象和事物具有质的区别性和相对独立性，从而决定了各门科学的对象的区别性与排它性。同时，由于客观现象与事物又具有普遍联系性，决定了各门科学不能将作为其对象的特定领域孤立起来，与外界绝缘地进行研究。因而，任何一门科学的研究过程不仅要探索属于其对象范围事物的规律性，而且为达此目的，对于某些不属于其对象范围，却与它密切联系、相互制约的现象与事物，也要加以考察

和探究。任何科学的研究范围，除了由作为其唯一主体的对象范围，还要以与这对象范围有密切关联的诸现象与事物作为必要的组成部分。当然，对于研究范围中所要包括某些对象范围以外的现象和事物，只是属于用来完满地阐明对象范围事物的规律性所必要涉及的从属性的领域，对于后一领域的规律性的揭示，不是这门科学的任务。

基于这种认识，刘诗白教授认为马克思主义政治经济学的对象范围是社会生产关系，研究范围则还要包括生产力和上层建筑的某些方面，政治经济学是从生产力与生产关系的矛盾、经济基础与上层建筑的矛盾着眼来研究生产关系的发展规律。但是，生产力和上层建筑不是政治经济学的研究对象，揭示它们的规律性不是政治经济学的任务。

这种区分对象范围和研究范围的方法，具有重要的科学意义，也是科学发展中的本来情况。早期科学的发展，有一种“简化”的趋势，对象划分很细，学科间“老死不相往来”，“隔行如隔山”。现代科学则出现“泛化”的趋势，即学科间的交叉、融合。但是，“泛化”并不是对“简化”的全盘否定，而是在“简化”的基础上，在方法论上的突破。对象仍然是“简化”的，但方法却可“泛化”。

对政治经济学的对象范围和研究范围的区分，有助于坚持和发展马克思主义政治经济学。因为社会主义经济建设的发展，使一些人误认为政治经济学的对象应是生产力。这就有意无意地否定了马克思主义政治经济学这门科学（或者说只承认它是适用于资本主义社会的科学，对社会主义不适用）。社会主义条件下，生产关系的研究仍然是十分重要的。比如，经济体制改革，实质上涉及社会主义生产关系的具体形式，涉及人们之间的相互关系。可见，在社会主义条件下，政治经济学仍然要采用通过物的关系的研究、来揭示人们相互之间的关系的方法，只不过这种研究要在范围上拓宽，要把视野扩展到一切可以影响到生产关系的各种事物和更广阔的领域。这种关于区分对象范围和研究范围的论点，体现了和运用了唯物辩证法关于事物的差别性和联系性、矛盾和统一、一般和特殊以及扬弃等范畴，从而是政治经济学研究的正确方法。

二、区分社会主义社会不同发展阶段的方法

区分社会主义的不同发展阶段，是坚持社会主义道路，坚持改革，实事求是，根据中国国情充分发挥社会主义制度优越性所必须的。认识社会主义不同阶段的差别，具有重要的科学和实践意义。关于“社会主义初级阶段”的讨论现在十分活跃。党的文件提出这一概念最早是 1981 年的《关于建国以来党的若干历史问题的决议》。刘诗白教授在 1979 年《论发展社会主义商品经济与利用市场》一文中，对这个问题有所论述。他写道：我国是从一个经济落后的国家走上社会主义道路的，在生产资料所有制的社会主义改造取得基本胜利以后，还处在不发达或不完全的社会主义阶段。社会主义生产方式这一初始阶段的一个重要特征是还存在广泛的商品经济。

刘诗白教授这种将社会主义不同发展阶段区分开来的方法，使他对于近年来的中国经济体制改革具有较早、较自觉、较准确的认识。早在 1962 年他就强调了社会主义社会中的商

品生产和价值规律的作用。1979年，他在文章中写道，要加快现代化的步伐，必须大力发展社会主义商品经济。他认为，必须承认社会主义物质利益在根本上一致的同时，存在着差别和矛盾，必须承认企业是相对独立的商品生产者和经营者。不发达社会主义阶段的生产具有普遍的商品生产的性质，这是社会主义的初始发展阶段所有制的性质所决定的。社会主义经济的商品性，要求在国民经济的计划管理中，在组织社会生产、交换、分配、消费中，必须遵循社会主义商品经济的客观规律。应大力发展与完善社会主义商品经济，利用社会主义市场，充分发挥商品交换对生产的积极促进作用。他特别批评了“恐商症”，指出“恐商症”在我国社会主义建设中曾长期存在，并在两个特别的时期格外猖獗。其病症是谈到商品经济就色变，见到商品经济就要“割尾巴”，把商品经济等同于资本主义，把社会主义等同于自然经济。患“恐商症”的人对自给自足的自然经济十分欣赏，即使它引起经济发展的停滞不前，也仍然墨守成规，安之若素。这种意识上的顽症是我国这样的由原先的半殖民地半封建社会走上社会主义道路的国家，从旧社会遗留下来的经济上、思想上的残余的必然表现。他在总结新中国成立以来，两度出现人为地破坏社会主义商品经济的经验教训时指出，在原先经济落后、小资产阶级占绝大比重的国家走上社会主义道路后，要十分注意克服旧社会遗留下来的封建主义和小生产的自然经济的思想与习惯势力，要与排拒社会主义商品经济的小资产阶级平均主义思潮作斗争，特别要警惕林彪、“四人帮”那样的阴谋家、野心家以极“左”面貌出现煽起恐商思潮来破坏社会主义经济建设。近几年的经济体制改革已经证明，刘诗白教授的见解是符合中国实际的。

在 1986 年的《论计划机制与市场机制的有机结合》一文中，刘诗白教授论述了社会主义、共产主义社会的计划机制是一个历史范畴。它的具体形式将在新社会的不同发展阶段表现出不同的特征。当前我们正处在社会主义社会的初级阶段，我们应该谈论的不是抽象的计划性和计划机制，而是社会主义商品经济的计划性和计划机制。这种计划性就不能不受商品经济的制约。商品经济所固有的市场作用要贯穿于整个计划机制——中央计划的制订，中央计划的组织实施落实到地方、企业，计划的修订、调整——之中。这样，社会主义经济运行的计划性就表现为，计划机制与市场机制的互相结合和互相渗透。这二重机制有机结合，意味着一方面有企业和个人从属于市场作用的自主活动，另一方面又有国民经济全局的基本比例的协调，既有商品生产者生气勃勃的、独立的经营活动，又有宏观经济的大体按比例地、有秩序地运行。固然，发挥市场机制的调节作用和实现计划机制的要求之间总是存在着矛盾，但是这一矛盾并不具有对抗性，完全可以通过经济体制的改革，借助于一种完善的商品经济体制的新机制，把充分发挥市场机制的调节作用，同有效地发挥计划机制的作用，增强国家的间接调控力统一起来。

三、区分再生产类型的一般标志和特殊标志的方法

再生产理论是经济科学的一个重要理论。中外学术界对之进行了广泛、持久、热烈的讨论。刘诗白教授的方法和观点是

颇具特色、颇具科学价值的。1962年的《关于简单再生产和扩大再生产的几个问题的探讨》一文提出，社会生产过程，不论它是在哪一种社会形态下，总会以一定数量的产品或使用价值作为其结果。不论对于哪个社会形态，如果某一年的生产较之上年度提供了更多的总产品，那么这便是表明实现了扩大再生产；如果它提供与上年度同等的总产品，那么这便表明生产规模不变，只是简单再生产。正由于社会生产是以提供使用价值为一般的特征，因而决定了作为生产的结果的使用价值的数量，乃是区分简单再生产与扩大再生产的一般尺度。

在各个不同的社会形态下，生产的目的与社会内容不同，因而各种不同社会形态的再生产也就具有不同的目的、形式和特征。同样地，在各个不同社会的再生产中，测度生产规模大小与划分简单再生产和扩大再生产的一般尺度必然会有一定社会历史的形式与特点。就前资本主义诸社会形态来说，由于自然经济占据统治地位，测度生产规模与区分简单再生产和扩大再生产的一般尺度与社会尺度是相一致的。

在资本主义社会，再生产的实质是社会资本价值的再生产。对于旨在无止境地追求剩余价值的资本家来说，即使生产的使用价位增大，但如果没有垫支资本价值的增值，也是没有意义的事。因此，对于资本主义社会，测度生产规模从而划分简单与扩大再生产的一般尺度与社会历史尺度发生背离，不再是使用价值而必然是资本价值。

在社会主义社会，生产目的是为了最充分地满足全体社会成员不断增长的生活需要，因而在社会主义经济中使用价值具有特殊重要的意义。社会主义再生产的实质，主要不是为谋求价值的增值，而是为了使用价值的扩大，是为了真正意义的国民财富的最迅速增长。因此，在测度生产规模及区分简单和扩大再生产时，要以使用价值作为尺度，但是由于社会总产品具有价值形式，因此还必须运用价值作为尺度。

刘诗白教授还对宏观的再生产与微观的再生产作了区分，提出了“社会再生产”与“个别生产单位再生产”这两个范畴。他指出，作为总体的社会再生产，正是那些互相联系、互为条件的个别生产单位再生产的有机总合。没有个别生产单位的再生产，便不可能有作为总体的社会再生产。个别生产单位的再生产是反映再生产的实在关系的范畴。

在任何时候，社会再生产都会有简单再生产与扩大再生产的并存与交错运动。宏观上是扩大再生产，会有微观的简单再生产，反之亦然。个别生产单位再生产的状况，会影响其他生产单位，激起连锁反应。社公再生产的类型是由占主导地位的个别生产单位的再生产类型所决定的。

刘诗白教授在 1963 年的《试论社会主义农业扩大再生产的形式》一文中，对不同产业的再生产类型也作了精辟的划分。他指出，农业再生产的特点是社会劳动过程与作为农业劳动对象的有生命的动植物的自然生产过程的统一，这与工业生产过程基本上是单一的社会劳动过程有所不同。制约农业再生产扩大规模，一是技术条件，二是动植物的生长与产量的固有自然界限及固有的生产周期。由于这种特点，刘诗白教授提出了几个新的概念，以说明社会技术条件与自然条件对农业再生产的不同影响。农业扩大再生产的实现形态，分为超出常规的表现，一般常规的表现，低于常规的表现。农业扩大再生产未获得实现的形态，表现为简单再生或萎缩的再生产。此外，还有扩大的外观的简单再生产，萎缩的外观的简单再生产，等等。

四、多学科交叉的方法

经济科学的研究，需要运用其他学科的理论和方法，以此作为经济科学描述或探索的借鉴。阅读马克思主义经典著作，会看到大量的这种例子。目前中国的经济学界，有相当数量的学者对其他学科不了解，不感兴趣，从而影响了对本专业的深入研究。刘诗白教授对于其他学科的兴趣广泛，应用恰当，拓展了学术视野，也增强了论文的魅力和说服力。在《探索》这部著作中，我们可以看到诗白教授许多运用其他学科的例子，如涉及哲学、美学、文学、工艺学、气象学、地质学、天文学、生物学等等。

五、注重务实的方法

经济科学是最重要的社会科学，也是与经济社会发展关系最密切的科学。作为一位经济学家，刘诗白教授没有把自己关在象牙塔里，而是对实际的经济运行表现了极大的关注。比如他对于企业自负盈亏的研究，对于我国苏南式、温州经济格局等的研究，对于民族地区经济的研究等等，都表现了他作为一个经济学家对社会的责任感。

我们这篇短文仅从方法论角度，谈些读《探索》一书的肤浅体会。我们深信，每一个读者都将得到比我们远为广泛深刻的收获，都可以从中吸取思想营养，从而有助于提高自己的理论素养、思想水平、研究和解决实际问题的能力。

此文载于：财经科学，1987（6）.

社会主义所有制研究的新进展

——读《社会主义所有制研究》的体会

丁任重

多年来，刘诗白教授潜心研究社会主义经济理论，而所有制问题，又是他涉猎较多的一个领域。在这个理论领域中，他发表了许多论文，从不同的侧面对社会主义所有制问题进行了分析论述。在最近由上海人民出版社出版的《社会主义所有制研究》这本书中，他概括了自己以往的理论观点，对社会主义所有制问题进行了系统的考察和阐述。他所论述的“不完全的全民所有制”这一命题，可以说是我国所有制理论研究中的一个新的进展。

早在1978年中国社会科学院经济研究所召开的一次理论座谈会上，刘诗白教授就提出，过去我们把国营企业按照马克思和恩格斯所设想的完全的单一的全民所有制模式来加以管理，其结果是抑制了企业的生产积极性和主动性，阻碍了社会生产力的发展。他提出了我国现阶段的社会主义全民所有制应该是“不完全的”这一观点。

在《经济研究》1979 年第 2 期上发表的《试论经济改革与社会主义全民所有制的完善》一文中，刘诗白教授又提出了“不完全全民所有制”的概念。他认为，社会主义全民所有制是不完整的全民所有制。这表现为：尽管全民所有制的国营企业生产资料属于全民所有，但企业产品却不是归全民完全地占有，而是存在着企业的局部占有。企业活动不是体现完整的全民利益，而是体现有部分的企业局部利益，企业劳动者不是完全从全民所有的统一社会基金中取得收入，还要从归企业占有与支配的企业基金中取得一部分补充收入。简单地说，生产资料的全民所有关系与产品的企业局部占有关系是社会主义全民所有制不完整的基本特点。这种情况是决定于下述因素：第一，我国当前社会生产力水平还较低，生产资料社会化和劳动过程社会化的程度不齐，这就决定了全民所有制企业还不能立即实现完全的公有化；第二，社会主义按劳分配规律要求把企业的经营成果与劳动报酬联系起来，这就存在社会主义全民所有制企业在利润留成形式下占有自身创造的一部分产品、享有一定的收益分配权的客观必然性；第三，社会主义物质利益规律要求对经济效果大小不同的企业实行有奖有罚，承认企业经济利益的差别，这也要求企业有一定的产品占有权与收益分配权。

“不完全全民所有制”概念的提出，是基于唯物辩证法的发展观和社会主义现阶段的客观现实。刘诗白教授认为，人类历史上任何一种所有制形式都不是一旦出现就具有成熟、完整的形式，而是要适应生产力的发展，逐步地由不完整的形式变为完整的形式，由不成熟变为成熟。马克思主义经典作家在他们的著作中，将唯物辩证法的发展观用于考察历史上的所有制形式，深刻揭示了所有制产生、成熟和向更高级所有制转变的规律。这个基本原理对社会主义全民所有制也是适用的。随着社会主义社会生产力的不断发展，社会主义全民所有制会有一个由低级阶段发展到高级阶段，并在将来转化为共产主义的全民所有制的过程。很显然，在社会主义的初始阶段，还不可能出现完整的、成熟的全民所有制，它只有在共产主义社会才能成为现实。“不完全的全民所有制”概念的提出，也是基于对现阶段全民所有制占有关系的分析。刘诗白教授不同意有些同志把所有制看作是一个法权概念的观点，他认为所有制不仅是一种法权关系，而首先是一种经济占有关系。从经济占有关系来分析，现阶段的全民占有关系还不是纯粹的占有，它包含有产品的企业局部占有的因素与痕迹。这是因为全民所有制企业的劳动者，一方面是从社会公有的统一的消费基金中，按全社会范围内的统一的标准取得劳动报酬；另一方面还要从归企业占用与支配的企业奖励基金中取得一部分补充劳动报酬。在现阶段，企业的奖励基金实际上包括两个因素：一是来自企业劳动者付出了超额劳动的部分，如由职工加班或增加劳动强度而增加的利润留成和职工奖励基金。来自这一方面的补充劳动报酬体现了按劳分配。二是来自企业占用生产资料（包括物质技术条件、自然条件、经济条件）的差别。在实行全面的经济核算制和价值规律发生作用的条件下，生产资料占有上处于有利条件的企业就会实现一个超出平均水准的超额利润，或企业级差收入。在完全的全民所有制条件下，这种由生产资料的有利条件而带来的级差收入应该全部收归国家使用。但是在现阶段，为了贯彻企业物质利益原则，进一步鼓励企业加强经营管理，更好地发挥设备的效率，加速设备的改造与更新，充分利用资源和地理条件以大大提高经济效益，可以允许企业留用少许级差收益，使之列入企业的自有资金之中，用于劳动者的补充劳动报酬。这种企业和职工对级差收入的分配、占用和占有的关系表明，全民所有制企业除了产品主要地归全社会占有而外，还存在企业对产品的局部占有因素，现阶段的全民所有制企业的经济活动还未能体现完全的、无差别的全民利益。归根到底，这种占有关系表明生产资料的全社会占有的不完全和不彻底。①

“不完全的全民所有制”概念的提出，富有现实意义。根据这一理论，刘诗白教授对经济体制改革提出了一些独到的见解。

第一，不完全的全民所有制与经济改革的实质。在 1979 年，学术界开始讨论扩大企业自主权，进行经济改革的初期，刘诗白教授较早提出了全民所有制企业经济改革实质上是所有制关系的调整这一观点。他认为，我国所实行的维护企业经济利益，扩大企业职权的各种措施，实质上是关系到所有制关系的调整，它归根到底是社会主义全民所有制的进一步发展和完善。只有从全民所有制的完善的理论高度来认识当前的企业改革，我们才能清楚地认识当前企业经营管理体制与方法的改革

---

① 刘诗白. 社会主义所有制研究 [M]. 上海: 上海人民出版社, 1985: 94 - 95.

的性质，才能认识到这一系列的改革绝不是什么就事论事的局部措施，而是一场深刻的生产关系的变革。同时，只有从所有制的高度来认识，人们才能有更加清醒的头脑去指导我们当前的企业经营管理的改革。①

第二，不完全的全民所有制与自负盈亏。1978 年，四川省在全国率先开始了城市经济体制改革的试点。随着经济体制改革的进行，实践中提出了自负盈亏问题。关于国营企业是否可以实行自负盈亏，理论界的认识是不一致的，有的同志认为可行，有的同志则从根本上予以否定。自负盈亏是否与全民所有制不相容？刘诗白教授认为，实行自负盈亏的经济管理形式，不仅不是与社会主义全民所有制不相容，而且是充分适应了不成熟的社会主义全民所有制的要求的。实行独立核算，自负盈亏，通过税金形式使企业劳动成果归全民占有，由国家统一安排；另一方面，又通过企业独立支配自有资金，将一部分劳动成果用于职工的补充劳动报酬与增加职工的福利，从而有效地实现企业对产品的局部占有。这一经营管理方式保证了企业的所有制关系，最恰当地适应了现阶段社会主义全民所有制的性质。②

第三，不完全的全民所有制与社会主义商品经济。要说明社会主义经济的商品性，其难点是说明全民所有制经济内部的商品性。长期以来，这是社会主义政治经济学中的一大难题。

---

① 刘诗白．试论经济改革与社会主义全民所有制的完善［J］．经济研究，1979（2）．

② 刘诗白．论社会主义全民所有制企业的自负盈亏［J］．经济科学，1981（1）．

刘诗白教授不同意学术界解释这个问题的某些观点，如社会分工论、核算工具论、物质利益论等等，认为必须从经典作家关于商品经济关系是一定的所有制关系的体现的原理，从所有制上入手来揭示全民所有制企业生产的商品性。在社会主义初始期的不成熟的全民所有制中，产品分配上存在着企业局部占有的痕迹与因素，企业还有自身的局部利益，这表现在企业之间在相互交换产品时，不能将它的产品无偿地让渡给对方，而要计较和考虑生产中的劳动耗费是否能得到补偿，要关心企业的合理利益。这种利益关系，决定了各个企业要以相对独立的经营主体的身分来互相交换劳动，这是全民所有制生产的商品性的根源，产品的等价交换正是不完全的全民所有制关系在交换中的实现。[①]

此文载于：财经科学，1986（3）.

---

① 刘诗白．社会主义商品生产若干问题研究［M］．成都：四川人民出版社，1983：28－29．

二、纪念导师从教 65 周年部分

德艺双馨　著述等身　桃李满天下

——庆贺刘诗白教授从教 65 周年

谢　平

65 年很长，人生总不会有几个 65 年；65 年很短，刘诗白教授 65 年如一日，指引着一批又一批的青年学子走向成功的彼岸。

“六十五载遍洒桃李芬芳”，刘老师培养的学生大多从事经济理论研究与实践，不少人早已成为各自领域内的佼佼者和国家的栋梁。自 1946 年步人教师岗位至今，65 年来，刘老师教书育人，兢兢业业，勤奋笔耕，成就斐然。

刘老师是我国著名的经济学家，一直致力于经济学研究，在社会主义所有制理论、市场经济理论、产权理论、现代财富论、银行企业化改革和金融体制改革等领域进行了大量卓有成效的研究。对社会主义经济学理论发展做出了突出贡献，更对社会主义市场经济体制的构建和完善起到了积极作用。特别是改革开放以来，经过不断总结、反思，他更加重视将马克思主义理论与当代中国的具体实践相结合，并致力于经济理论的创新。他的著作大多收录于《刘诗白文集》（十卷）、《刘诗白经济文选》和《现代财富论》等论著中。

1981 年，我以同等学力的身份参加了全国硕士学位入学考试，报考了四川财经学院（即现在的西南财经大学）。之前是知青的我，在温州造船厂工作，因对经济学颇感兴趣，自学了大学数学、英语、经济学等课程。报考前，我并不认识刘老师，只是在许涤新主编的那部《政治经济学辞典》中看到很多词条的作者是刘老师。在招生简章中，又看到了老师的大名，于是查阅老师的文章并认真拜读。由此，对老师的经济学造诣更加敬仰，于是乎欣然报名。经过认真复习，我顺利通过了笔试，因为温州与成都路途较远，老师并没有要求我去面试，而是看了我的报考资料后便直接录取了我，是刘老师将我引入了经济领域大门，是刘老师第一个发现和发掘了我的经济学潜力。

刘老师不但治学严谨、学识渊博，而且襟怀洒脱，对学生既严格要求又关怀备至。攻读硕士期间，刘老师给我以悉心指导，抽丝剥茧、细细点拨，让初涉经济学的我领略到了这门学科的博大精深。在老师的教导下，我系统地学习了古典经济学、马克思主义经济学和现代经济学。老师教导我要打好基础：一是要多读经典原著；二是要加强数学、英语这两门基础性学科的学习；三是要关注当下的改革动向和进展，并运用已有理论知识对之进行分析。有这“三把剑”在手，我提高了学习效率，少走了很多弯路，取得了很好的学习效果。

刘老师在社会主义调控体系改革等方面的很多具开创性的

观点，给予了我诸多启发。在他的指导下，我的硕士论文选择了该主题，文章涉及计划经济与市场经济的争议，这在当时很有新意。老师认为在坚持计划调节生产的基本制度与基本方法的同时，也不能忽视市场调节的辅助作用。社会主义的计划调节的具体方式，必须与现实的社会主义经济的发展程度、性质、状况相适应，我国过去计划管理体制的一项缺陷就是追求单一的指令性计划，不重视或排斥指导性计划，这是“统得过多”、“管得过死”的另一表现。总之，老师强调计划体制与市场机制的有机结合，并重视市场机制对我国经济的调节作用。

作为刘老师招收的第一批硕士研究生，我幸运地从老师的为人与治学中学到了许多受用终生的宝贵财富。老师引领我走进经济学研究的殿堂，为我以后从事经济和金融改革工作奠定了基础。如果不是老师的提携与点拨，也许今天的我会在温州从商，也就不会有机会参与20世纪90年代以来国家的众多金融体制改革工作，更不会有机会为之贡献自己的智慧和力量。

我参与的各项金融改革工作都受到老师思想的启发，尤其是老师关于银行企业化改革思想，对我影响尤为重大。老师在1985年提出了银行企业改革的思想，在《试论中国金融体制的改革》一文中指出：“金融体制改革的中心课题是实行专业银行和其他金融机构的企业化”，而“银行的企业化是商品经济中银行的本性所决定的，它是把银行办成拥有旺盛活力的真正的社会主义银行的关键”。在这一领域，老师显然走在了前面，第一个主张根据现代产权理论中资金所有权和使用权相分离的原则赋予基层银行以资金占用权，主张将法人产权机制引入商业银行，使之成为拥有独立法人财产的现代银行。这一观点在当时的学术界罕有论及，充分体现了一个经济学家的先知和睿智。2003 年以来，我参与了国有大型商业银行股份制改革，坚持国有银行改革的核心是完善公司治理机制、实现市场化运作，强调明确股东的权利和责任，强化信息披露要求和市场监督评价等等。这些改革主张都受到了刘老师深刻思想的影响。

如今，刘老师虽然年事已高，仍笔耕不辍，关心国家经济建设。历时七年于 2005 年完成的《现代财富论》，为中国理论经济学的发展开拓了新的视野，填补了理论研究的空白，对经济学理论建设作出了重大贡献，被誉为“立足于高科技时代的新国富论”。该书被《中国学术年鉴》选编入“2005 年度经济学科优秀著作”，获“2006 年四川省哲学社会科学一等奖”。2008 美国金融危机爆发以来，老师又对其进行了深入研究，于 2010 年在《经济学动态》杂志上发表了《论过度金融化与美国的金融危机》一文，对这场席卷全球的金融危机提出了他独特的见解。老师认为，金融垄断资本推动的经济过度金融化与虚拟化，使美国金融机构畸化和金融体系风险增大，并导致这场空前严重的金融危机的爆发，在经济全球化的背景和机制下，很快又引发和演变为世界各国无一幸免的国际金融危机，其根本原因仍然是实体经济中不断扩张的生产能力与内生需求不足的矛盾。老师的该论断对我们正确认识和处理实体经济与虚拟经济、金融创新与金融监管、金融开放与金融安全，无疑具有深刻的理论指导价值。

党的十七届五中全会成功召开，通过了《关于制定国民经济和社会发展第十二个五年规划的建议》，刘老师又积极撰文，认为在“十二五”我国加快转变经济发展方式的攻坚时期，我们要进一步深化“科学技术是第一生产力”的理论认识，采取切实有效的政策措施，在各行各业大力开展科技创新，促进产业升级，优化产业结构。

窃闻“天地阅览室，万物皆书本”，和蔼的刘老师就在我们身边，他是一部活书，是我们做人做事的楷模。刘老师严谨的治学态度、兼容并包的学术精神、高度的社会责任感和高尚的人格操守，为每一位学生做出了表率。老师已年届耄耋，在老师从教65周年之际，我由衷地祝愿刘老师：健康长寿、学术之树常青！

从社会主义商品经济到社会主义市场经济

——刘诗白教授对我国经济体制改革的一大贡献

丁任重　张素芳

我国的经济体制改革，是将高度集中的计划经济体制改革为社会主义市场经济体制。作出从计划经济体制改革为市场经济体制的决策，除了党和政府的英明外，人民群众的改革实践和老一辈社会科学家，特别是老一辈经济学家的贡献不可磨灭。从理论认识方面而言，老一辈经济学家对我国商品经济、市场经济的理论探讨和正确见解，对于推进市场化取向的改革实践和建立社会主义市场经济体制的正确决策，起到了先导的作用。著名经济学家刘诗白教授，就是老一辈经济学家中卓有建树的佼佼者，他的社会主义商品经济理论和社会主义市场经济理论，是他对我国的经济体制改革和政治经济学理论创新的重大贡献之一。

一、改革初期社会主义商品经济和市场调节的理论

正如江泽民同志在中国共产党第十四次全国代表大会上的报告中所指出："我国经济体制改革确定什么样的目标模式，是关系整个社会主义现代化建设全局的一个重大问题。这个问题的核心，是正确认识和处理计划与市场的关系。"[①] 对于经济学家来说，20 世纪 70 年代末到 80 年代期间对于计划与市场的关系的认识，决定着他（她）对经济体制改革目标模式的确定有无贡献和贡献大小。

刘诗白教授以其深厚坚实的理论学养和科学态度，在改革开放初期，在对社会主义商品经济的研究中，就提出了"发展和完善社会主义商品经济，必须充分利用社会主义市场的积极作用"的见解。

刘诗白教授在发表于《社会科学研究》1979 年第 2 期的《论发展社会主义商品经济与利用市场》[②] 一文中，开宗明义就指出："社会主义初始阶段的一个重要特征是还存在广泛的商品经济。这是因为，由于存在社会主义公有制的两种形式，它们之间在根本利益上是一致的，但也还存在着经济利益不同的矛盾，从而决定了公有制两种形式之间的劳动交换，要通过商品交换来进行；社会主义集体所有制企业间存在着集体利益

① 中共中央文献研究室．十四大以来重要文献选编［M］．上册．北京：人民出版社，1996：17－18．

② 刘诗白．刘诗白文集：第 5 卷［M］．成都：西南财经大学出版社，1999：1－12．

不同的矛盾，因而它们之间的劳动交换也要实行商品交换；城乡间都还存在少量的个体所有制（包括集体农民的自留地、家庭副业与某些城市居民的个体经营）以及由此决定的商品生产。此外，全民所有制的消费品生产也是商品生产，而且全民所有制之间进行交换的生产资料的生产，同样带有商品生产的性质。”这样，他就把各种所有制之间产品的生产和交换，都归属于商品性质。他批评了我国自 50 年代以来承袭苏联的极大地束缚了社会主义商品经济发展和完善的经济管理体制：“这种经济向实物化的自然经济逆转，与现代社会化大生产发展的方向是背道而驰的，它必然抑阻和破坏我国社会生产力的发展。”他指出，斯大林在《苏联社会主义经济问题》一书中，将商品限于全民所有制与集体所有制间交换的产品，以及国家和职工间交换的消费品领域，认为全民所有制企业间交换的产品，只保留商品的外壳，实质上不是商品，这一认识是“斯大林在社会主义商品理论上的不彻底，导致了在国民经济管理体制中实行过度的中央集权，使全民所有制企业以及集体所有制企业缺乏从事商品经济生产的必要权力，妨碍了社会主义商品经济关系的发展和完善。”他提出：“在组织社会生产、交换、分配、消费中，必须遵循社会主义商品经济的客观规律，大力发展与完善社会主义商品经济，充分发挥商品交换对生产的积极促进作用。”他还强调指出：“为了加快我国四个现代化的步伐，我们必须大力发展和完善社会主义商品经济，及时纠正和克服经济实物化和自给自足化的倾向。经济理论的一项重要任务就是要深刻研究社会主义生产方式不发达阶段的特征，对社会主义商品生产存在的原因予以马克思主义的科学阐明，要结合我国半殖民地半封建社会商品经济不发达的具体条件，深刻阐明发展社会主义商品经济对发展我国社会主义经济建设，实现四个现代化的重要作用。”刘诗白教授的这些发展和完善社会主义商品经济的见解，在改革刚刚启动之时，无疑是先知先觉，具有发聋振聩之作用。

刘诗白教授在这一文章中，充分肯定了市场的作用。他指出：“在当前发展和完善社会主义商品经济中，最关键的是要充分发挥和利用社会主义市场的积极作用。”他说：“在社会主义经济中，市场是客观存在的。市场是商品交换的总和。它是商品生产的产物，是商品经济的必要组成部分和不可缺少的内容。”“在社会主义制度下，市场流通仍然是社会主义再生产的必要环节和积极反作用于生产的经济杠杆。社会主义市场的完善，必然会有力地促进社会主义生产的发展。”他指出：“在社会主义制度下，市场流通仍然是社会主义再生产的必要环节和积极反作用于生产的经济杠杆。社会主义市场的完善，必然会有力地促进社会主义生产的发展。”这样，刘诗白教授就在主张大力发展与完善社会主义商品经济的基础上，进一步阐明和论证了必须充分发挥市场交换对商品生产的积极促进作用的观点。

1979 年 4 月，刘诗白教授在为无锡举行的关于价值规律作用问题讨论会而写的《试论社会主义计划管理与利用市场机制》[①]一文中，指出了现行的计划管理体制的缺陷，提出对其改革，不能只是就事论事地修修补补，不能仅限于国家、企业间权限与利益的调整和局部管理方法的改变，而应该是对国民经济管理体制进行重大的改革，把集中的计划管理与利用市场经济机制结合起来。他阐明了社会主义经济仍然具有市场经济性质，全民所有制企业之间的经济关系也具有一定的市场经济性质，要把国家集中的计划管理和利用一定范围与限度的市场经济机制结合起来的观点。他提出："在社会主义计划经济中，我们必须将运用行政方法与经济方法结合起来，并主要地依靠经济手段。这就要求我们把计划管理置于社会主义商品经济及其固有的经济规律作用之上，自觉地利用价值规律，注意运用一定范围内的市场机制。这样的计划管理才是符合现阶段社会主义生产性质与特点的科学的计划管理方法。"刘诗白教授的这些见解，较早提出了社会主义经济仍然具有市场经济性质，触及到了经济体制改革的核心问题，对于改革取向市场化，有着积极的促进作用。

1981年初，刘诗白教授写作了《社会主义商品经济若干问题研究》一书[②]。他分析了我国全民所有制的不完全、不成熟，指出全民所有制企业的生产除体现社会共同利益而外，还在一定程度上存在各自的特殊的局部利益，因而不仅集体所有

① 刘诗白．试论社会主义计划管理与利用市场机制［M］//社会主义经济中计划与市场关系（上册）．北京：中国社会科学出版社，1980；刘诗白．刘诗白文集：第7卷［M］．成都：西南财经大学出版社，1999：1－18．

② 刘诗白．社会主义商品经济若干问题研究［M］．成都:四川人民出版社，1983；刘诗白．刘诗白文集：第5卷［M］．成都：西南财经大学出版社，1999：119－409．

制企业的生产，而且全民所有制企业的生产，都具有商品性，企业之间的产品交换，都必须实行商品交换。这是社会主义制度下商品经济存在的原因，并且社会主义商品生产的存在是长期性的。他研究了社会主义商品关系的特点，指出社会主义的商品经济是特殊的、崭新的商品经济，是以生产资料社会主义公有制为基础、不存在人对人剥削的商品经济，是以满足社会全体成员的不断增长的物质与文化生活需要为目的的商品关系，是社会主义国家管理与调节下的有计划的商品关系。他论述了社会化大生产和经济联合化是社会主义商品经济发展的形式与途径。他阐明了社会主义制度下的价值规律的客观作用及其调节机理，指出："价值规律是商品生产的客观规律。""在社会主义商品生产条件下，价值规律仍然起着重要的作用。社会主义国家为了充分发挥计划调节器的作用，就要在运用直接的计划机制同时，还必须自觉利用价值规律的作用。"他提出并分析论证了在社会主义商品生产中价值规律通过三种方式发生作用：一是在实行直接的计划调节领域内，作为保证实现计划调节的工具；二是在实行间接的计划调节领域内，在国家直接计划机制下发挥辅助调节器的作用；三是在某些局部领域中以主要调节器形式而自发起作用。这些论点和论述，全面、深刻而独到，具有理论的说服力。

自1978年实行改革开放到1984年10月以前，我国经济学界争论最为激烈的是社会主义是否存在商品生产、计划调节与市场调节的关系、价值规律的作用等问题。受传统经济理论的束缚，计划经济被当做社会主义的本质特征，强调计划经济而否定商品经济和限制价值规律作用的传统观点成为意识形态的主流。是刘诗白教授这样的敢于解放思想的老一辈经济学家，提出和论证了我国社会的商品经济关系、市场机制的调节作用和自觉运用价值规律的理论，推动中共十二届三中全会通过的《中共中央关于经济体制改革的决定》，明确肯定了“社会主义计划经济必须自觉依据和运用价值规律，是在公有制基础上的有计划的商品经济”①，此后我国的经济体制改革逐步进入全面市场化的新的发展阶段。刘诗白教授的社会主义商品经济和市场调节、自觉运用价值规律的观点，对于初期的改革冲破计划经济而向市场化发展，作出了理论贡献。

二、从有计划商品经济到社会主义市场经济

1984 年 10 月中共十二届三中全会提出“有计划的商品经济”以后，对于计划与市场的关系的争论，仍然没有停止。有人强调有计划以固守计划经济为前提，有人强调商品经济而以市场关系和市场调节为基础。刘诗白教授属于后者。他在此后关于计划与市场关系的一系列研究和文章中，强调计划体制与市场机制的有机结合，并着重研究了市场机制对我国经济的调节作用。

刘诗白教授在《经济纵横》1987 年第 3 期发表的《论计划体制与市场机制的有机结合》② 一文中，首先指出：“如何

① 中共中央文献研究室．十二大以来重要文献选编（中）［M］．北京：人民出版社，1986：568．

② 刘诗白．刘诗白文集：第 5 卷［M］．成都：西南财经大学出版社，1999：19－41．

解决好计划与市场相结合，是我国经济体制改革的一项基本的、决定体制改革成败的课题。”对于“有计划的商品经济”，他认为，“社会主义是计划经济，它表现为：宏观经济在先定的计划指导下，在国家的调控下，大体上均衡地和有序地运行。社会主义经济是商品经济，经济的商品性（市场性）的主要表现是：微观经济从属于经常变动的市场力量，从而带有不确定性和一定的盲目性。具体地说，企业生产什么产品和生产多少，以及包括个人的经济行为在内的微观经济活动，表现为一个市场性变量”。他指出：“社会主义经济既然是商品经济，因此人们必须把社会主义经济的计划性和计划机制，放到商品经济的地基之上来加以考察。”“这种计划性就不能不受商品经济的制约。”“这是一种把计划化置于市场机制的基础之上的计划体制”。对于如何实现计划与市场的统一，他提出：“一是制订与社会主义商品经济相适应的科学的经济计划；二是探索和寻找一种能与社会主义商品经济相适应的能实现计划要求的调控方法和计划机制。”而计划的科学性，“在于适应社会主义商品经济的性质。计划主要地应该是指导性的，国家要借助于调整市场经济参数，来引导企业的活动，使之符合计划的要求”。他进一步提出：“为了真正实现计划与市场的结合，必须改革国家的调控方式，把直接调控为主转变为间接调控为主。”“间接调控，简言之，就是国家调控市场参数，市场参数影响企业（和个人）行为，其实质是把国家的计划指导、调节与管理，立足于市场机制的基础之上。”他指出：“把计划化置于市场机制作用的基础之上，这是计划管理方法的深刻变革，即由直接的、刚性的计划管理改变为间接的、柔性的计划指导与调节。”在间接调控下，市场机制成为微观活动的直接调节器，微观经济活动一般不再受到国家的指令性计划的干预，而是由市场参数来调节，企业拥有自主经营权。很明显，刘诗白教授对于计划与市场的关系，已经归结为：企业是拥有自主权的按照市场机制的客观调节进行微观活动的商品生产经营者，国家计划是从宏观上进行间接调控。刘诗白教授的见解，不仅与 1987 年 10 月中共十三大报告中提出的“国家调节市场，市场引导企业”的新的经济运行机制相符合，而且提出的是以企业的自主经营和市场调节基础上的国家计划的间接调控，显然又比“国家调节市场，市场引导企业”的说法，更明确了市场与计划、企业与国家之间的本源关系，这在理论上是一大进步。

为了充分发挥市场机制的作用，刘诗白教授在文中提出“必须建立完备的社会主义市场体系”。由于“社会主义也是十分发达的商品经济，它也需要有充分发展的、包括消费品、生产资料、劳动力、资金、信息等要素市场的社会主义市场体系。”“因为多样的生产要素的自由流动和市场化，是市场机制起作用的必要条件。”他论述了社会主义市场体系包括消费资料的商品化、生产资料的商品化、资金交换商品化、劳务市场和技术市场以及信息市场等。他指出：“建立起一个包括消费品市场、生产资料市场、金融市场、劳动力市场、科技市场、信息市场在内的完备的市场体系，实现各个生产要素的交换市场化，这是市场机制起作用的组织形式。”他提出：“为了有效地发挥市场机制的作用，必须大力形成统一的市场，加强市场发展的横向联系，打破阻碍经济流通中的部门封锁与地区封锁，形成一个开放的社会主义大市场，使各种基本产品，劳力，资金，技术等等要素能够在计划指导下充分流动。这是市场效应与市场机制比较充分地发生作用的条件。”在这里，刘诗白教授已经不是一般地提出市场调节，而是进一步提出以建立适应商品经济发展的市场体系以使市场调节充分地发挥作用，这就将市场调节作用的研究更为具体地推进了一大步。他说：“一个最佳的社会主义市场机制，应该是能够保证计划为主导但市场机制又能充分起调节作用的经济模式”，“这种经济模式可以称为与计划相结合的市场机制充分作用型，我国经济体制改革的主要任务就是要探索和建立这样与计划相结合的、市场机制充分起作用的经济模式”。

为了探索我国与计划相结合的、市场机制充分起作用的经济模式，刘诗白教授在1987年至1991年期间，陆续发表了《宏观调控与市场机制》、《社会主义经济调节机制》、《社会主义市场与市场调节机制》、《简论计划与市场相结合》、《论计划与市场相结合的经济调节机制与运行机制的构建》① 等文章。他在《社会主义市场与市场调节机制》一文中，运用马克思的政治经济学基本原理，阐述了市场一般和不同历史时期商品交换中市场的作用，以及社会主义市场的性质。在对市场机制的进一步研究中，他指出，交换当事人都要维护和实现各自的经济利益，因而都关心商品的价格，价格的变动，就对人们的市场交换行为直接起调节作用，从而引起供求关系的变

① 刘诗白．刘诗白文集：第5卷［M］．成都：西南财经大学出版社，1999：42－123．

化，进而又引起价格的变动，如此循环往复，构成商品经济的市场机制的基础。商品经济中的市场机制，具有市场活动的自动性、连锁性和回归性的特点。市场机制的作用，一是具有使生产从属于社会消费需要的功能；二是具有自动调节生产和消费，实现平衡社会总供给与总需求的功能；三是具有实现生产资源的经济合理分配的功能。他指出，生产和交换当事人的经济利益是市场机制充分发挥作用的基础，生产和交换当事人的独立经营是市场机制充分发挥作用的必要条件，竞争是市场机制发生作用的重要条件。他在《论计划与市场相结合的经济调节机制与运行机制的构建》一文中，进一步明确提出："为了构建起有计划商品经济的新体制，我们需要深入进行：（1）企业改革；（2）发育市场，形成统一的市场，发挥市场功能；（3）建立国家的经济调控体系。这是新体制的三项基本构架。"从这一构架和刘诗白教授对计划与市场关系的论述中，可以看出，他所主张的有计划的商品经济新体制，就是以企业的自主经营和市场机制的充分调节为基础而又不失国家有效宏观调控的商品经济体制。

在 1990 年代以前，我国经济理论界所说的"商品经济"，与 1990 年代以来所说的"市场经济"，实质上是同义语，只不过前者按照马克思的理论更注重研究经济关系，后者接受发达商品经济国家的现代说法更注重经济的市场运行。正是由于 1990 年代以前经济理论界对我国生产和交换的商品性质以及商品经济关系和市场机制作用的深入探讨和正确认识，推动了改革的市场化，因而 1992 年 10 月中共十四大确立了"建立社会主义市场经济体制"的改革目标。刘诗白教授所主张的以企业的自主经营和市场机制的充分调节为基础而又不失国家有效宏观调控的商品经济体制，其实就是社会主义市场经济体制。

刘诗白教授1992年7月26日在中国《资本论》学会年会上的题为《社会主义市场经济之我见》[①] 的发言中，明确地说："什么是市场经济？广义地说，市场经济就是商品经济，列宁对此早有论述。狭义地说，真正的市场经济，就是社会化大生产条件下的商品经济，是市场充分发育，表现为完备的市场体系，市场调节作用充分得到发挥的商品经济，是发达的商品经济。""社会主义市场经济概念内涵可以这样加以阐明：以公有制为基础的，实行有效的政府调控的，能充分发挥计划作用的市场经济。"他在发表于《经济学家》1992年第5期的《论社会主义市场经济》一文中提出，按照社会主义市场经济固有的内容与要求，要深化以下方面的改革：一是重塑社会主义市场经济的微观主体，进行企业改革，使国营企业、城镇大集体企业，甚至乡镇集体企业形成和拥有能适应市场而独立运作——自主经营、自行发展、自我调整——的机制；二是全面发育市场，强化市场机制，使它成为调节经济、配置资源的基本杠杆和主要力量；三是完善计划机制，搞好市场与计划的结合；四是搞好政府调控，转换政府职能，管好宏观，引导微观；五是大力构建市场规则，形成市场经济的运行秩序。

从刘诗白教授以上关于社会主义商品经济、有计划的商品经济和社会主义市场经济的理论观点中，可以看出，他的认识

① 刘诗白．刘诗白文集：第5卷［M］．成都：西南财经大学出版社，1999：133－149．

是一以贯之的。他以我国社会客观存在商品经济关系和必须充分发挥市场机制的调节作用为基本认识，提出了企业改革、微观市场主体构建、市场机制客观调节经济运行和在此基础上完善国家的宏观调控的系统理论，与我国经济体制改革的发展方向相一致，并且具有前瞻性和指导性。刘诗白教授对于我国经济体制改革目标模式确立的理论贡献，以其发表的文字载入了改革的史册。

三、理论创新源于求真务实的科学精神

刘诗白教授是我国著名理论经济学家，自 1940 年代后期至今从事理论经济学研究 60 余年，现仍笔耕不辍，致力于社会主义经济理论研究和政治经济学理论创新，著作等身，成果丰硕。特别是在改革开放以来的 30 多年间，他除了对于社会主义商品经济和市场经济以及改革开放提出了真知灼见外，还对社会主义社会所有制的多种形式以及公有制的具体实现形式、产权理论和国有企业产权改革、政治经济学基本理论、国际国内经济问题以及现代财富理论等，进行了成果卓然的深入研究，对于推进我国的改革开放和政治经济学学科建设，作出了理论贡献。刘诗白教授的理论创新和理论贡献，源于他深厚坚实的理论功底、渊博的学识和求真务实的科学精神。

刘诗白教授提出的社会主义商品经济理论和社会主义市场经济理论，源于他对马克思的政治经济学理论特别是《资本论》的掌握。马克思的《资本论》研究了资本主义生产方式以及和它相适应的生产关系和交换关系，创立了政治经济学的

科学体系。《资本论》从研究商品一般开始，揭示了以价值为客观内在联系的商品经济社会人们之间互相交换劳动的经济关系，进而在价值规律的基础上说明了特殊的资本主义商品生产方式和交换方式产生、发展以及必将为社会主义所取代的历史趋势。马克思揭示的商品经济普遍的、一般的内在联系和价值规律，是体现商品生产和商品交换的社会的经济关系和支配经济运行的基本规律，是指导研究我国社会经济关系和经济运行的基础理论。刘诗白教授正是由于具有深厚坚实的马克思政治经济学理论学养，掌握了马克思研究社会经济关系和经济运行的基本方法，所以对我国社会的商品经济和市场经济关系及其社会经济运行，提出了符合客观实际的理论认识，推进了我国市场化改革的发展。不仅如此，刘诗白教授一直坚持商品经济、市场经济基础上的国家宏观调控，这是以马克思的历史唯物主义的世界观和方法论为指导而得出的认识。这些，表明刘诗白教授是一位马克思主义经济学家。

刘诗白教授不仅是一位马克思主义经济学家，而且是一位以马克思的经济学基本原理研究中国社会实际经济问题的经济学家。马克思预断，建立在资本主义商品经济高度发展基础之上的社会主义社会，将消亡商品经济而实行完全的计划经济。过去传统的经济理论，不顾历史进程和社会条件，把马克思的预断当做教条而照搬，建立起了从上而下高度集中的计划经济体制，阻碍以至破坏了社会生产力的发展。刘诗白教授熟谙马克思哲学、经济学和科学社会主义原理，但不拘泥于个别结论。他说："科学的态度不是拘泥于经典作家的个别论断，而是完整地、准确地掌握马克思主义的科学体系。”① 他善于运用马克思主义的基本原理研究我国现实经济问题，解放思想，破除教条，求真务实，因而取得了理论的突破和创新。

如今，关于计划与市场关系的争论，早已销声匿迹；计划经济是社会主义的本质特征的教条，也不再有人坚持。也许今天在没有经历过 20 世纪 80 年代的思想交锋的后历者看来，我国的经济性质是商品经济和市场经济是如此简单明了和不容置疑，因而对当时提出我国经济是商品经济和市场调节的观点不以为然，甚至会认为诸如“有计划的商品经济”等等说法和解释只是顺应了中央文件的提法。不是亲历者不知当时理论探讨的艰辛。正如刘诗白教授所言：“马克思说：‘在科学的入口处，正像在地狱的入口处一样’。中国老一辈经济学家从事的是一项十分艰难的、充满风险的事业，新中国成立以来迄至 1978 年的 30 年间，我国社会主义建设取得蓬蓬勃勃地发展，但又经历多次曲折，走过不少弯路，政治斗争不断的风风雨雨和‘文化大革命’的狂潮激浪，严重压抑了社会科学工作者的积极性。更为可怕的是在传统体制下长期形成了一种不良学风，在研究中‘唯上’‘唯书’，谨守教条，缺乏创新，这种传统思维模式成为不少人的精神枷锁，使人们立言先查‘本本’，遇事先问姓‘社’姓‘资’，失去科学研究所必须的求实创新精神。在上述外在和内在的制约下，理论研究往往成为政策的解说，或是经典著作的注释，即使是清苦钻研，呕心沥

① 刘诗白．刘诗白文集：第 5 卷［M］．成都：西南财经大学出版社，1999：3．

血的忠诚的研究工作者也很难有所作为，往往是劳而无功。一些公开发表过的作品，很快就时过境迁，成为昨日黄花，更久一点就成为羞于见人的东西。”[①] 改革开放前30年是这样，在刚刚启动改革开放的初期，虽然真理标准的讨论徐徐吹起了解放思想的春风，但传统理论的束缚和意识形态的禁锢，使学术研究仍然难以自由和超前。不少历经政治运动特别是“文化大革命”摧残的社会科学家仍然心有余悸，一些冲破传统经济理论提出市场化改革超前理论的经济学家还不断受到批判。在这样一种社会环境中，刘诗白教授提出和坚持社会主义商品经济和以市场调节为基础的观点，不仅需要具备学识，还需要具备探求、坚持和献身真理的胆识和科学精神。

在当今中国社会处于从计划经济向市场经济全面转型的时下，经济学成为显学。我们后代经济学人应当以刘诗白教授这些老一辈经济学家为楷模，去除虚假浮躁，摒弃急功近利，坚持学人操守，潜心研究，独立思考，求真务实，勇于创新，为我国伟大的经济体制改革事业做出应有的贡献。

---

① 刘诗白．刘诗白文集：第1卷［M］．成都：西南财经大学出版社，1999：1-2．

刘诗白学术思想

丁任重 盖凯程

刘诗白教授在社会主义社会所有制理论、市场经济理论、产权理论、体制转轨和发展、国有企业市场化改革、金融体制改革及现代财富理论等诸多领域进行了大量卓有成效的研究，他著作等身、涉猎广阔、思想活跃、理论深邃。篇幅所限，我们无法对其学术贡献一一阐述，只能作概括性地观点萃取和思想撷英，以期窥斑而见豹。

一、拓宽政治经济学研究范围，革新政治经济学研究方法

刘诗白主张，政治经济学要拓宽研究范围，除研究生产关系外，还要研究生产力和经济运行机制。“中国的政治经济学的研究，不能只是局限于生产关系而应有更广阔的视野，要拓宽研究范围，使政治经济学真正成为广义的政治经济学”。他认为政治经济学的研究对象与研究范围是两个不同的范畴，研

究范围总是大于研究对象。任何一门科学的研究过程对于不属其对象范围但却与之密切相联系的诸现象与事物，也要加以考察和研究。他在肯定生产关系是政治经济学的基本研究对象的同时，论述了政治经济学应深入研究生产力和上层建筑的某些方面，而不能像传统研究那样只研究生产关系的本质特征。

在社会主义社会进入了改革开放的新时期后，经济体制、经济政策、经济组织、经济发展的内容等等都有了很大的变化。针对社会主义经济运行出现的新特点，他进一步提出政治经济学要把经济运行机制、经济组织形式与经济体制纳入其研究范围，主张对社会主义经济运行中的具体经济问题进行深入研究。之后，他又主张把人民财富的最大增值、合理分配与优化作为政治经济学的基本内容并上升到理论形态，从而为拓宽政治经济学研究范围提供了新的思路。

在研究方法上，刘诗白认为政治经济学的方法不是单一的，而是一个方法体系。他认为唯物辩证法是《资本论》的基本方法，同时它还有其特殊的方法，即科学抽象法。此外还有历史的方法、归纳法、演绎法，甚至采用一定程度的数学方法。所以政治经济学方法是以唯物辩证法为“纲”，以科学抽象法为主干，以其他的方法为“目”的多层次的方法论体系。他主张除坚持对经济现象的理论分析外，还要加强数量分析，主张把马克思经济学的研究与借鉴西方经济学相结合。他提倡解放思想，突破陈规，构建以马克思主义为指导，立足于当代实践，充分汲取中外经济学积极成果的中国经济学。

二、立足于所有制“三性论”，深化发展社会主义所有制理论

所有制问题过去曾经一直是中国理论研究的“禁区”，而刘诗白是中国较早提出社会主义所有制多元性的学者之一。1979 年，针对当时刚刚开始的国有企业改革和扩大企业的自主权，他敏锐地认识到这一改革关系到所有制的调整，关系到社会主义全民所有制的进一步发展和完善。他在 1979 年第 2 期《经济研究》发表的《试论经济改革与社会主义全民所有制的完善》，提出了社会主义“全民所有制”应该是“不完全的”的新观点，从理论上阐明了把统收统支、吃国家“大锅饭”的国营企业改造为实行自负盈亏的市场主体的必然性和合理性。这种观点在当时具有相当的超前性。

1981 年，刘诗白明确提出了社会主义社会所有制结构的多元性、所有制形式的多样性、公有制具体形式的多层次性的“三性”观点，引起了很大的社会反响。他在 1985 年的《论社会主义所有制具体形式的多样性》中指出应该把“全民所有制和全民所有制具体形式这两个范畴区别开来”，“就某一特定所有制类型来说，它也是体现于多种具体形式之中”，“社会主义全民所有制也不是一个模式，而是具有多样的丰富的具体形式”。所有制结构“三性”观点是针对长期以来流行的社会主义“纯公有制论”、“单一公有制”，以及“全民所有制 = 国营企业”的观点而提出的。他认为，作为主体的社会主义公有制与其他各种社会主义所有制形式将长期并存；其具体形

式，除全民和集体外，还有“全民+集体”、“全民+集体+个体”、“集体+集体”等多种联合所有制形式。公有制是多层次性的，如全民所有制在经营形式上，将会出现国有国营、国有企业经营、国有集体租赁、国有个体租赁等；在资金结构与分配结构，将出现吸收部分职工资金和实行按股分红，还可以吸收集体资金、社会个人资金以及向其他企业投资等按股分红形式。当时他明确提出的上述论点，可以说是对此后20年中国所有制形式发展做出了非常准确的理论预言。

三、深刻洞察中国经济改革历程，大胆探索社会主义市场经济理论

刘诗白是中国社会主义市场经济理论的先驱者和奠基者之一。早在1979年4月在无锡举行的“社会主义经济中价值规律问题”理论讨论会上，刘诗白就提出“社会主义经济仍然带有市场经济性质”，“是崭新的社会主义的市场经济”的命题，主张“彻底破除把市场机制看成与社会主义计划管理水火不容的传统观念”。1979年2月他发表《论发展社会主义商品经济与利用市场》一文，主旨是中国经济改革的方向和中心课题是充分利用市场，并首次将社会主义经济属性规定为社会主义商品经济：“在当前发展和完善社会主义商品经济中，最关键的是要充分发挥和利用社会主义市场的积极作用。这就要求……对社会主义市场的性质、范围、结构、机制、规律和作用等问题进行深入的研究与探索。”

在刘诗白的理论中，他所设计的社会主义商品经济的基本

构架及其运行方式，其实就是社会主义市场经济的构架与运行模式；他所理解的商品经济，就是把市场机制作为资源配置的基本手段的市场经济。他提出：市场经济“不是一种独立的生产方式，也不是资本主义社会特的经济范畴，而是几乎存在于人类社会各个不同经济形态中的一般性的经济范畴”。“社会主义经济仍带有市场经济的性质，不过它的社会本质、范围、机制、作用都有新的变化”。由于传统理论的束缚，在当时提出这一系列的理论认识需要极大的勇气，后来中国经济改革的实践历程则充分验证了他在这一问题上敏锐的理论洞察力和准确的科学预见性。

1992 年 7 月中国《资本论》学术年会上刘诗白提交的《社会主义市场经济之我见》一文，全面、系统、深入地阐述了社会主义市场经济概念，认为社会主义市场经济以其抓住和突出了新的商品经济体制和运行的本质特征，因而可以作为经济体制改革的首选。在 1992 年 10 月召开的中共十四大，正式采纳了“建设有中国特色的社会主义市场经济”这一提法。

四、坚持立论于主体产权，超前探索社会主义产权理论

长期以来，产权问题一直是社会主义政治经济学中的一个空白，而刘诗白是中国较早开始产权理论研究的经济学家。1986 年以来，他相继发表了大量有关社会主义产权制度的论文和《产权新论》、《主体产权论》两部专著，轰动了学术界，并以其独到的见解被称为中国三大产权理论流派代表之一。

改革以来，引入市场机制、扩权让利等多种措施并未使国有企业真正活起来，其根本原因就在于国有企业的产权制度改革的滞后。而刘诗白很早就提出企业应该是独立的产权主体这一命题，他的许多阐述国企改革的文章，都是以构建产权主体立论。他主张构建市场机制，必须着眼于改革公有制的实现形式，重点是进行产权制度的改革。按照两权分离原则，探索和构建确保国家所有权，强化企业经营权的法人财产制度并由此建立现代企业制度。提倡构建产权明晰和产权主体多元化的股份公司制，把单一国有产权制度改造为多元产权制度；把高度集中的国有国营的产权制度，改造为两权相分离的产权制度；把模糊不清的产权改造为明晰化的产权关系等。

刘诗白是公有产权论的倡导者，他的产权理论并不是要提倡私有化，而是着眼于在公有制框架内建立起产权明晰的现代企业制度，争取实现市场经济与社会主义基本制度的有机结合。他明确指出构建起企业产权或法人产权并不意味着企业的国有资产性质的改变，国家仍然将通过经营者选择权，重大事项的决策权以及利润和税金上缴等形式实现所有者权益。企业拥有法人产权并不等于实行所有权企业化和放弃社会主义国家所有制。在中国，产权问题一直是个理论禁区，而刘诗白研究产权理论，并非为了赶时髦、标新立异，而是改革实践的需要。党的十四大明确提出改革产权问题，十五大进一步提出企业进行产权改革的方向和途径。事实证明，刘诗白的探索是具有超前性的。

五、丰富与发展劳动价值理论，建构高科技时代的新国富论

受传统研究范式的束缚，中国经济学界多年来着重于研讨价值理论问题，而研究财富理论的论著甚少。而早在20世纪90年代初，刘诗白就主张经济学必须致力于民富国强，提出人民财富的最大增值、合理分配、优化使用是社会主义政治经济学的新主题，为经济学的理论创新提出了一条重要思路。1992年由他主编的《社会主义经济学原论》把“人民财富”的研究作为贯穿全书的一条红线，并把人民财富上升为一种理论形态进行全方位的分析、归纳和科学概括，从而构建了一门“人民财富学”。此后，他一直就这一问题进行苦苦地理论思考和探寻。

2005年2月，藉其80岁寿辰之际，刘诗白的新著——被誉为“立足于高科技时代的新国富论”——《现代财富论》问世，再次在社科界以及国内外引起广泛关注和重大影响。这是一部以财富的性质、结构、源泉，加快财富创造的体制、机制与规律为主要研究内容的财富理论专著，超越了传统分析模式，特别是对基于高科技经济条件下社会财富创造的新特点及其生产机制进行了全方位、深层次的理论建构：（1）为创建中国社会主义政治经济学提供了一个崭新的核心范畴并构建了一个科学的分析体系。以“现代财富”为核心范畴，阐释了“现代财富”概念的内涵规定性和外延的多样性，为推进中国经济丰裕化和共同富裕化提供了全新的理论视阈。（2）就理

论取向而言，该研究解释了现代财富的内在的价值性，提出了现代财富源泉多样性的全新命题，实现了对劳动价值理论的丰富与发展。（3）对当代最新的财富生产方式——高科技生产方式——进行了开拓性研究，实现了对高技术生产方式的全面、系统的经济学理论分析。（4）对“现代文化生产”的性质、机制及其经济功能进行了原创性的经济学分析。这一研究既坚持了劳动价值论的基本原理，又体现了劳动价值论与时俱进的时代要求。既为发展中国理论经济学开拓了新的视野，填补了理论研究空白，对经济学理论建设起到了重大贡献；又为深化经济改革，发展文化产业，特别是加快高科技发展等重大课题提出了一系列的新见解，对完善社会主义市场经济体制的实践起着积极的指导作用。

六、创新经济理论，笃行改革实践

刘诗白历来主张经济学是“致用之学”，要以服务于社会主义经济建设为宗旨，并身体力行：1985 年他率先提出银行企业化改革的设想，业已成为中国金融体制改革的现实。1988 年他在全国人大七届一次会议上与其他代表一道提出建立货币委员会、加强央行独立执行货币政策权力的提案在国内外引起强烈反响，该提案开拓了金融体制改革的思路，而且有利于强化和改善宏观调控，引起了决策部门的高度重视并为 1995 年《中华人民共和国中国人民银行法》所采纳。

针对 1989 年春市场销售疲软的状况，他在 1990 年 4 月 10 日《人民日报》上发表了文章《全面疏导，多方启动——缓解市场疲软十策》，受到了党和国家领导人的重视。实践证明，“缓解市场疲软十策”（用活资金来启动市场带动市场；强化商业功能以疏通市场；用开发新产品来开拓市场；用好价格机制来促进销售；用消费来激励市场；减少对一些商品的不必要限制以活跃销售；限制不必要进口，提倡国货以扩大销售；优化产业结构和提高经济效益；采取有效措施清理“三角债”；用好投资来启动市场）的建议收到了较好的效果，对缓解市场疲软起到了一定作用。

此外，刘诗白始终十分关注国有企业的改革，并亲自参加了四川省现代企业制度试点及 1993 年国有企业改革 33 条等重要文件的起草工作。1996 年他发表《有关国有企业深化改革的若干问题》一文，提出国企改革“抓大”、“放小”、“扶优”的观点。其后党的十五大明确提出要加快推进国有企业改革，要着眼于搞好整个国有经济，抓好大的，放活小的，对国有企业实施战略性改组。这再次体现了一个经济学家在体制大变革中求真的思维轨迹。

综观而言，刘诗白的突出的学术风格是坚持以马克思主义基本理论来研究当代实际问题，强调根据新的实践进行理论创新，在发展中坚持马克思主义。其理论研究有几个鲜明的特点：一是全方位探讨经济体制改革。他对改革的研究并不局限于某一特定的领域，而是着眼于全局，多方位地展开研究。从宏观到微观、从农村到城市、从体制到政策、从经济到社会等，其研究覆盖了改革的各个领域。二是立足实践，立足国情。依据其理论观点提出的改革与发展的对策科学具有较强的操作性。刘诗白的人生信条之一是不做书斋里的经济学家，他总是以马克思主义原理为指导，坚持从现实经济生活中寻找思维源泉，时刻关注着中国改革开放的进程，对改革开放中出现的新生事物，如市场机制运行、农村家庭联产承包制、国有企业股份制改造、完善宏观调控等，都提出了自己的见解。三是理论观点有说服力。刘诗白一贯坚持理论与实践相结合，他深信只有根植于实践才有理论的活力、才有理论的创新、才有理论的发展。正因为他能坚守在改革开放实践的前列，使他的许多理论观点有很强的洞察力和说服力。几乎在各个重大时期，他都提出过具有时代气息的新观点。实践证明，许多观点是经得起历史检验的，并对实际工作发挥了积极影响。

笔耕不辍，硕果累累，无一不渗透着刘诗白的拳拳报国之心。刘诗白不仅在理论经济学研究方面作出了贡献，同时，他还是一位教育家和忠诚的教育工作者。大学毕业后的52年里，他一直从事高等教育工作，坚守在教学第一线。他在任四川财经学院副院长和西南财经大学校长的十年中，坚持中国教育方针，在提倡科学研究，培养学术梯队，扩大硕士点和博士点，实行国际学术交流等方面作出了显著成绩，为西南财经大学在此后的发展起了重要作用。他是中国较早的经济学博士生导师之一，从1984年以来，他培养了一批在学业和工作上表现优异的博士生。1989年他被评为全国教育系统劳动模范。

数十年来，刘诗白在致力于经济理论教学与研究的同时，还醉心于书法艺术，意气风行，笔耕不辍，以书写心，以墨展性，用丰富深厚的学养、博雅高格的人品滋养自己的书法艺术，追求高雅的艺术境界，2002年他出版《刘诗白书法集》，2007年成功举办个人书法展。刘诗白的书法不拘古范，书随心画；尤其草书独具风骚，多姿多彩，是善于汲取、勇于创新之作。著名书法家马识途评价为：“飘逸俊秀，潇洒自如”、“自成一格”。其书法作品走笔灵动飘逸，造型绰约多姿，气息氤氲，线条婉丽，神韵流动，意态盎然，宛如“一线流泉尊法相，千山走雾到苍穹”。他在用理性的语言论述经济学思想的同时，又用形象化书法语言展示着他的人文情趣和审美理想。正可谓：“学者世家珠玑合璧，皆成名流大器；钢笔毛笔双管齐下，同写锦绣人生。”

此文载于：中国百名经济学家理论贡献精要（第 1 卷）. 北京：时代经济出版社，2010.

刘诗白金融学说概要

丁任重　盖凯程

刘诗白，著名经济学家。西南财经大学名誉校长、教授、博士生导师。兼任四川省社会科学联合会主席，经济理论刊物《经济学家》杂志主编，全国高等财经院校《资本论》研究会会长，新知研究院院长等职。他长期从事经济学理论研究，重视将马克思主义理论与当代中国实际相结合，致力于新时期政治经济学理论的创新。在社会主义社会所有制理论、市场经济理论、产权理论、体制转轨和发展、国有企业市场化改革、金融体制改革及现代财富理论等诸多领域进行了大量卓有成效的研究，对社会主义市场经济体制的构建和完善起到了有益影响，也对社会主义经济学理论发展作出了突出贡献。他著作等身、涉猎广阔、思想活跃、理论深邃。其既有著作大多收录于《刘诗白文集》（八卷本）、《体制转型论》和《现代财富论》等论著中。

一、银行企业化论

（一）银行企业化论

20 世纪 80 年代中我国改革以国有企业为中心，逐步向其他领域扩展。刘诗白意识到了金融领域遵循市场经济要求进行改革的必要性和敏感性，在 1985 年提出了专业银行实行企业化经营的命题，在《试论中国金融体制的改革》一文中提出“金融体制改革的中心课题是实行专业银行和其他金融机构的企业化”，而“银行的企业化是商品经济中的银行的本性所决定的，它是把银行办成拥有旺盛活力的真正的社会主义银行的关键”。

1. 银行企业化的必要性

（1）旧的金融体制的弊端，突出地表现在基层专业银行不具有相对独立的经济实体地位，政企不分，单纯地运用行政方法分配社会资金。实质上是国家分配资金的行政机构，而非责权利相结合的经济组织和企业，还不是“真正的银行”。而这是由原来的高度集权的、财政分配型的国民经济体制所决定的。随着经济体制改革的深入发展，改变银行的国家行政机构的性质，使之企业化就显得十分必要。

（2）由于银行的行政组织的性质，决定了它不从事货币经营和为此承担经济责任，而是进行国有资金的分配，造成了资金使用上的大锅饭。信贷活动不是适应经济规律的要求而往往是按长官意志办事，不仅资金使用的经济效益低，而且造成呆账和社会资金的大量损失，这使得本就存在的资金供应紧缺状况更加严重。

(3) 银行企业化是从根本上调动银行职工积极性的经济基础。在旧的金融体制下，银行缺乏自身的经济利益，加之银行内部工资分配上的平均主义，严重挫伤了银行职工的积极性，造成银行的效率低，效益差，"官商作风"盛行，妨碍了银行改进经营管理、革新物质技术手段，实现经营现代化的进程。实行银行企业化有助于改变这种状况，有效地发挥银行工作的潜力和提高银行职工的素质。

(4) 银行所经营的对象是具有增值性的货币资金，后者要不间断地和迅速地周转，加之货币经营带有较大的风险性，要求银行本身具有机敏性、灵活性、能动性和充沛的活力。银行如果没有自主经营的能动性、积极性和首创性，要能够适应商品经济发展的要求是不可思议的。

2. 银行企业化的途径

(1) 赋予银行以资金占用权

刘诗白认为银行企业化的关键则是赋予基层银行以资金占用权，使银行成为一个货币资金经营者，把基层专业银行变成真正独立核算、自主经营的企业：根据资金所有权与经营权相分离的原则，将基层银行的全民所有资金归银行占用。允许基层银行拥有归银行长期占用的留用资金，实行银行经营盈利只交所得税，税后利润列入银行留用资金，银行对之有更大支配权即更充分的占用权。总之，要使基层国营专业银行能够占用资金和支配资金，能够积累资金和通过盈利资金化以增强其经营资金，能够分享资金运用的利益和把经济效益与职工收入挂钩，使银行成为一个货币资金经营者。

同时在实行银行营运资金的所有权（全民所有）、经营权（银行自主经营）相分离的场合，由于国家（通过央行）对专业银行资金运动进行有效的调节和管理，因而国家并不丧失其对资金的所有权，而银行只拥有资金的占用权。在这一金融管理体制下，才能真正使银行成为全面经济核算制的经济组织，才能有效地实现银行的责权利相结合，使它具有企业的地位，从根本上解决银行的活力与素质问题。

（2）金融机构的多样性

经济体制改革启动之后，所有制与经营形式的多样性及企业资金来源的分散性，与单一的金融机构设置不可避免地产生了摩擦和矛盾。刘诗白认为，适应企业搞活以后的需要，有必要建立以全民所有制的国家银行为主体的多样性的银行体系：一方面坚持金融领域中全民所有制的国家银行的主体地位；另一方面适当地发展集体所有制的信用社和其他金融机构，以及侨资、外资银行，同时也允许个人之间的信用的存在。此外，还应允许建立投资公司、地方银行和地方信托公司和其他金融组织形式。

（3）信用形式的多元化

①开展多种银行信用形式。如多种存款方式、各种生产信用、消费信用、租赁信用、抵押贷款等等。②发展商业信用。商业信用在生产者间融通资金、加速商品流通方面起着重要作用，是商品经济顺利运转所必要的一种机制。③发展和利用股票、债券等信用形式。逐步建立和发展股票市场和债券市场，使股票交换化、商品化，以增加资金转让、融通的灵活性。④发展保险信用形式。在刘诗白看来，上述各种信用形式是社

会主义信用机制发挥作用的杠杆、皮带与齿轮，共同构成为一个发达的信用网络和信用机构。

（二）银行企业化论的背景

改革开放前的金融体制是我国20世纪50年代以来建立的高度集中的计划体制的一部分。这一旧的金融体制中，全国一个大银行，中国人民银行垄断了几乎所有金融业务，所有银行实质上都是人民银行的分支机构，没有任何独立性。所有银行都实行统一的政策、利率，实行“统收统支”的信贷资金管理制度，即基层银行所吸收的存款全部上缴总行，贷款则由总行统一核定计划指标，逐级下达。对这一体制的缺陷与弊端，刘诗白看得很透彻：“金融机构的单一化和金融业务中集中过多、管得过死，银行作用与信贷关系未充分发展和加以利用，信用形式单调，金融流通工具单一，资金分配中主要采用僵硬的行政手段，资金运用中吃大锅饭……”。他断定，“这种单一化和高度集中的金融体制已经不能适应中国的国情与社会主义商品经济发展的需要”。

1979年邓小平同志指出：“银行……要成为发展经济、革新技术的杠杆，要把银行办成真正的银行。”在此之后，随着经济体制改革在众多领域的开展，财政在中国投融资体制中的作用相对弱化，银行的作用则逐渐加强。但当时的银行还不是“真正的银行”，仍具有行政组织的性质，是国家分配资金的行政机关。在这种体制下，信贷活动不是按照经济规律而是按照长官意志行事，造成了资金使用上的大锅饭，不仅经济效益低，而且造成呆账和社会资金的大量损失，使本来就紧张的资金供应更为紧缺。

1979 年下半年，人民银行总行提出了“统一计划，分级管理，存贷挂钩，差额包干”的办法，不再约束基层银行的信贷总额，银行自主权得到了扩大。1981 年，总行又决定在全国统一推行差额包干制度。当时银行信贷资金管理体制实行“统一计划，划分资金，实存实贷，相互融通”（专业银行的资金和其他信贷资金由人民银行总行核定交专业银行作为各行的营运资金，由专业银行在自身范围内统一安排和调拨使用），这种自上而下的划分资金的方式并不能真正解决基层专业银行独立核算、自主经营、自我约束的问题。基于此，刘诗白力主实现赋予基层专业银行以资金占有权以实现真正的企业化：“在赋予基层银行以决策权的基础上，将划分资金的关系改为占用关系，使银行有一笔较为固定的、归它长期使用而不是每年划拨的和经常变动的信贷资金，即保证银行对资金拥有占用权。”后来中国银行业改革的实践证明了这是银行独立经营的必要条件。

（三）银行企业化论的价值及影响

中国金融改革进程主要围绕着从计划经济到市场经济、由政府包办到发挥市场功能的线索展开。努力建设一个适应市场经济要求的，符合中国具体国情的，高效、稳定的金融体系必然成为中国金融体制改革的最终目标。在这一领域，刘诗白显然走在了前列。他早在 1985 年就率先提出“银行企业化”的理论和改革主张，第一个主张根据现代产权理论中资金所有权和使用权相分离的原则赋予基层银行以资金占用权。这一论点在今天看来实际上是从法人财产角度论述了银行改革的方向，主张将法人产权机制引入商业银行，使之成为拥有独立法人财产的现代银行。这一观点在当时的学术界可以说是罕有论及，充分体现了一个经济学家的先知先觉和良知睿智。

20世纪80年代中叶，金融体制改革尚未提上议程。刘诗白在1985年对“银行企业化”和专业银行拥有“资金占有权”的超前论点：“如果我们在今后，逐步地解决了银行企业化这个课题，中国现行金融体制缺乏活力和资金分配上吃大锅饭的重大弊端就将得到根治，中国……经济的运行就将因为有了一个高效率的金融机制而充满生机”。这一设想，在学术界产生重要影响，并引起了决策部门的高度重视。中国工商银行、中国农业银行、中国建设银行、中国银行等国有专业银行相继组建为自主经营的金融实体和法人，2003年国有商业银行开始实施股份制改革，以及招商、中信等一批股份制商业银行的发展壮大，表明“银行企业化经营”已成为金融体制改革的现实。

二、金融有效宏观控制论

（一）金融有效宏观控制论

在金融市场化改革过程中，由于基层专业银行及信用机构拥有经营自主权，存在着一部分完全市场性的自由信贷活动，因而信贷的自发性是不可避免的。刘诗白认为：“如果没有国家的自上而下的管理，不对这些自发作用加以限制，那么就可能出现信贷的盲目性、信用膨胀与货币贬值。”因此，刘诗白主张搞活金融和信用必须以切实加强中央银行的宏观控制为前提，“搞活必须管住”。这就要求加强中央银行的职能，发挥它调节和管理信贷的作用，有效地实现对国民经济的宏观控制。为此，首先必须建立起中央银行的一整套强有力的调节杠杆，在确保中央银行——社会信贷管理中心——的集中控制力的基础上，形成社会信贷和金融管理中心的集中控制力，将金融信贷运行机制置于强有力的中央银行的高效而熟练的宏观调节下实现。

（1）中央银行对货币发行量进行控制。按照决定货币流通量的客观规律，探讨与确定每个年度合理的货币发行量，在此基础上制订科学的符合生产与流通需要的货币发行计划。具体而言，要按国民收入增量以及货币流通速度来确定货币发行的最大限额，并用法律形式来加以规定，财政不能任意向银行透支。流通中的货币量是否适当，金融与信贷活动是紧还是松，直接关系到整个国民经济活动的节奏与脉搏，关系到是否会发生信用和通货膨胀。正由于此，中央银行必须对货币发行实行垄断，严格控制货币发行量，保持货币购买力的稳定并由此控制与调节信贷总规模。

（2）中央银行控制信贷规模，保持信贷的基本平衡。中央银行根据国家制订的综合信贷计划，管理与控制指令性的信贷，对专业银行的信贷活动进行指导、管理和调节，将它们的自主信贷纳入国家计划的轨道。

（3）在管理和调节信贷活动中，中央银行要动员和使用各种经济手段。如确定专业银行存款准备金的恰当数量，实行灵活的利率政策，如差额利率、重贴现率、惩罚利率等等。此外还可以在金融市场抛售或购进国家债券、黄金（包括金币）。在一个自动运转的金融机制中，经济手段起着有效的宏观控制器的作用。

(4) 中央银行在在管理和调节信贷活动中，还必须运用必要的行政手段与法律手段。只有在主要依靠经济手段的同时辅之以必要的行政手段与法律手段，才能形成一个强有力的调节工具，才能既搞活信贷，又维持信贷平衡的大局。

(5) 实行金融控制与调节的集中化（集中于中央银行）。变多头调节为单一调节，保证中央银行对金融活动的集中管理，避免多头管理，各行其是，互相扯皮。建立与完善中央银行——专业银行（及地方银行）的体制和中央银行——省分行——市县支行的体制，用立法手段确立中央银行行长（包括董事会）的权威，以切实保证统一管理各专业银行的权力。

(6) 确立能保证中央银行对专业银行进行管理的技术手段和信息系统。充分利用电子计算机及时地掌握企业和整个国民经济活动的情报，汇总和分析各个领域的信贷活动及其发展趋势，为中央银行的调节决策提供依据。

为了更好地增强央行的金融宏观控制力，刘诗白认为中央银行应与专业银行实行分工，摆脱日常存款和对企业的放款业务，而专门同银行打交道，从事金融信贷的管理与调节，成为一个纯金融管理机构，真正成为“国家的银行”，“发行的银行”和“银行的银行”。为此，中国人民银行有必要深化改革，完善和加强各种调节工具和调节职能，以发挥中央银行作为国民经济宏观调节器的作用。在改革路径的选择上，他主张慎重对待、谨慎推进，采取逐步的过渡性措施：一方面对中央银行、省市分行实行适当扩权，实行划分资金、实有实贷的信贷资金管理方法，改进流动资金敞口供应方法等等；另一方面着眼于加强中央银行的职权，对银行体系进行组织形式的调整和完善，建立与加强经济杠杆体系和其他调节手段，严格控制货币发行和信用规模等。

刘诗白的金融有效控制思想并没有仅仅局限在单纯的理论分析和逻辑推理中；恰恰相反，依据其理论观点设计的对策建言具有非常强的操作性。1988 年他在全国人大七届一次会议上联合蒋一苇、陶大镛、厉以宁、胡代光等代表提出《加强金融的宏观调控功能和全国人民代表大会对货币发行的监督》的议案成为这一学术思想的最好体现。在这份后来影响了中国金融体制改革历程的提案中，提出了四条具体的意见：

（1）增强和赋予中国人民银行以独立管理和调控货币发行量、信贷规模的权限。

（2）中国人民银行要进一步加强对货币与信贷政策的研究，按照我国经济稳定增长的方针，确定货币流通量和每年的货币增发数量。

（3）加强全国人民代表大会对人民银行货币发行和信用管理活动的监督，国家货币发行与信贷计划应由全国人民代表大会审查批准。财政收支不平衡发生赤字，需要从银行透支时，应经人民代表大会专门委员会审议和由大会批准。

（4）为了便于对人民银行的货币发行、信用管理和调控进行经常监督和制定有关政策，在全国人大常委会下，设立金融政策委员会（或货币委员会）。

（二）金融有效宏观控制论的背景

1982 年 7 月，国务院同意并批转《关于人民银行的中央银行职能及其与专业银行的关系问题请示》，提出中国人民银行在国务院领导下统一管理全国金融的国家机关，为中国央行制度框架的初步确立奠定了基础。1983 年 9 月，国务院《关于中国人民银行专门行使中央银行职能的决定》提出成立中国工商银行，与中国农业银行，中国银行，中国建设银行，构成了中国四大专业银行。随着专业银行体系的建立，中国人民银行得以从一般的银行业务中摆脱出来，成为以金融管理为职责的中央银行。国务院的决定明确规定“中国人民银行是领导和管理全国金融事业的国家机关”，应当“集中力量研究和做好全国金融的宏观决策，加强信贷资金管理”。

20 世纪 80 年代的价格双轨制改革有力地促进了经济的发展，由此而产生的一个副作用就是通货膨胀的经常性出现。为了满足社会固定资产的投资增长要求和解决企业的资金短缺问题，政府加大了财政支出，财政赤字不断扩大。同时，为了解决政府赤字问题，货币连年超发。由于货币的超量发行，市场货币的流通量剧增，造成了 80 年代中叶物价的不断上涨。到了 1988 年 7 月份，物价指数到达了 19.3%，创下改革开放以来的最高纪录，一下子催生了一场席卷全国的居民抢购风潮和挤兑银行存款的风潮。

快速的物价上涨成为了影响经济改革和社会稳定的重要问题，为全社会普遍关注。撇开其他体制因素不谈，物价上涨与当时货币发行过量有着密切联系。当时金融体制改革尚处于起步阶段，旧的财政金融体制尚未改变，中央银行职能还不健全，金融宏观控制功能相当薄弱，突出的表现是人民银行缺乏独立的货币控制能力和有效的控制机制。在“大财政、小银行”的体制下，“计委下计划，财政给支出，银行发票子”，银行变成了一个出纳，沦为了财政的附庸。当财政发生赤字向银行透支时，银行就不得不增发票子，而其最终的必然结果就是经常性的通货膨胀。据统计，从 1979 年到 1987 年 8 月，财政从人民银行透支余额占同期货币流通量余额的比重非常大，银行发行的货币中，有相当一部分是财政性发行。另外，国家计委安排的固定资产投资每年以百亿计，也从银行拿钱。针对这一突出问题，刘诗白提出，要控制物价，首先要解决货币调控问题；而要解决货币问题，关键在于在于金融有效控制，即以人民银行为主体控制货币发行，调节货币数量，根据情况决定货币发行量。要把这一问题的解决同金融体制改革、健全中央银行的职能和增强金融宏观调控结合起来，明确权责，强化中央银行货币政策的独立性。

（三）金融有效宏观控制论的价值及影响

刘诗白依据其金融有效宏观控制论而设计的政策建议因其科学性和可操作性而屡屡被政府部门采纳。

1988 年他作为人大代表在全国人大七届一次会议上建议加强中央银行独立执行货币政策权力，建立货币委员会的提案曾经在国内外引起强烈反响，新华社、《人民日报》、《金融时报》、《经济参考》等对此进行了广泛的报道。该提案开拓了金融体制改革的思路，而且有利于强化和改善宏观调控，引起了决策部门的高度重视。1995 年《中国人民银行法》有关成立货币政策委员会的条款，采纳了当时提案的建议："中国人民银行设立货币政策委员会。货币政策委员会的职责、组成和工作程序，由国务院规定，报全国人民代表大会常务委员会备案。""中国人民银行货币政策委员会应当在国家宏观调控、货币政策制定和调整中，发挥重要作用。”

始终坚守在改革开放实践前列，使刘诗白的金融理论观点具有较强的洞察力和说服力。他提出过不少具有时代气息的新观点，实践证明，不少观点是超前的并经受住了历史的检验。其关于金融有效控制和监管的思想甚至直到今天特别是在金融危机的背景下仍具有一定的科学预见力：我国正处于体制转轨深化的时期，金融创新的需求巨大，金融创新的发展空间相当广阔；与此同时，金融创新进程中的容易引起系统性风险直至系统崩溃的因素也促使我们去反思现行的金融监管模式，明确中央银行在宏观审慎监管框架中的地位，赋予中央银行对重要性金融结构的监管权和控制权，完善宏观审慎监管框架防患于未然。

三、资金商品化与利率市场化论

（一）资金商品化与利率市场化论

在社会主义市场经济条件下，作为经济体制改革的重要组成部分，金融体制改革面临着两大任务：构建灵活高效的利率信贷资金变动市场运作机制和金融宏观调控机制。积极推进资金商品化和利率市场化成为实行金融宏观调控由直接调控向间接调控转变的前提。刘诗白是较早从理论上阐述资金商品化和利率市场化的经济学家，他在1993年发表的《积极推进资金商品化、利率市场化的改革》论文中，极力主张市场经济中的资金是商品，资金市场运行由利率调节，而资金商品化和利率市场化就是发展社会主义市场经济的金融的必由之路，更是加快金融体制改革的中心环节。

1. 资金商品化与利率市场化变动机制是市场机制的重要组成部分

发达的市场经济的特征是由市场机制来调节生产和其他经济行为的经济运行方式。刘诗白认为，作为市场机制极其重要的组成部分，资金商品化与利率市场化机制是价格——供求变动机制作用强化和灵敏度提高的重要条件。在市场经济中，资金以商品形式进入市场流通：一方面，发达的金融机构的形成及其金融业务业务运作，实现了大量货币资金的筹集和市场供应；另一方面，活跃的经营活动越来越依赖于银行信用和直接融资。以资金市场化为特征的市场经济必然出现一个利息——资金使用价格——的变动调节信贷资金供求的利率——信贷资金流通机制，调节着资金供需的均衡。

在刘诗白看来，资金的市场化流通和高度灵活的利率——信贷资金流通机制，是形成现代市场经济的价格——供求机制的重要杠杆和支柱。依赖这一机制，那些价格上涨、效益高的企业，能借助于信贷资金而自动快速实现扩产。那些产品滞销、效益低下的企业，在还本付息的压力下，则会自动快速减（转）产。在这一机制的作用下，市场主体随市场变化而变化，从而实现一个生气勃勃的市场导向的经济运行。

2. 资金商品化与利率市场化的途径

刘诗白认为，作为金融改革的主题，实行资金商品化和利率市场化，是一项牵涉着经济全局的深刻的改革，需要全方位的配套改革，虽不可能一蹴而就，但须加快步伐。

就利率的市场化而言，他认为可以分两步走：第一步是按资金供求状况部分实行浮动利率，利率浮动幅度可以由小及大；第二步是取消浮动利率上下限，全面放开利率。利率完全市场化取决于：

（1）各种价格先行放开，各行各业的企业在资金市场的竞争处于同一起跑线上。

（2）企业改革先行到位，企业通过经营机制的转换，在硬预算约束基础上强化自我约束，从而能抑制其资金饥渴，消除内生投资、消费需求膨胀。

（3）各种金融机构的发育与完善，资金筹集和供应功能的强化，金融市场的不断完善，资金供求的利率弹性提高。

（4）强化央行宏观调控。央行要采取间接调控方法，即运用公开市场、再贴现、法定准备金等调控和影响资金供求。

在刘诗白看来，在原先中央银行和专业银行职能边界不清晰、政策性业务和经营性业务混为一体的金融体制下，专业银行无法从事货币资金企业化经营，而这恰恰正是利率市场化的组织前提。因此要形成真正的利率—资金的市场运作机制，还必须改革既有的专业银行体制，把专业银行建成为专门从事货币资金营运的商业银行。基本步骤如下：

（1）在现有专业银行的基础上，界定政策性信贷和经营性信贷，分户管理，分别核算。

（2）专业银行逐步减少对政策性信贷的投放，将政策信贷业务归集到新建的政策性金融机构。同时，专业银行对经营性信贷实行自主经营、自我平衡的经营方针。

（3）国家对专业银行资产进行界定，逐步建立以股份形式为主体的商业银行，真正建立起一批能独立核算、自负盈亏的金融实体。

（二）资金商品化与利率市场化论的背景

20 世纪 90 年代初，随着金融改革的逐步深入，用行政手段分配资金的传统金融体制开始被突破，但是一些带根本性的问题如利率市场化问题和资金供给制的状况并未根本改变。在其他商品的价格已经大部分由市场决定的情况下，货币这种商品的价格（即利率）还实行严格的计划控制和国家决定，不能随资金供求状况而变化：一些地方、一些企业拥有较快发展的各种条件，但是却为行政方式确定的信贷资金笼子所束缚；与此同时，一些地方、一些企业却借助于不受利率机制制约的传统信贷资金供应方法，无偿使用和占用银行资金，使大量资金呆滞。1992 年以来，这两种情况以非法的方式连通，出现了资金“黑市”。专业银行本身也处于矛盾状况，一方面，资金供给制使银行承担了全部经济风险，另一方面，国家还要考核它的利润指标。于是专业银行选择把资金以高于法定利率拆借出去，或用资金支持银行自己办的经济实体以获得利润。让资金进入“黑市”，就成了银行摆脱这一困境的一条出路，资金越紧张，追求资金的不正当现象就越严重。与此同时，由于通过正常渠道得不到贷款，大量资金非法流向股票市场和房地产行业，造成股票市场和房地产过热。同时农产品收购资金和重点建设工程资金等却得不到保证。由于社会集资利率比在银行储蓄高，使银行储蓄滑坡。人们称这种现象为“金融混乱”或“金融腐败”，在社会上引起了思想波动。

1992 年以来出现的金融秩序混乱，从根本上说是新的金融形势要求和旧的管理方式的矛盾和冲突。基于此，刘诗白进行了深刻的理论反思。他认为银行不是按照市场原则供应资金，而是将资金作为产品配给。这种资金供应制，一方面造成社会资金使用上的缺乏效率和严重浪费；另一方面，由于缺乏内在的自我抑制和外在的利率抑制，企业的资金饥渴和银行的信贷扩张被强化。这就表明进一步改革传统的计划资金配给体制、真正实现资金商品化和利率市场化已经刻不容缓。

(三) 资金商品化与利率市场化论的价值及影响

利率市场化的本质是资金商品化和金融市场化。利率作为金融市场中最重要的资金价格指标，对金融资源的配置发挥着基础性作用。刘诗白一贯坚持只有根植于实践才有理论的活力、才有理论的创新、才有理论的发展。他的资金商品化与利率市场化观点不仅符合中国金融体制改革的基本方向，而且具有相当的前瞻性。后来中国金融改革的实践历程则充分验证了他在这一问题上敏锐的理论洞察力和准确的科学预见性：1993年《国务院关于金融体制改革的决定》明确提出了利率市场化改革的目标。1994 年，中央银行授予商业银行和其他各金融机构以利率浮动权；1995 年，央行启动基准利率关系，调节商业银行经营成本，同时把其他利率的最高限和贷款利率与央行基准利率挂钩。伴随着 1996 年初我国统一的银行间拆借市场的建立，利率市场化改革进入了试点实施阶段。2004 年 10 月放开金融机构贷款利率上限和存款利率下限成为利率市场化改革进程中的里程碑，构建了现阶段中国利率市场化改革的总体框架。2005 年 1 月 31 日，央行确立利率市场化改革的总体思路，利率市场化和货币市场化取得了根本性的突破。……

四、过度金融化论

（一）过度金融化论

2008 年 9 月雷曼兄弟公司破产引发了美国金融体系的系统性崩溃，一场被称为“百年一遇的金融海啸”奔涌而至。刘诗白认为这场危机并非是一项突发事件，而是资本主义周期性危机的新形式。金融垄断资本主推的经济过度金融化与虚拟化，特别是“有毒的”衍生金融产品的引进，使美国金融结构畸化和金融体系风险增大。刘诗白强调金融危机尽管是金融体系内在矛盾激化的直接产物，但其最深根子仍然是实体经济中不断扩张的生产能力与内生需求不足的矛盾。

1. 美国经济的过度金融化

刘诗白认为，经济的过度金融化是 20 世纪 80 年代以来美国经济发展的鲜明趋势。当代美国不仅是美国是当代垄断资本主义的典型和顶峰，而且是金融资本快速发展和占据主导的资本主义。其基本特征是：具有市场垄断性的大金融公司控制着金融市场的交易，从而使金融业能够获得更高的额外利润，成为金融垄断资本“淘金”的沃土，而畸高的额外利润又成为更大量的社会资本流入金融业、货币信贷活动活跃和不断扩张的驱动力量；社会资本的流入和信贷、投资活动的发展，使金融业在国民经济中的比重大大提升。

在现代化、市场化、全球化的大背景下，金融业的快速发展和趋于发达是必然趋势，具有积极促进产业经济发展的功能。但是，货币信用是一种衍生经济，其扩张速度与规模必须以实体经济的发展为前提，不能任其自我膨胀，形成货币信用过度扩张。但是，货币信用过度扩张，恰恰正是20世纪80年代以来美国经济的一个鲜明特征。数据表明，美国金融部门提供的信用，1980年为5783亿美元，2002年初达9.6万亿美元，在国内生产总值中的比重由21%跃升为93%；消费者信用贷款2002年达7.9万亿美元，占国内生产总值的77%。

金融业的发展在带来信贷与投资扩大的同时，也预示着债务的增长和债务违约引发的信贷危机的产生。据美联储材料，美国1998年1季度至2008年1季度债务增长状况是：金融业为128%；家庭为97%，约为15万亿美元；企业为65%，约为24万亿美元；州及地方政府为61%，约为4万亿美元；联邦政府为9%，美国国债规模约为12万亿美元。美国总共债务规模达55万亿美元，为国内生产总值的3倍多，从而使美国经济成为高债务经济。

美国经济出现了超过实体经济需要与承载能力的经济过度金融化和虚拟经济过度发展，并成为了美国市场经济模式的鲜明特征。刘诗白将这种金融化、虚拟化过了头的经济称之为金融资本主导的市场经济。

2. 经济过度金融化的内在机制

刘诗白认为金融过度扩张的根源是市场经济中金融化、虚拟化的运行机制。为了适应融资与发展金融业务的需要，美国出现了包括衍生金融产品在内的证券多样化，金融产品日益增多。这些产品可以在资本市场迅速变现，由此发挥交易媒介功能，具有“准货币”性质。华尔街大公司在垄断利润驱使下不断实行花样百出的“金融自由创新”，多种金融产品，特别是衍生金融产品被创造出来和推向市场。虚拟资产市场交易，带有强烈的投机性，具有自我膨胀的机制。人们通过低价买进高价卖出，赚取投机利润，在市场上为哄抬虚拟资产价值而相互博弈，由此形成了金融资产交易中资产价格的膨胀和“泡沫化”。在证券交易带来资本市场自我膨胀的同时，衍生金融产品的滥用更是加剧了金融资产的泡沫化，从而使得一种倒金字塔式的虚拟资产不断自我扩大机制的形成并发挥主导作用。

此外，金融业中通行的强激励机制，也是形成金融资产自我膨胀与泡沫化的助推器。这一机制是一把双刃剑。它一方面在提升金融经营管理劳动的效率，另一方面又导致经营决策行为的投机性与风险性。华尔街不少金融高管在天价的报酬刺激下，头脑发热，丧失风险事业所必须的经营谨慎性，千方百计寻找和设计出能“赚大钱”的金融工具，在金融活动中“不惜冒险一搏”，其“畸化”行为影响和造成金融活动中的不良势态，强化了金融泡沫化发展和金融运行的不稳定性。

金融虚拟资产交易，是一项高风险交易。美国经济中金融化、虚拟化自由扩张的机制，助长了虚拟经济的自我膨胀，引发虚拟资产运行的危机。当代市场经济体频频发生的金融危机，证明了金融虚拟资产交易泡沫化到泡沫破裂，具有不以人们的意志为转移的客观必然性。

3. 过度金融化的深层根源

刘诗白认为美国的这场金融危机，是其金融体系的内在矛盾激化的直接产物，与其实体经济内在矛盾直接关联，最深的根子仍然是资本主义不断扩张的生产能力与内生需求不足的矛盾。

美国从20世纪80年代以来，一方面，科技革命与新技术的使用，大大提高了劳动生产率，不断扩大了总供给；另一方面，资本主义所有制结构下的国民财富分配机制和劳动力商品制度固有的收入重大差别，使收入差距拉大，两极分化越发凸出，决定了居民有购买力需求的增长落后于生产能力的扩张。大众购买力的增长滞后和有效需求不足，是2001年以来美国住房信用扩大的现实基础，也是美国式的消费债务经济出现的深层原因。在有效需求与供给能力的制度性失衡的大格局下，政府唯有借助于信用扩张来刺激民众消费和支撑有效需求，刺激和扩大货币信用成为一个有效需求不足经济中保持增长的外生力量和杠杆。政府主导的货币信用的扩大固然能够在短时期内起着创造和扩大需求的功能，甚至能带来短期经济增长，但货币信用的扩张无法根除生产能力扩张和有效需求不足的矛盾，持续的货币信用扩张必然滋生出一个过度金融化、虚拟化的畸化经济结构。

美国爆发的危机，其深层原因仍然是来自于实体经济的矛盾。在实体经济中扩大的生产能力受困于不足的有效需求的情况下，为了支撑市场需求，经济过度信用化、金融化、虚拟化的趋势将难以避免。而这一畸化的经济结构导致：一方面，金融体系因其庞大芜杂，内在矛盾更加众多和更不稳定；另一方面膨大的虚拟经济与萎缩的实体经济的矛盾也更为突出。这一过度金融化的经济的运行不仅导致金融危机，而且也会使实体经济矛盾深化和演化为全面的经济危机。

（二）过度金融化论提出的背景

在过去的近40年，以美国代表的西方国家经济经历了

“过度金融化”过程，即服务于实体经济的金融业不断膨胀，制造业不断萎缩，经历了“去工业化”过程，制造业向新兴工业化国家转移，大量就业转移到金融，以及商业零售、旅游、物流等低端服务业，呈现出“去工业化”外观。从 1970 年到 2007 年，美国金融业占国内生产总值（GDP）比重由 13% 上升至 20%，同期美国金融业利润占全部公司利润的比重却由 10% 左右蹿升至 40%。金融业和非金融业职员的年薪差额从 1987 年的 1.1 万美元扩大至 2007 年的 4 万美元。随着金融创新的发展，华尔街财富蝴蝶效应日益显现，制造业也由此被当成了美国的“夕阳产业”。金融业和实体经济的这种本末倒置的现象让美国虚拟经济部门获得了暴利，却给金融危机爆发埋下祸种。有鉴于此，2009 年 4 月奥巴马提出了“岩上之屋”的“再工业化”理念：“我们不能在沙上重建我们的经济，我们必须在岩石上重建我们的房屋。”

与实体经济空心化相映成趣的是以美国为首的西方发达国家金融垄断资本的不断的集中和强化。通过集中而形成具有市场垄断性的大金融公司牢牢控制着金融市场交易，金融巨鳄在金融活动中占据支配地位，从事数额庞大的信贷与投资业务，美国“3% 的银行控制了多于 70% 的资产。16 家最大银行控制着整个银行系统 1/3 的资产”。畸高的额外利润成为社会资本流入金融业、货币信贷活动活跃和不断扩张的驱动力量。社会资本不断流入金融业和信贷、投资活动，使金融业在国民经济中比重大大提升。1995—2005 年，美国的金融资产与国内生产总值之比从 303% 上升至 405%，资本市场不断发展和扩大，股市资产市值达到美国国内生产总值的 1.5 倍。经济的金融化成为20世纪70年代以来美国经济发展的鲜明特征。

金融的自由演化和过度扩张与美国政府的自由主义政策密切相关。20世纪80年代以来，西方主流经济学离弃了凯恩斯主义，转向“市场自律论”。弗里德曼等宣扬自由竞争，主张经济实行自由放任，认为市场机制自发调节能使资源配置达到均衡点，从而实现经济稳定增长并“自动熨平”周期波动。这种教义成为20世纪80年代以来美国的主流经济学说，并成为美国政府制定经济政策的理论基础。1980年里根主政，采取自由主义政策，实行放宽管制，听任市场自由活动，人们称之为里根主义。在新自由主义思潮、政策下，人们听任经济金融化、虚拟化发展，恶性膨胀，引发了美国经济中实体经济与虚拟经济的深刻矛盾及膨大的金融体系中的多种矛盾积累和畸形运行，由此使金融危机不可避免。

（三）过度金融化论的价值及影响

金融危机引发了学界对危机根源进行研究的热潮，形成的理论观点非常丰富。对于危机的成因，西方学者的解释虽然不尽一致，但大同小异，诸如金融创新过度、金融投机泛滥、政府监管不严等等；一些学者分析了较深层次的原因，如美国靠举债消费拉动经济和靠发行美元维持国际收支平衡不能持久，科技创新趋缓与全球化红利消失造成经济停滞等等。然而，对于其最深层的制度原因，却普遍缺乏系统的分析和深入的认识。少数学者自觉地运用马克思的理论逻辑来解释当前的金融危机，但一些研究由于缺乏对当代美国资本主义发展的新形势、新特点的充分了解和第一手资料，缺乏对金融机制虚拟化、过度膨胀的深度分析，导致了难以避免的研究缺憾，陷入了简单解读金融危机的状况。

刘诗白以一个经济学家惯有的冷静睿智，充分考察了当代资本主义世界的新特点，运用马克思主义的基本理论和思想方法，对金融危机进行了独立的冷思考，进行了独特的理论建构，以独到的“过度金融化论”对金融危机的制度根源做出了深刻解剖。他考察了美国资本主义经济固有的金融化、虚拟化的趋势，以及新自由主义政策对这一趋势的助长，以大量数据资料，一针见血地指出自由市场经济听任金融信贷自由演化、自我膨胀，导致金融主体行为畸化和金融运行失序，走向经济过度金融化和过度虚拟化、泡沫化，引起经济结构失衡，增大金融运行中的风险，最终导致危机的发生。并发聋振聩地指出在资本主义制度框架下，难以做到制止由私人金融垄断主推的金融自由演化和经济的过度虚拟化，因而，制度性的周期性经济危机仍将是资本主义经济运行中难以摆脱的痼疾。他的分析并不局限于资本主义；相反，他把理论分析的最终落脚点放在了中国。他指出，现代市场经济下，经济金融化趋势是必然的。但必须清醒地认识金融的二重性：既有利于发展生产力、搞活经济，也会带来深刻的经济运行矛盾，鉴于此，中国不能盲目崇拜华尔街和照搬美国金融制度，而要致力于完善适应于社会主义市场经济性质和要求的完善的金融结构，构建富有活力，“活而不乱”，能加以有效调控的社会主义金融体系。

刘诗白这种老到的分析深为同行所折服，得到了学术界人士的高度评价，所形成的理论观点分别在《求是》、《经济学动态》、《经济学家》等权威期刊发表，并通过《人民日报》、《四川日报》、《四川卫视》等多家媒体广泛传播。

与时俱进、颇具历史责任的研究

——学习刘诗白教授学术研究成果的体会

李义平

我尊敬的导师刘诗白教授虽然已经八十高龄了，但给我的感觉是，作为一个经济学家，他一直充满活力。刘老师学贯中西，功力深厚，他的研究并不拘泥于经济理论本身，而是用他所掌握的理论去研究中国的改革开放，经济发展的实际问题，并在研究实际问题，解决实际问题中发展经济理论。刘老师的研究是和着时代节拍的研究。

一、改革开放起始阶段的研究：从社会主义有计划的商品经济到社会主义市场经济

我们今天所以能够建立社会主义市场经济体制，所以能够享受社会主义市场经济体制带来的经济的蓬勃发展和社会繁荣，与老一辈经济学家的孜孜探索是分不开的。刘诗白教授就

在其中作出了杰出的贡献，是其中十分优秀的佼佼者。

长期的计划经济使得我国的各种资源不能充分利用，经济效率低下，尤其是十年“文化大革命”使中国经济面临着崩溃的边缘，这一切直接诱导了中国的改革。改革最初必须回答社会主义应当怎样认识商品经济，怎样面对商品经济的问题。针对这一挑战性的问题，刘诗白教授提出了社会主义有计划的商品经济观。刘老师首先从理论层面回答了社会主义为什么存在着商品经济。他指出，产品成为商品，需要两个条件：一是社会分工的存在，二是当事人具有特殊经济利益的占有主体。由这样的前提出发，他认为社会主义市场经济的商品性，完全可以从社会主义市场经济的主体所有制——社会主义全民所有制企业的占有关系和利益关系的特点中得到说明。他指出“尽管全民所有制的国营企业生产资料属于全民所有，但企业产品却不是归全民完全占有，而是存在着企业的局部占有；企业的活动不是体现完整的全面利益，而是体现有部分的企业局部利益；企业劳动者除了从全民所有制的统一的社会基金中取得收入，还要从归企业占有与支配的企业基金中取得一部分补充收入。”至此，刘诗白教授证明了社会主义必须存在商品经济。刘诗白教授这一新的论证相对于传统计划经济拒绝商品经济，认为商品经济只存在于资本主义社会是一个突破性的飞跃。

然而，社会主义毕竟是社会主义，社会主义商品经济毕竟有着自己的特点。刘诗白教授认为，社会主义商品经济的特点一是它以公有制为基础，二是它的计划性。刘诗白教授强调，把“看不见的手”说成万能的调节者是不对的，特别要重视计划的综合平衡功能。[①] 中国面对美国次贷危机引发的金融危机，并迅速走出危机，政府的宏观调控是功不可没的，证明了刘诗白教授计划与市场结合起来的观点的正确性。

历史在前进，人们的认识在发展。伴随着历史的前进，到了上世纪九十年代，刘诗白教授进一步提出了社会主义市场经济的概念。社会主义市场经济的提出，相对于有计划的商品经济是一个更加伟大的飞跃。围绕着社会主义市场经济，刘诗白教授相继发表了《社会主义市场经济之我见》《构建社会主义市场经济》《论社会主义市场经济》等多篇论文，对社会主义市场经济作了细致的探讨。

刘诗白教授把社会主义市场经济概括为：以公有制为基础的，实行有效的政府调控的，能充分发挥计划作用的市场经济。他认为，社会主义市场经济概念的提出，不仅具有理论意义，而且也有重要的现实意义。具体表现为：（1）这说明我国的改革，是引进市场的全面改革，明确以“社会主义市场经济”为目标模式，有利于彻底实行微观主体改革，转换企业经营机制；有利于全面发育市场；形成完备的社会主义市场体系；有利于认真实行机构调整，转换政府职能。一句话，有利于深化体制改革，使我国经济真正摆脱传统计划经济体制的束缚。（2）说明我们要建立的是现代化基础上的发达的商品经济，不搞小商品经济和半商品、半产品经济。（3）能形成平等竞争的市场机制和市场标准，摆脱一切来自企业和来自政府的

① 刘诗白．体制转型论［M］．北京：生活·读书·新知三联书店，2008：193．

干扰和破坏平等竞争的因素，例如对企业的政策按所有制划线等等。(4)“社会主义市场经济”从概念上明确了计划与市场二者中，市场是基础，价值规律这一商品经济的基本规律自然起着重要的、核心的作用，计划是立足于价值规律作用之上，立足于对各种经济杠杆——价格、利息、税收等的自觉利用之上。这样，就要求人们不再去搞那种违反市场作用和价值规律要求的计划，使人们更加明确，只有在充分利用市场作用的基础上，才能作到计划与市场的最佳结合，从而有效发挥计划的作用。① 刘诗白教授在论述社会主义市场经济体制时，既强调了市场在配置资源中的基础性作用，又阐述了宏观调控的积极作用，现在看来是十分高瞻远瞩的，充分显示了刘诗白教授的理论逻辑力度。此外，刘诗白教授还探讨了社会主义市场经济的构建，探讨了国有企业的改革，公有制的实现形式，这样就完成了社会主义市场经济的从探讨到实际构建的逐个环节，既是一个完整的理论体系，也有着极强的实践性。

二、选择了社会主义市场经济的中国，不能不探讨所有制和产权问题，刘诗白教授浓墨重彩地探讨了所有制与产权问题

经济学的基本理论说明，一旦选择了社会主义市场经济问题，接下来就必须探讨所有制问题。实际上，刘诗白教授对所

① 刘诗白．体制转型论［M］．北京：生活・读书・新知三联书店，2008：121．

有制问题的研究远在20世纪80年代就开始了，20世纪80年代，他在陕西人民出版社，上海人民出版社出版了相应的学术专著，在《社会科学战线》《经济科学》《经济研究》《光明日报》《改革》等刊物上发表了大量探讨所有制问题的文章。

1985年，刘诗白教授在《社会科学战线》上发表了《论社会主义所有制具体形式的多样性》，文章指出，由于生产力水平总体不高且不平衡，社会主义的所有制具体形式应当是多样性的，不仅有作为主体的社会主义公有制与作为补充的个体所有制和过渡性所有制（如国家资本主义所有制）的并存，而且社会主义公有制也具有不同的形式。不仅有全民所有制、也有集体所有制、还有社会主义联合所有制。刘诗白教授进一步从概念上把全民所有制和全民所有制的具体形式区别开来，认为全民所有制也只是一种模式。从生产力水平出发的所有制形式的多样性，是科学的、实事求是的，有利于促进生产力的发展的。

在讨论所有制问题的基础上，刘诗白教授顺理成章地探讨了股份制问题。在1986年，刘诗白教授在《经济研究》第一期上发表了《试论社会主义股份制》的文章。刘诗白教授认为，股份制是市场经济下企业的重要组织形式。他指出，股份制是19世纪中叶以来发达的资本主义商品经济的企业的组织典型形式。原因在于：（1）由于资本主义生产方式是以机器大工业为基础的，这样的大工业的融资需要社会化。（2）由于资本主义商品经济已经成熟，闲置资本大量存在。（3）信用制度的确立。在这种情况下应运而生了股份制。应运而生的股份制有如下特点：（1）在股份制下，企业资金以股票形式公开筹集，易于广泛筹措资金。(2) 按股分红。(3) 股份公司的股票不能还本，但却可以在证券交易市场流通和转让，投资者不存在货币兑现困难的问题。①

在探讨了股份制的优越性，并且认定股份制是市场经济体制下经典的企业组织形式后刘诗白教授认为必须对国有企业进行股份制改造。他说，国有企业改革的方向是建立现代企业制度，当前要以发展和完善股份制为切入点。并为此进行了相当细致的探讨。

20 世纪的后期，特别是 90 年代以后，刘诗白教授还集中的研究了产权问题。先后在《经济研究》《经济学家》《天府新论》等杂志上发表了多篇探讨产权问题的文章。当要把计划经济体制转化为社会主义市场经济体制的时候，我们不可能在不进行产权改革的情况下就可以建立起社会主义市场经济的体制。

刘诗白教授在他的论文中首先明确了产权的含义，认为产权的含义不仅仅是财产所有权，而且也包括财产支配权，或实际占有权。产权的功能在于：(1) 保护占有主体利益。(2) 规范、约束主体经济行为。(3) 保护资产高效利用。② 刘诗白教授旨在用他提出的产权理论，推进国有企业的改革，以建立现代企业制度。

刘诗白教授从我国社会主义的实际出发，深入研究了所有

---

① 刘诗白．体制转型论［M］．北京：生活·读书·新知三联书店，2008：373．

② 刘诗白．论产权构建［J］．经济研究，1988（9）．

制理论和产权理论，为国有企业的改革提供了坚实的理论基础。把传统国有企业改造成现代企业制度，使之成为社会主义市场经济的有效微观主体，这正是刘诗白教授研究的目的。

三、现代财富论——刘诗白教授的又一卓越贡献

1776年，英国经济学家亚当·斯密出版了《国民财富的性质和原因的研究》认为市场经济是人类富裕的唯一康庄大道。21世纪的今天，刘诗白教授敏锐地察觉到了高科技以及先进文化对经济发展的重大贡献，撰写和出版了《现代财富论》。

在《现代财富论》中，刘诗白教授首先提出了财富多样性的命题。他说，当代世界正处在一个社会生产全面发展的时代。首先，物质生产在高技术基础上迅猛发展；其次，在国民生产总值的比重中已经成为最大产业的服务业由于信息技术的引进，获得了新的发展势头；其三，高技术经济固有的科技创新机制，促进了科学知识产品的扩大再生产。同时，由文化消费需求的快速增长推动了文化品，艺术品的生产的发展，促进了文化产业的兴起。由物质生产，服务生产和知识、精神生产三大部分组成的三级产业结构成为现代产业结构的基本特征。于是，由物质产品，服务产品，知识、精神产品等三大产品已经成为现代财富的重要组成部分。[①] 在这样的认识的基础上，

① 刘诗白．现代财富论［M］．北京：生活·读书·新知三联书店，2005：6．

刘诗白教授认为人们应当确立一种全面的财富观念，即要统筹商品财富和产品性财富二者的共同增长和谋求物质财富，服务财富和精神财富三者的结构协调和优化。刘诗白教授关于财富多样性的命题，完全符合我们时代的特征，没有这样的认识，就很难促进社会经济的全面发展。

美国学者迈克尔·波特在《国家竞争优势》中区分了传统的粗糙的产业和现代产业，认为传统产业是以自然资源的比较优势为载体的，而现代产业则是以人力资本和日益发展的高新技术为比较优势的。无独有偶，刘诗白教授同样认为不断产生的新技术对经济发展，对财富的贡献有着无可替代的作用。刘诗白教授在回顾了中国的历史和西欧市场经济的历史后，认为只有市场经济体制才能促进技术的进步。刘诗白教授进一步指出，市场所以能够促进技术进步，原因在于：(1) 市场需求是技术的前提条件。在市场经济下，不断扩张的需求是市场经济下技术进步的经济动因。(2) 在市场经济固有的盈利极大化的企业体制下，使用新技术是提高经济效益的手段。(3) 市场经济固有的竞争和“优胜劣汰”的机制，是促进技术进步的强有力的内生力量。(4) 技术进步需要有大量的资金投入，市场经济的股份制企业和信用、金融体制，为技术进步提供了必要的金融支持。[①] 刘诗白教授的这些论述是完全符合历史发展的规律的，三次伟大的工业革命都发生在市场经济国家，就是刘诗白教授这一判断的生动证明。

① 刘诗白．现代财富论［M］．北京：生活·读书·新知三联书店，2005：19．

针对我国的实际情况，刘诗白教授进一步细致地论证了适用于创新的经济体制，认为其主要环节包括：（1）现代企业制度与竞争制度。企业作为追求利润最大化的主体，要在激烈竞争中谋取最大利润，只能是付诸于技术创新为特征的全方位的创新。可见，科技进步的关键和根本，在于形成和培育出盈利性、竞争性、创新型的企业经营机制。（2）科技精神产品的商品生产制度，即把科技产品和精神产品作为商品进入市场，这样既激励科技精神产品的创造，又激励了科技向现实生产力的转化，有利于激励科技精神产品的生产。（3）专利制度。（4）科技创新和经营创新拉动股权制度。（5）科技市场制度。（6）风险投资和资本市场体制。坦率地说，我国经济发展中至今创新不够，大概正是缺少这样的体制和机制。为了真正提早我们的创新能力，切实转换经济发展方式（笔者认为转变经济发展方式的关键是创新，是由产业链的低端上升到产业链的高端）我们必须努力促成刘诗白教授所倡导的制度安排。

四、我的感受

我是刘诗白教授的学生，虽然毕业多年但一直和刘老师联系十分密切，经常会聆听刘老师的教诲。通过上述的阐述以及我长期和刘老师接触的感觉，我感到刘老师的学术生涯或者研究有如下的特点：

1. 刘老师一直走在时代的前列，研究的都是我们的社会、我们的时代必须面对、必须解决的实际问题，如 20 世纪 80 年代，90 年代他对社会主义商品经济，计划经济的认识，充分体现了一个经济学家的历史责任感。

2. 刘老师始终以马克思主义解决理论为指导，他学贯中西，有着深厚的理论功底。然而，他的研究并不拘泥于理论本身，而是用理论指导实践，并在实践中发展理论。

3. 刘老师学以致用，作为经济学家努力帮助政府解决实际经济问题，为四川的国有企业改革和区域经济的发展，提出了很多有成效的、建设性的意见。

4. 我始终认为大学应当走在时代的前列，刘诗白教授就是走在时代前面的典范。他不仅接受而且创造着前沿的知识信息，力图从深层次上回答人类社会，尤其是中国经济社会发展的重大问题。阅读他的《现代财富论》我们可以深切地感觉到这一点，感觉到这部学术著作的前瞻性和洞察力，作为一个年事已高的经济学家，这是十分宝贵的。

我们衷心地祝愿刘老师身体健康，学术生命长青！

学问以穷究　师道之高品

——写在刘诗白教授从教65周年之际

马蔚华

时光荏苒，转眼之间，我们迎来了刘诗白教授从教65周年的喜庆时刻。

先生是我国著名的理论经济学家，也是我十分敬重的老师。先生自1946年毕业于武汉大学后，一直致力于教书、育人、做学问。65年的辛勤耕耘、孜孜求索，呕心沥血、潜心研究，先生学术成就斐然、桃李遍布天下、声誉德高望重。诚如世者所言，学问之道在于见微知著、穷究事理，师之道则在于为师者人格的高尚和思想的深邃。

与时俱进的学术研究

先生视学术如生命，倾力投身于我国社会主义经济理论特别是经济体制改革理论的研究，著作宏丰，如今耄耋之年仍笔耕不辍，不时有新的成果问世。先生研究领域广泛，主要涉及政治经济学的研究对象、社会主义所有制、价值规律与市场机制、社会主义商品经济、企业产权与股份制、经济转轨、国民经济管理、现代财富的源泉及其生产等诸多重大经济理论问题。

理论立足实际，不断创新和发展，强调根据新的实践进行理论创新，在发展中坚持马克思主义，是先生学术研究的鲜明特色。从“崭新的社会主义市场经济论”到“社会主义所有制三性论”，从“产权新论”到“主体产权论”，从“转型期经济过剩运行论”到“现代财富论”，从“论科技创新劳动”到“论服务劳动”，先生提出了不少具有时代气息的，在经济学界产生重大影响的、独创性的研究成果，特别是先生关于产权的独到见解被称为中国三大产权理论流派之一。

先生一贯主张，经济学是致用之学，经济理论研究要为经济建设和改革服务。为此他倾心改革献良策，提出的许多建议被政府决策部门所采纳。如先生 1985 年提出的银行企业化改革的设想，1988 年提出的加强央行独立执行货币政策权力、建立货币委员会的建议，1990 年提出的“缓解市场疲软十策”的意见，1993 年提出的国有企业改革 33 条的观点，1996 年提出的构建大成都经济圈的想法等，均在国内外引起强烈反响。

先生不是学究式的书斋学者，而是十分注重深入实际进行调查研究，从现实经济生活中寻找思维源泉和开展理论创新。20 世纪八九十年代，先生曾多次赴江浙、广东等地考察，对温州模式、苏南模式、广东模式进行总结和推广；近年来，先生虽年事已高，但仍不辞辛劳，几乎每年都要到上海浦东和深圳这些国内最具活力的经济特区开展实际调查工作，及时了解和把握我国市场经济最新发展动态，为学术研究和理论创新获取鲜活的实践素材。

先生与时俱进的学术研究结出了累累硕果，提出的观点见解大都经得起历史检验，并对实际工作发挥了积极影响。就本人所从事的金融工作而言，先生的诸多学术观点令人获益匪浅。例如：

——关于银行企业化改革和产权改革的观点。先生于1985年发表的《试论我国金融体制的改革》一文中明确提出，金融体制改革的中心课题是实行银行和其他金融机构的企业化，“在社会主义商品经济迅速发展和竞争日益发挥作用之下，银行如果没有自主经营的能动性、积极性和首创性，要能够适应商品经济发展的要求是不可思议的。”“银行的企业化是商品经济中的银行的本性所决定的，它是把银行办成拥有旺盛活力的真正的社会主义银行的关键。”而银行企业化改革的核心，是“使银行成为产权主体，构建新的产权制度，强化银行经营权的法人财产制度并由此建立现代金融企业制度”。在我国当时产权问题特别是金融产权问题一直是理论和实践禁区的情况下，先生提出银行企业化改革和产权改革这一理论命题，这不仅具有深厚的理论功底，更需要有很大的理论勇气。此后我国金融体制改革的实践，证明了先生这一理论创新的预见性。如作为我国第一家完全由企业法人持股的商业银行，招商银行就是银行企业化改革的产物；自成立以来，招行之所以发展得比较好、比较快，在市场上有一定的影响力，也主要得益于较早地按照现代金融企业制度的要求运作。2003 年以来，我国几大国有银行先后成功股改上市的事实更是证明，先生的探索是超前性的。

——关于服务劳动创造价值功能的论断。先生在上世纪 80 年代初就曾有关生产劳动、价值规律等问题写了不少学术论文；2001 年以来，先生又结合我国实际，对市场经济中的劳动价值论进行了新的探索。先生指出，在我国社会主义市场经济体制下，众多的商品生产部门，无论是物质、实物产品生产部门，还是商业、金融及其他服务部门以及科学、文化产品生产部门，他们的广大从业和职能人员都参与了商品使用价值的形成和价值的创造。2004 年，先生发表了具有广泛影响的《当代金融服务创造价值的功能》一文，文中明确提出，金融从业人员的劳动创造了金融产品，创造了金融商品的使用价值，金融从业人员付出的社会平均的必要劳动也“对象化”、“体现”和“凝结”在金融商品之中形成了价值；银行从业人员的劳动耗费，只要是在社会必要的耗费的范围内，都应该加入形成金融产品的价值，银行利润不仅包含用贷企业转让给银行的剩余价值，也包括银行从业人员自身创造的剩余价值。在当前学术界仍有不少同志认为服务劳动不创造价值，以及社会各界对银行服务收费存在偏见和诟病的情况下，先生这种实事求是、旗帜鲜明的观点，不仅具有重大的学术价值，而且对推动我国银行业激励机制改革、中间业务发展、非利差收入占比提升乃至银行转型，都具有重大的指导意义。

——关于国际金融危机与过度金融化的阐释。先生对 2008 年 9 月爆发于美国的金融危机给予了高度关注并进行了深入研究。2010 年，先生在《求是》杂志上发表了《美国经济过度金融化与金融危机》一文，对这场席卷全球的金融危机爆发的缘由提出了深邃的见解。先生认为，此次爆发的美国金融危机，并非是一项突发事件，它是资本主义周期性危机的新形式；金融垄断资本推动的经济过度金融化与虚拟化，特别是“有毒的”衍生金融产品的引进，使美国金融机构畸化和金融体系风险增大，并导致这场空前严重的金融危机的爆发；这场金融危机尽管是金融体系内在矛盾激化的直接产物，但其最深根子仍然是实体经济中不断扩张的生产能力与内生需求不足的矛盾。先生上述论断提供了一种审视这场危机的独特视角，对我们正确认识和处理实体经济与虚拟经济、金融创新与金融监管、生产供给与市场需求之间的关系，无疑具有深刻的理论指导价值。

孜孜不倦的教书育人

先生不仅是著名的理论经济学家，同时也是忠诚的教育工作者和杰出的教育家。65 年来，先生一直孜孜不倦地承担着各种教学任务，在人才培育上倾注了大量心血。早在 20 世纪 70 年代末 80 年代初，先生就强调，“教学必须与科研相结合，教学上的出人才必须建立在科研出成果的基础上，而培养人才首先要建立一套高水平的教材”等思路。针对当时财经院校政治经济学教材总体缺乏新意和严密体系的现状，先生以创新的思维、坚韧的毅力、忘我的劳动组织编写了《〈资本论〉教程》（一、二、三卷）、《简明政治经济学小辞典》、《政治经济学》、《社会主义经济学原论》、《构建面向 21 世纪的中国经济学》等多部教材，并亲自担任主讲教师，授课对象达数千人，遍布全国各地，对八九十年代我国经济学特别是政治经济学知识的传播发挥了重要作用，为西南财大经济学学科建设和人才培养作出了开创性的贡献。

先生诲人不倦，教学行政双肩挑。20 世纪 80 年代先生虽然承担了大量学校行政工作和各种社会政治活动，但先生始终没有放松教学科研任务，对于学生的论文依然亲自指导和修改，堪称当代教授的楷模。随着我国研究生制度的实行，先生承担了更为重要和艰巨的教学任务，成为我国高等院校中最早招收政治经济学硕士生和博士生的为数不多的几名导师之一。1982 年，先生开始招收自己的第一届政治经济学硕士生，1985 年开始招收自己的第一届博士生。从那时起到现在，先生已经招收了 26 届的博士生。目前先生仍坚守在教学第一线，每年仍在招收和指导博士生。

先生从教 65 年，弟子可谓是“桃李遍天下，芬芳飘五洲”。先生培养的学生大多成为经济理论工作者和经济管理工作者，其中有很多人早已成长为各自工作岗位上的佼佼者和国家栋梁之才。每当目睹这一切，先生都无比地欣慰，感到这是对自身教学工作的最好回报。这就是身为我国老一代教育工作者的先生的内心世界。

我有幸与先生结缘，始于 1988 年本人调往中国人民银行工作之际。当时西南财大由央行主管，因工作关系我得以多次见到先生，当面向先生请教与探讨有关经济金融问题。1993 年考取西南财大经济学院攻读经济学博士学位、正式成为先生的一名弟子后，当面聆听先生教诲的机会就更多了。回首就学财大的几年光阴，那是我人生中最为充实和珍贵的一段时光。我在学习、研究和工作中碰到的疑惑，总能奢侈地得到先生的悉心指导，并时时从先生那里获得了最新的经济理论研究动态，师母柴诩教授慈母般的关爱也给我带来了缕缕家的温馨。在我遇到困难的时候，先生和师母总是给我温暖的鼓励、坚定的支持和智慧的指点。

自1999年调往深圳工作以来，我几乎每年都能够见到前来考察调研的先生。先生抵深后每次都会召集在粤工作的各位师兄弟畅叙，大家济济一堂，先生总会给我们讲授其关于我国经济体制改革的最新研究成果，发表对社会经济局势的看法，表达对大众民生的拳拳关爱，并一再叮咛我们要做好本职工作，在各自岗位上闪光发亮，为各自服务的单位和事业创品牌、树形象。他是一位智慧、宽容，具有强烈社会责任感的学者，始终保持着一位真正的经济学家经世济民的良心和理性。先生对学生的教诲和影响是终生的，我们将用一生的努力来珍惜这份厚爱。

淡泊明志的人格情操

先生品性高洁，笃言慎行，淡泊名利，始终保持着谦逊、儒雅、宽仁，终成我国经济学一代宗师。宁静方致远，淡泊以明志，这两句古人之言最能反映先生的为人、为师、为学之道。

先生从教65载，不求闻达与显赫，唯念师德与人梯，全部的精力都放在培养学生、发展学科和研究学术上。在美丽的光华园路上，黄昏时我们经常可以见到这位老人清瘦而矍铄的身影，他似乎永远都处于一种自由自在的思想之旅中。先生是一个开放而豁达的智者，总是在不断吸收新的东西，总是在深究一些基本理念并不断开拓新的研究领域。同时，先生又是一个充满忧思的师尊，时刻铭记着从前辈师长承继下来的责任，并不时挂记着他的学生的学习、生活、论文进展以及工作情况。先生就像一条平静的小溪，虽没有瀑布的喧嚣，但顺缓之流中却蕴涵着激情的涌动和思想的浪花，充满着厚积薄发的力量。

先生在致力于教书育人与科学研究的同时，还醉心于书法艺术，意气风行，以书写心，以墨展性。先生十一二岁时就开始学习颜柳欧苏、二王、魏碑等，临池多年，心领神会，妙手偶得，多有佳作。正如前贤所言，“写字者，写志也”。先生练字，其目的是修身养性，把自己培养成一个高尚的人。先生认为，“书能写心，可以舒心、静心、修心；从书法创作和书法欣赏中人们可以获得当代人最需要的精神上的享受和心灵的净化。”字如其人，先生的书法不拘古范，书随心画；尤其草书独具匠心，多姿多彩，是善于汲取、勇于创新之作。著名书法家马识途评价此为“飘逸俊秀，潇洒自如”。

先生高雅淡定品格的形成，与其不平凡的人生经历息息相关。先生出生于一个教育世家，父亲当时系成都法政专科学校校长，抗战时期曾担任四川省教育厅厅长，是一位崇尚民主的爱国知识分子，博览群书，才华出众；母亲则工于诗词歌赋，造诣颇高，与当时有名的女词人沈祖芬是好友。书香门第浓郁的文化熏陶，使得先生从小就热爱文学和社会科学。先生的学生时代，正值旧中国外受帝国主义列强掠夺、内遭新旧军阀和专制政府横征暴敛、人民群众处于水深火热灾难境地的时期。先生耳闻目睹侵略者的野蛮暴行和国民党政府的反动统治，并非闭门一心只读圣贤书，而是关心国家兴亡、饱读进步书籍、广交进步人士、参加进步学生运动；大学毕业后，先生更加积极地参加争取民主和迎接解放的革命活动，1946 年至 1949 年底，先生在成都的住所——奎星楼街 10 号一直是川西地下党和进步人士的秘密聚会点。

新中国成立后，先生虽历经多次政治运动，特别是“文化大革命”中被打成“反动学术权威”的折磨，但从未气馁，始终保持着铮铮风骨和“谁敢雪中试淡妆”的从容淡定。20 世纪 80 年代以来，先生承担了大量行政事务和各种社会政治活动，先后担任多种重要职务，但一直恪守着他所追求的教书、育人、做学问这些教师的本分和尊严，不遗余力地为之付出，为之耕耘。

“万古希逢，岂止三四五六；一人有庆，直至亿兆京垓”。在先生从教 65 周年的大喜之际，真诚地祝愿先生频添鹤算，期颐百岁，永葆学术青春！

明德厚学，守正创新

——纪念诗白恩师从教65周年

尹庆双

没有比儒雅更能体现大学气质的了，没有比厚学更能体现大学气度的了，没有比传承更能体现大学气派的了，没有比创新更能体现大学气魄的了……学子奔学者而来，大学因大师而魂。

1981年初入川财政经系，我是自豪的，这种朴素的自豪感源自以陈豹隐、彭迪先、刘诗白老师为代表的川财众多学者的思想、智慧和风度；大学四年后，我是自信的，川财的教授们牵引我走进了神圣的科学殿堂，神圣赋予我自信；追随诗白老师攻读博士学位后，我拥有了自尊的心灵：越走近诗白老师越感到在浩瀚的经济科学面前自己的肤浅与狭窄；越靠近诗白老师越认识到对科学的敬畏；越走进诗白老师越感悟到对精神家园的追求。对诗白老师的敬畏，对经济科学的敬畏，赋予我自省、自重和自尊。

我是幸运的，走进了学者云集的川财；我是幸福的，成为诗白老师人格与思想的追随者。在恩师从教65周年之际，我谨以此心得表达我对恩师的敬仰，并与我的学生——恩师的徒孙们共勉。

1. 宅心仁厚的儒雅

其实，我是为逃避读师范和追随父辈的足迹而来到光华园的，但毕业后却成为了一名教师，其中的原由在于以诗白老师为代表的身边教授的仁厚与儒雅。记得入校不久在到系办公室的路上，远处迎面走来了穿着整洁的中山装、臂夹资料的一名学者，同伴告诉我，这就是刘诗白教授。诗白老师轻盈的步履、微笑的神态、儒雅的气度……按80后90后的话来说，当时就被诗白老师的气场所折服和怔住了，于是乎，后来我也就成为了“诗白控”。诗白老师的思想是仁义的，没有尖刻的评论，只有理性的演绎；没有武断的结论，只有科学的逻辑；诗白老师的为人是厚道的，没有贬他褒己的张扬，只有严谨宽容的胸怀；没有急功近利的作派，只有从容谈定的追求。因为是在职攻读，工学矛盾使我迟迟未能完成博士论文，每次见老师总是有些心虚。但老师在耐心指导中总是告诫到，年轻人工作第一，把工作干好，把教学科研工作与博士论文结合好……这时候，我才真正认识到“仁者无敌”、“厚德载物”、“宽厚呕煦”才是最具有威力的鞭策与激励。

2. 守正创新的传承

我们所处的时代是一个变化的时代，是英雄辈出的时代，同时也是留给后人诸多思考的时代。丰富多彩的改革实践和林林种种的流派，考验着每一位学者的情怀、责任和智慧。我们读大学时期，正是马克思主义经济学和西方经济学激烈交锋的时期，品质决定选择，仁厚决定道路。诗白老师横贯中西的渊博和独到的历史境界，始终坚持以马克思经济学为指导，充分吸收和借鉴西方经济学的优秀成果，立足当代实际，研究和构建中国经济学理论体系。从诗白老师的“马克思主义经济学除研究生产关系外，应深入研究生产力和上层建筑”（1961 年），“市场经济具有一般经济范畴”，“社会主义经济仍然具有市场经济性质”（1979 年），“社会主义所有制结构的多元性，所有制形式的多样性，公有制具体形式的多层次性”（1981 年），到《主体产权论》（1998 年），《论科技创新劳动》（2001 年），《现代财富论》（2005 年），《论当代技术创新》（2006 年），《市场经济与公共产品》（2007 年），《论中国的社会主义产权改革》（2009 年），《论过度金融化与美国的经济危机》（2010 年）……无不是守正创新的典范。

3. 厚道深处是绵延

2005 年 2 月，在老师 80 华诞之际，老师的杰作——洋洋四十余万字的学术专著《现代财富论》正式出版了。我国著名经济学家袁文平教授在书评中写到：它“是创造当代中国社会主义政治经济学的一次新尝试，是对马克思主义劳动价值论创造性的继承和发展，更是对我国当前正在全面建设小康社会和构建和谐社会伟大实践提供了强有力的理论支撑。”一个 80 多岁的老人，因他仁厚的慈爱、深厚的功底、宽厚的视野、浓厚的情感、醇厚的思想，为神圣的科学殿堂奉上了一份厚礼，为中青年理论工作者寄予了一份厚望，为中国改革开放献上一份厚意。

祝恩师思想之树常青。

刘诗白教授经济思想与学术贡献述评

王雪苓

我国著名理论经济学家刘诗白教授的理论研究工作，始于40年代，1947年，他翻译了英国马克思主义经济学家多布所著的《资本主义发展之研究》一书；新中国成立后，他一直从事教育工作并对当代资本主义经济和社会主义经济问题进行了深入研究，撰写出版了《原子能利用上的两条路线》、《帝国主义殖民体系及其危机》等专著；从50年代后期开始，他的研究重心集中在了社会主义经济理论研究，尤其是自1978年以来，经过历史的反思，他更加重视把马克思理论与当代中国实践相结合，并致力于经济理论的创新。他在近60年的学术生涯中创作出大量的著述，出版过20余部专著（不包括合作），发表了数百篇学术论文。

在这些著述中，他运用马克思主义的立场、观点和方法，对我国经济发展和改革过程出现的许多新事物、新问题进行了深入探讨，提出了独到的见解，引起了国内外经济部门的重视。并以其涉猎广泛、思想活跃、理论深邃、善于创新，在学术界赢得了人们普遍的尊敬。

作为一个理论经济学家，刘诗白教授始终坚持以马克思主义为指导，长期致力于马克思经济理论研究与社会主义政治经济学发展的探讨，他的研究从学科体系到基本范畴、从基础理论到现实问题、从世界经济到国内动态，涵盖了诸如研究对象、研究方法、劳动价值论、生产劳动与非生产劳动、所有制结构与形式、分配方式、商品经济、市场机制、产权制度、社会主义经济运行机制、社会财富等政治经济学的众多领域。本文仅就他对经济学基本理论、社会主义经济、产权改革，以及近年来对转型期有效需求不足、对现代财富等问题的研究作简要述评。

关于经济学基本理论的研究

从1961年发表在《经济研究》第10期上的《论马克思列宁主义政治经济学的对象》，到1993年发表在《学术月刊》第3期上的《面向21世纪新时期中国政治经济学研究之我见》等文章，以及收录在《刘诗白文集》第2卷的未发表过的25万字的《〈资本论〉研究》文稿，都论及了政治经济学的研究对象和研究方法这一经济学基本理论问题，从中也可以领略到刘诗白教授深厚的马克思主义理论功底。

关于政治经济学的研究对象，国内外经济学长期以来一直众说纷纭、莫衷一是。刘诗白对此有着自己独特的理解，对正确理解该问题深具启发性。

早在1961年，他就在《经济研究》杂志发表的《论马克思列宁主义政治经济学的对象》一文中提出，研究对象与研究范围是两个不同的范畴，研究范围总是大于研究对象。他在肯定社会生产关系是政治经济学的基本研究对象的同时，指出科学的对象乃是指科学所要去反映、认识和探究其规律的客观存在的特定领域；由于客观事物质的区别性和相对独立性，决定了各个学科的对象的区别性。而客观事物所具有相互联系、相互制约和影响的性质，决定了任何一门科学的研究过程，不仅要研究属于其对象的特定领域的规律性，还要对某些不属其对象范围，但是却与后者密切相联系的诸现象与事物，也要加以考察和研究。所以，“政治经济学的研究范围中要包括生产力和上层建筑的某些方面”[①] 而不能像传统研究方法那样只研究生产关系的本质特征。文章发表后引起了国内外理论界的关注。

在80年代发表的论文中刘诗白教授又进一步指出，社会主义政治经济学要把研究的范围拓宽，要把生产力发展运动的规律和经济运行机制纳入其研究范围，从而更好地服务于社会主义经济建设这一中心目标。[②] 在社会主义社会进入了改革开放的新时期后，经济体制、经济政策、经济组织、经济发展的内容等等都有了很大的变化，“中国的政治经济学的研究，不能只是局限于生产关系而应有更广阔的视野，要拓宽研究范

① 刘诗白．论马克思列宁主义政治经济学的对象［J］．经济研究，1961（10）．

② 刘诗白．社会主义政治经济学与经济运行机制的研究［J］．经济科学，1986（10）．

围，使政治经济学真正成为广义的政治经济学”①。

近年来，刘诗白教授针对当代文化、科学活动领域商品关系大大扩展的新实际，强调政治经济学还应研究精神生产。基于20世纪末以科技革命和知识经济出现的这些新的变化，经济学研究对象的范围应当从物质产品领域扩大到服务产品领域，进而扩大到今天的知识（信息）产品领域；而在当代发展生产则应由着眼于发展物质产品生产到同时着眼于服务产品生产和知识产品的生产，而搞好物质生产、服务生产、精神生产，即加强物质财富和精神财富的创造，最大限度地提高创造财富的能力，是全面建设小康社会的根本途径。②

在研究方法上，刘诗白教授认为政治经济学的方法不是单一的，而是一个方法体系。他认为唯物辩证法是《资本论》的基本方法，同时它还有其特殊的方法，即科学抽象法。此外还有历史的方法、归纳法、演绎法，甚至采用一定程度的数学方法。可以说《资本论》中存在着以唯物辩证法为“纲”，以科学抽象法为主干，以其他的方法为“目”的多层次的方法论体系③。刘诗白教授认为，在社会主义政治经济学的研究中，除坚持科学的抽象法之外，还应加强数量分析方法。该主张的提出主要是考虑到社会主义政治经济学研究中的一些实际需要：第一，社会主义政治经济学的研究对象，是社会主义生产

① 刘诗白．面向21世纪新时期中国政治经济学研究之我见［J］．学术月刊，1993（3）．

② 刘诗白．现代财富论［M］．北京：生活·读书·新知三联书店，2005．

③ 刘诗白．刘诗白文集：第2卷［M］．成都：西南财经大学出版社，1999：67．

关系及其运动的规律性，只有在对生产关系的定性分析中辅之以定量分析，才能真正最完备地阐明社会主义生产关系的性质及其运动规律[①]；第二，社会主义政治经济学还应研究社会主义经济运行机制，就是要揭示共同形成国民经济活动的各个不同种类与不同层次的经济活动之间的内在联系，以及它们之间的数量关系[②]；第三，把数学分析应用于经济学之中，体现了经济学与数学的交叉和融合，这是当代社会科学综合化的一个重要的表现，也是经济学进一步科学化的必然发展趋势[③]。基于此，刘诗白教授主张把马克思经济学的研究与借鉴西方经济学相结合，构建以马克思主义为指导，立足于当代实践，充分汲取中外经济学积极成果的中国经济学。

关于社会主义经济的研究

1979 年中国进入改革开放的新的发展时期，这一时期，也是在邓小平理论指导下，中国的社会主义新经济理论的形成时期。在这一时期中，我国的经济学界思想解放，研究气氛十分活跃，社会主义经济理论取得巨大的发展和突破。刘诗白就是社会主义新经济理论的积极探索者之一。

---

① 刘诗白．刘诗白文集：第 3 卷［M］．成都：西南财经大学出版社，1999：142．

② 刘诗白．刘诗白文集：第 3 卷［M］．成都：西南财经大学出版社，1999：121．

③ 刘诗白．刘诗白文集：第 3 卷［M］．成都：西南财经大学出版社，1999：143．

(一) 关于社会主义市场经济的论证

刘诗白教授在学术界较早提出和阐述了社会主义市场经济概念。在其理论中，他所设计的社会主义商品经济的基本构架及其运行方式，其实就是社会主义市场经济的构架与运行模式；他所理解的商品经济，就是把市场机制作为资源配置的基本手段的形式，实际上就是市场经济。并且，早在 1979 年 4 月，在无锡举行的“社会主义经济中价值规律问题”的理论讨论会上，他所提交的论文对社会主义市场经济的性质正式提出了两个明确的界定：市场经济具有一般经济范畴的性质；社会主义经济仍然带有市场经济的性质，不过，它是崭新的社会主义市场经济。① 在接下来的一系列文章中，他进一步地阐述了市场经济“不是一种独立的生产方式，也不是资本主义社会特的经济范畴，而是几乎存在于人类社会各个不同经济形态中的一般性的经济范畴”。“社会主义经济仍带有市场经济的性质，不过它的社会本质、范围、机制、作用都有新的变化”。②“市场经济就是资本主义”的旧观点是缺乏科学依据的，主张“彻底破除把市场机制看成与社会主义计划管理水火不容的传统观念”。这在当时经济理论界仍然坚信“计划经济等于社会主义经济，市场经济等于资本主义经济”不可动摇并对市场经济讳莫如深的背景之下，尤其凸现出其理论勇气和远见卓识。

1992 年党的十四大召开前夕，刘诗白教授又连续发表两

① 刘诗白．刘诗白文集：第 7 卷［M］．成都：西南财经大学出版社，1999．

② 刘诗白．试论社会主义计划管理与利用市场机制［M］//社会主义经济中计划与市场关系：上册．北京：中国社会科学出版社，1980．

篇相关文章，进一步阐述自己关于社会主义市场经济理论的见解。他把市场经济概念划分为广义的市场经济和侠义的市场经济两个层次。认为“广义地讲，市场经济就是商品经济”；“侠义地讲，真正的市场经济，就是社会化大生产条件下的商品经济，是市场充分发育，表现为完备的市场体系，市场调节作用充分得到发挥的商品经济，是发达的商品经济。”① 显然，诗白教授社会主义市场经济理论中的市场经济概念指的就是侠义的市场经济。基于此，他定义的社会主义市场经济概念的内涵是“以公有制为基础的，实行有效的政府调控的，能充分发挥计划作用的市场经济。”②

2008 年，在美国引爆了百年一遇的全球经济危机后，人们开始反思和审视市场经济的本质，甚至在某种层面上出现了社会主义市场经济实践的倒退。诗白教授在此期间先后发表了《改变中国命运的伟大战略决策——论中国构建社会主义市场经济的改革》（上、下）（2008 年），《发展社会主义市场经济体制需要不断的理论探索》（2009 年）等；并于 2008 年由生活·读书·新知三联书店出版了《体制转型论》③ 一书，收录了刘诗白 1978—2000 年间发表的有关体制改革的 14 篇论文，它们是从 180 篇中精选出来的。

他认为，构建社会主义市场经济，就是为了有效利用市场

① 刘诗白．刘诗白文集：第 7 卷［M］．成都：西南财经大学出版社，1999：134．

② 刘诗白．刘诗白文集：第 7 卷［M］．成都：西南财经大学出版社，1999：135．

③ 刘诗白．体制转型论［M］．北京：生活·读书·新知三联书店，2008．

作用来发展社会主义，这就更加需要人们在引进与利用市场时，采取兴利除弊的理性态度，一方面，充分利用现代市场经济体制的积极功能；另一方面，致力于创新市场体制与机制，克服和缓解市场经济的缺陷与不足，使其“为我所用”。[①] 对于社会主义市场经济体制的内涵及其特征，他认为：（1）社会主义市场经济以公有制为基础，它决定着社会主义市场经济的性质和发展方向。同时，坚持以公有制为主体，能防止财富占有中的私人垄断，从根本上保障分配公正；能有效利用公共资源，加快基础产业、基础设施和公共事业的发展；富有竞争力的公有大型企业是实现科技进步的带动力量；公有制经济具有启动快速和对国民经济实施强拉动的功能，特别是公有金融体系本身具有宏观调控手段的性质，而一个保有恰当的公有制的经济结构，则能成为强化宏观调控能力的体制保证。[②] 针对市场机制与传统公有制模式的不兼容性，要花大力气、深入进行和搞好公有制具体形式的创新。增强公有经济内生发展能力，形成市场体制下经济发展与公有制经济壮大和控制力、影响力增强相并进。[③]（2）在市场经济条件下，国民收入初次分配强调效率，鼓励先进，合理拉开收入差距，并允许各种生产要素参与分配；但是，针对市场机制固有的拉大收入差别效应，特别针对转型期体制缺损下的收入分配畸化，国民收入再

---

① 刘诗白．改变中国命运的伟大战略决策——论中国构建社会主义市场经济的改革（下）[J]．经济学家，2008（5）：10．

② 刘诗白．发展社会主义市场经济体制需要不断的理论探索[J]．经济学家，2009（10）：7．

③ 刘诗白．改变中国命运的伟大战略决策——论中国构建社会主义市场经济的改革（下）[J]．经济学家，2008（5）：10．

分配时应强调公平，国家通过各种调节机制和社会政策切实完善社会主义分配关系和保障分配公正，防止收入差距过分扩大以及两极分化，最终实现共同富裕的目标。（3）在宏观调控上，经济体制越是市场化，越要求对宏观经济运行实行调控，特别是针对发达市场化、金融化与全球化条件下经济运行的不稳和高风险，需要以构建强有力宏观调控机制为目标，着力完善宏观调控体系和寻找有效的宏观调控方法，使经济运行中"看不见的手"和"看得见的手"的调控互相补充和互相促进。① 当然，诗白教授也看到，由于社会主义市场经济体制的基本框架是在十四大之后经过十几年迅速变革所形成的，为此还存在着多方面需要完善的问题。譬如，在当前经济生活中有许多突出的矛盾：过度的经济扩张和平稳增长要求的矛盾；数量扩张型的增长和发展方式转换的矛盾；快速工业化与资源、环境、生态的矛盾；城乡、区域经济发展失衡和收入分配差距扩大；公共部门的改革、发展滞后和公共产品供给不足。当前社会生活中的上述矛盾和问题有其多样的成因，不能简单地归因于"市场缺陷"，而且，从本质上看，正是全面改革尚未到位造成的体制、机制缺损，促使许多矛盾凸现和发展。改革过程中出现的矛盾，也只有通过推进改革来解决。② 这些都说明了诗白教授以马克思主义原理为指导，时刻关注着中国改革开放的进程，坚守在改革开放实践的前列，对改革开放中出现的

---

① 刘诗白．改变中国命运的伟大战略决策——论中国构建社会主义市场经济的改革（下）［J］．经济学家，2008（5）：11．

② 刘诗白．改变中国命运的伟大战略决策——论中国构建社会主义市场经济的改革（下）［J］．经济学家，2008（5）．

新生事物，都提出了自己有很强的洞察力和说服力的见解。而这种根植于实践的理论也因此体现出了极大的活力、创新和发展。

（二）关于所有制的探索

刘诗白教授是我国较早试图突破传统社会主义所有制理论的学者之一。所有制问题是马克思主义经济学生产关系的核心，也是长期以来研究禁忌最多的一个领域。刘诗白教授本着实事求是的科学态度，大胆探索，为打破所有制研究禁区做出了突出的贡献。

1979 年，针对当时刚刚开始的国有企业改革和扩大企业的自主权，刘诗白教授敏锐地认识到这一改革关系到所有制的调整，关系到社会主义全民所有制的进一步发展和完善。他在年初一篇关于社会主义全民所有制企业改革的论文中，提出了社会主义“全民所有制”企业存在一定的产品占有权与收益分配权，是“不完全的”的新观点，从理论上阐明了把统收统支、吃国家大锅饭的国营企业改造为自负盈亏的市场主体的必然性和合理性。并且指出：“全民所有制经济改革实质上是所有制关系的调整”，“社会主义全民所有制的具体形式，必须适合于生产力发展的程度”，不能“把全民所有制的具体形式凝固化和绝对化”。[①] 他认为只有从完善全民所有制的理论高度来认识企业改革，我们才能认清改革的性质与方向。

刘诗白教授还较早地论证了社会主义所有制形式的多样

① 刘诗白．试论经济改革与社会主义全民所有制的完善［J］．经济研究，1979（2）．

性。在1981年成都召开的首次全国所有制理论讨论会上，刘教授在他的论文中提出了社会主义社会所有制结构的多元性、所有制形式的多样性、公有制具体形式的多层次性的“三性观点”，引起了较大的社会反响。上述“三性”观点是针对长期以来流行的社会主义“纯公有制论”、“单一公有制”以及“全民所有制=国营企业”的观点而提出的。他认为，作为主体的社会主义公有制与其他各种社会主义所有制形式将长期并存，其具体形式，除全民和集体外，还有“全民+集体”、“全民+集体+个体”、“集体+集体”等多种联合所有制形式。“联合化必然要引起公有制关系的再调整和重新结合，导致全民所有制具体形式的变化”。公有制在经营形式上，“全民所有制和全民所有制具体形式这两个范畴区别开来”，同其他社会一样，“社会主义所有制也具有多样的具体形式”。“也存在许多各有特色的具体形式，如像它在经营形式上，有国有国营，国有、企业经营，国有、集体租赁，国有、个人租赁，……等等”，“如果把全民所有制桎梏于僵硬不变的模式之中，全民所有制经济就会失去其生机”；在资金结构与分配结构上，将出现吸收部分职工资金和实行按股分红形式。上述观念，可以说是对20年后我国所有制形式发展作出了理论预言。

关于国有企业产权改革的研究

刘诗白教授从1986年开始产权理论的研究，1993年以前陆续在《经济研究》（1986年第1期、1988年第3期、1988

年第9期)、《改革》(1988 年第3期) 等权威刊物发表论文19篇。1993 年专著《产权新论》由西南财经大学出版社出版。1998 年12月，由经济科学出版社出版的30多万字的《主体产权论》一书中对其社会主义产权理论作了更加系统的阐述。以此为标志，刘诗白教授建构了社会主义产权理论的系统体系，同时因其在产权研究中提出的一系列新鲜见解，被称为中国三大产权理论流派之一。

虽然产权理论在国有企业改革初期是个敏感的课题，但刘诗白教授认为，自 1984 年《中共中央关于经济体制改革的决定》发表后，以国有企业改革为中心的城市经济体制改革全面启动以来，国有企业承包制缺陷和股份制试点提供的新鲜经验都表明，国有企业改革不可能绕过产权制度的改革而取得成功，相反，促进国有企业改革必须以产权改革为突破口。因此，面对国有企业的产权改革问题，不能因为有些人认为产权改革就是搞私有化而放弃研究，同时，也明确提出“我国国有企业改革，不是实行财产制度私有化。”①

刘诗白教授关于产权理论研究的学术成就主要表现在以下几个方面：

(1) 从理论上阐明企业应该是独立的产权主体，以及企业产权是社会主义商品经济运行的发全基础的命题。作为经济所有制关系的法权形式，产权是特定的生产方式下人们用来硬化一定的所有制关系，约束人们的经济行为，维护与稳定一定

① 刘诗白. 刘诗白文集：第6卷［M］. 成都：西南财经大学出版社，1999：235.

的经济秩序的法权工具。产权关系的复杂与明朗，乃是发达的商品经济的特征，也是发达的商品经济顺利运行的法权基础。他指出，社会主义全民所有制企业应该拥有自己的企业财产即企业产权。只有赋予国有企业充分的企业产权，才能真正使企业成为社会主义商品经济中的微观主体。他还指出，“在国有企业中，建立股份制企业和完善其主体财产权，包括实行主体多元化和产权流动等等，都是旨在加强公有经济的控制力。即使在股份制的公有企业中引入私人产权（外商、个人、私营企业等的出资），也是为了改善股权结构，转换企业运行机制。可见，提出主体财产权构建，是着力进行国有企业的深层次改革，搞好多形式的公有经济，真正实行以公有制为主体之途”。

（2）企业产权不等于企业所有制的命题。企业产权或法人产权是指作为法人的企业对国家财产的实际占有和直接支配。而企业所有制表现为一种财产的终极所有权，他不赞成把企业产权等同于企业所有制的观点，提出构建和明晰企业产权并不意味着企业的国有资产性质的改变，国家仍然将通过经营者选择权、重大决策权以及利润和税金上缴等形式实现所有者权益。

（3）构建产权明晰的股份制度。刘诗白是较早地从理论上阐述社会主义股份制的经济学家之一。早在1986年，他就明确指出：“股份制乃商品经济的一种企业组织形式，即联资经营制。股份制的概念，作为商品经济的企业组织形式，因而不能把它理解为所有制，更不能将它等同于资本主义的所有制。”在社会主义商品经济体制下，作为独立商品生产者与经营者的企业，其资金的形成将日益采取自主的资金联合形式，而实现资金的自主联合，股份制就是一种具有较高灵活性和较强吸引力的经济形式。股份制体现了一种利益共享、风险共担的联合投资关系，能够高效率地把社会上分散的、闲置的资金融合和凝聚起来，因而是商品经济条件下有较强生命力的一种企业组织形式。[①] 在股份制的理论研究论述中，他介绍了许多当时对国人尚还陌生的名词、概念和基本内容，特别是关于股份公司的地位、作用、基本结构和运行机制。更重要的是他还提出了利用股份改造我国国有企业的基本思路。在党的十四大和十五大之后才逐渐为人们所了解的企业资产多元化和概念和思路，刘诗白教授 80 年代中期在研究股份制时就明确提出并加以运用了。

关于经济转型期有效需求不足及其治理的研究

刘诗白教授是较早从本质层面全面、系统、深入研究我国转型期国民经济运行中内需不足的理论经济学家。

1998 年以来刘诗白教授发表了一系列论文，阐述了经济转轨期有效需求不足这一命题。其中 1999 年发表在《宏观经济研究》上的《论经济过剩运行》一文，还被《新华文摘》等转载；2000 年 8 月由西南财经出版社出版了专著《我国转轨期经济过剩运行研究》一书；2004 年 1 月，由刘诗白教授统一筹划、拟定整书的主旨和框架的、作为国家哲学社会科学基金项目、“十五”国家重点图书出版规划项目的最终成果

① 刘诗白．试论社会主义股份制［J］．经济研究，1986（12）．

《中国转型期有效需求不足及其治理研究》一书由中国金融出版社出版。

刘诗白教授关于转型期有效需求不足的理论研究，从马克思经济学的再生产基本原理出发，结合当代科技进步的新发展，揭示了现代市场经济的生产扩张和总量均衡的一般原理，并结合当代市场经济中总量运行的态势，对我国转型期的“转型综合型”有效需求不足的性质、成因以及运行特征和变化规律，进行了系统深入的理论分析和实证研究。认为，20 世纪 90 年代中后期以来，我国首次遭遇的经济过剩运行、通货紧缩等这一系列导致宏观经济运行态势发生了根本性转变的新问题的实质和根源在于内需不足，并且，内需不足正日益成为制约经济高增长的主要因素。因此，扩大内需是今后 20 年中国经济持续高增长的重要前提条件。

刘诗白教授关于转型期有效需求不足理论的主要内容包括以下几个方面：

（1）将科技进步引入再生产的分析，对现代市场经济的生产扩张和总量均衡的一般原理做了有深度的理论创新。首先，从再生产诸要素的组合入手，阐述了现代扩大再生产中的科技生产力倍数作用的论题。其次，阐述了以高科技为基础的扩大再生产的主要形式以及以高科技为基础的扩大再生产的特征。再次，揭示了科技进步和科技生产力倍数作用增强条件下实现总量均衡的机制。最后，提出了反映科技进步条件下总量均衡的数学模型。刘诗白教授指出，尽管科技进步改变了现代市场经济中的再生产模式，但资本主义经济增长中制度性的有效需求不足仍然客观存在。这些分析深化了人们对以高科技为基础的扩大再生产的主要形式和特征的认识。

（2）从制度的角度对当前中国经济运行中的有效需求不足的成因、性质和特征作了全面的理论研究，揭示出我国转型期有效需求不足的实质是市场化进程中制度缺损条件下的体制性和机制性有效需求不足，是我国改革开放以来经济体制、运行机制的变迁与各种矛盾积累的综合反映。因此这种与供给结构失衡相互交织并存的有效需求不足问题，在转型期市场疲软和繁荣交替的周期循环中，还会在一个较长时期内内在地存在于我国市场经济运行中，成为市场供求约束经济增长的一个具有常态性质的经济现象。这一判断对把握我国转型期经济发展的周期，具有重要的启迪意义。

（3）在理论分析的基础上，提出治理内需不足，促进中国新时期经济持续快速稳定增长的主要途径。刘教授指出，治理转型期体制性和机制性有效需求不足，保证中国未来 20 年经济持续快速稳定增长，其关键环节在于把经济增长方式由政府投资拉动型转化为内生力量推动型。内生增长是我国经济高质量发展、兼顾社会经济目标的制度性安排，应当通过种种制度上的创新撬动各种潜在的内生力量。作者关于优化宏观经济政策，撬动各种内生力量，启动社会投资、推动消费增长、实行制度创新等治理措施的设计和阐述，均具有理论创新意义和实践价值。

刘诗白教授的我国转型期有效需求不足（尤其是内需不足）理论紧扣我国的经济转型背景，从制度的角度对当前中国经济运行中的有效需求不足的成因、性质和特征作了全面研究，揭示出我国转型期有效需求不足的实质是市场化进程中制度缺损条件下的体制性和机制性有效需求不足，建立了“转轨期体制综合型”有效需求不足这一理论体系。

关于现代财富性质和源泉的研究

早在1992年，刘诗白教授就在《社会主义经济原论》一书中提出，人民财富的最大增值、合理分配、优化使用，是社会主义政治经济学的新主题，为经济学的理论创新提出了一条重要思路。今年出版的、作者经历7年心血所完成的《现代财富论》这部学术专著，更以理论经济学家广阔的历史与现实的视野，以深厚的理论功力，抓住“财富”这一基本的社会经济范畴为出发点，以“财富创造”这一人类基本的社会实践活动为主体，以推进人民财富丰裕化、实现我国建设全面小康社会为基本宗旨，对现代财富的性质、结构、源泉和加快财富创造的经济机制和规律，特别是发达市场经济和高科技经济条件下社会财富创造的新情况、新特点，坚持与时俱进、理论创新的精神，进行了全方位、深层次的经济学、社会学和科学学的理论思考与分析。

1. 对社会财富的形式和结构的分析

在1776年出版的影响深远的《国民财富的性质和原因的研究》一书中，英国经济学家亚当·斯密探讨了工场手工业时代的财富形态和财富生产，认为物质财富是基本形式，而分工和交易，可以极大地增加社会财富。250年后的今天，当代人类社会的一个显著特点是与科学技术的迅猛发展相伴随的财富形式、结构、形成的深刻变化。刘诗白教授认为从财富的社会经济性质着眼，现代社会财富在市场经济形态下主要表现为商品财富，但是不从属于市场机制的产品性财富也是社会财富的组成部分。① 所以，现代社会财富包括商品财富和非商品财富两大类别，是生产品拥有的能够满足人的需要的有用性。

结构的多样性从来是社会财富的特征，更是现代财富的鲜明特色。现代财富结构的多样性表现在四个方面：（1）物质财富、服务财富、精神财富的三维结构日益凸显；（2）服务财富和精神财富的快速增长，及其逐渐成为社会总财富主导形式的趋势；（3）知识和科技密集型的现代财富的出现、大规模生产和对传统财富替代的加强；（4）对自然资源、生态财富的维护和创新愈加成为财富生产的重要内容。这样的概括，远远超越了物质财富的范畴，是当代财富状况的既鲜活又生动的真实写照。

现代财富结构的多样性是由生产力、社会生产的状况和产业结构决定的。刘诗白教授认为，当代世界正处在一个生产全面发展的时代。从产品体的性质及其功能的角度出发，物质产品、服务产品以及知识文化产品等三大类产品成为现代社会财富的组成要素。

基于对现代财富结构多样性的理论阐述，刘诗白教授提出在现代市场经济和现代高技术条件下，物质产品、服务产品和知识、精神产品等三大类产品已成为现代社会财富的组成要素。在进行社会主义生产的人们应该确立全面的财富观，特别

---

① 刘诗白．现代财富论［M］．北京：生活·读书·新知三联书店，2005：22．

是整体的财富观，即统筹商品财富和产品性财富二者的共同增长和谋求物质财富、服务财富和精神财富三者的结构协调和优化，谋求多样财富形式的协调发展和互相促进。这一理论概括，无疑有助于我国当前正确处理三大生产部门的关系，优化产业结构和人民财富的创造，同时也将为我国新时期社会主义经济理论研究拓展出一个新视野、新领域。

2. 对现代社会财富源泉多样性的论述

刘诗白教授将马克思关于使用价值财富生产的理论和分析方法运用于现代，分析了劳动是社会财富的始源，参与生产过程的工具和自然对象——从广义的土地（地表、地下）到被使用的宇宙——也是财富的源泉；并指出人类社会发展中生产方式的进步，实现了社会财富新源泉的开发和富源的多样化。特别是现代市场经济和高技术经济的生产过程中呈现出生产要素的多维化，除了劳动力、工具力、对象力之外，科学力（知识力）、管理力、环境力等也成为生产过程的有效因素且对产品使用价值和社会财富的形成发挥重要作用。其中强调了科学知识在现代财富创造中的决定性作用。显然，随着人类社会的不断进步，人类创造、开发社会财富的能力也日益增强，社会财富的结构及其源泉将日益多样化。刘教授正是着眼于此，与时俱进，不断深入探讨社会财富的新要素及新源泉，将经济理论研究推向了时代的前沿。

3. 对自然财富在社会财富形成中功能的阐述

刘诗白教授将自然财富源泉确立为经济学范畴，提出了自然财富是社会财富的形成的物质基础（物质源泉）这一命题。然而，对于人类社会发展的一定阶段来说，在特定的生产力水平下，能现实参与财富生产的地球自然资源，总是表现为一个有限的存量，社会生产也总是存在着财富生产与自然物存量耗损的一般矛盾。基于此，他提出自然财富边际有限性的命题，要求大力寻找和实行节约自然的经济模式（生产方式和消费方式）和发展模式，把经济高增长和自然资源节约，环境的维护和优化相结合，以保持人和自然相协调和实现可持续的发展。

自然财富有限存量的命题显然是以在现有生产力水平不变的假设为前提的，但是在社会生产力提高、自然开发在广度深度上的发展的条件下，可利用的自然财富也就会相应扩大。基于此，他提出自然财富存量的界限或边界可扩展性的第二个命题。提出了科技将开发不竭财富新源泉的乐观主义发展观。

由此可见，自然财富不仅是创造物质财富的基础，而且其本身也是社会财富、人民财富的一部分。自然财富边际有限，但人类社会借助于知识、科技、文化的发展，超越了自然财富的有限性，展示了无限美好的前景。因此，刘诗白教授提出在社会主义中国，实行一种理性的、社会与自然相协调的世世代代造福于人民的持续的扩大再生产模式，是社会主义经济发展的要求。

4. 对当代高科技生产方式的经济分析

财富的内涵和结构、源泉乃至自然财富边界可扩展性及其在社会财富中功能的变化，无不是由生产方式的发展变化引起的。刘诗白教授指出，当代世界出现了传统工业生产方式的升级，这一新的生产方式就是在《现代财富论》里称之为高科技的生产方式或高科技经济。高科技的生产方式正在带来一系列变革，包括生产工具革命，现代使用财富的创造，劳动生产率的提高，有效需求的扩大，企业组织的重构，宏观调控的加强和完善，等等；对人类的经济、社会变革发生着深刻影响。

他进而认为，物质财富生产和知识财富生产并举并以知识生产促进物质生产，成为当代经济发展的大趋势，形成了知识经济的基本特征。这里，经济学尤其是政治经济学研究的对象和内容都得到了拓宽甚至进一步形成新的经济理论构架。换言之，基于20世纪末以科技革命和知识经济出现的这些新的变化，经济学研究对象的范围应当从物质产品领域扩大到服务产品领域，进而扩大到今天的知识（信息）产品领域；而在当代发展生产则应由着眼于发展物质产品生产到同时着眼于服务产品生产和知识产品的生产，而搞好物质生产、服务生产、精神生产，即加强物质财富和精神财富的创造，最大限度地提高创造财富的能力，是全面建设小康社会的根本途径。

5. 对商品经济和市场机制促进技术进步功能的分析

刘诗白教授指出，在商品经济条件下，市场机制是推动科学知识产品转化为科技财富。因此，当代市场经济的上述制度安排及其制度创新（包括知识产权制度、风险资本、文教体制创新等）构成了一整套制度体系，使效率更高的新技术在产权明确的条件下，经过商品化、市场化，被合并于生产成为提高效率、增进产品附加值，从而产生了净收益，即超额利润的新手段；特别是高科技经济的体制，使知识、技术转化为资本，在资本市场上得到评价和增值，从而带来资本收益。市场经济的制度安排，启动了为追逐超额利润的技术不断创新。市场经济国家工业化、现代化过程中机器工业技术进步的加速，当代高科技经济中技术的不断创新，无不是以新技术产生净收益的经济机制的作用为基础的。对科技进步的经济机制的阐述，旨在强调在我国当前需要以改革和制度创新来推动技术创新。

6. 对现代知识生产及其经济、社会功能的理论分析

马克思曾提出物质（产品）生产、服务（产品）生产、精神（作品）生产以及人的生产，即四类生产组成“整个世界的生产”的经济学命题。[①] 刘诗白教授认为，当代发达的知识生产，是立足于市场经济体制基础之上的大知识生产机器，既包括自然科学和社会科学的科学知识生产，还包括文化、精神生产。他认为，在当代，上述生产是创造商品性知识产品的市场性知识生产，带有鲜明的盈利特征。传统政治经济学将精神生产劳动视为一种完全摆脱了物质利益动机的“纯洁”劳动，无需经济利益的驱动，显然，当代部分精神、知识劳动已经从属于商品机制和经济利益，这是不以人的意志为转移的经济发展与变迁。

在市场性知识生产领域，商品关系和市场机制的恰当引进，能对知识生产产生利益激励功能、促进知识劳动分工的功能、科学活动导向和资源合理配置的功能，以及知识生产企业化组织形式解放和发展强大知识生产力的功能。当然，市场性知识生产领域仍然存在市场失灵，也会出现市场驱动知识生产畸化、知识垄断、商品性知识生产中固有的分配与财富占有不公[②]、以及在作为公共产品的非商品性知识生产领域（尤其是

① 在马克思看来，精神生产是指哲学、法学、道德等思想、观念的“意识的生产”，各种社会意识的形成以及科学知识的创造均属于知识生产。

② 刘诗白．现代财富论［M］．北京：生活·读书·新知三联书店，2005：370．

科学基础知识生产）的低效率。

在此基础上，刘诗白教授还阐述了商品性知识生产基本矛盾的命题，指出商品性知识生产中固有的分配与财富占有不公，源于商品性知识生产的基本矛盾，即参与科学产品使用价值形成的社会化劳动和参与科学产品价值创造的直接生产劳动（以及有偿原知中体现的劳动）的矛盾。[①]

这一分析，为社会主义市场经济构建知识生产体系过程中如何兴利除弊，有效发挥商品关系和市场机制促进知识财富生产力的功能；如何正确处理市场性知识生产的矛盾；以及如何处理好市场性知识生产和作为公共产品的非商品性知识生产的关系等问题提供了理论依据。

7. 对现代文化生产的性质、机制以及如何构建社会主义文化生产体制的分析

在经济不发达的社会里，文化对经济是疏远的。长期的计划经济体制又留下了一些带有体制特征的文化观念，如笼统地认为“文化是事业而非产业”，“文化是花钱的，经济是赚钱的”，“文化靠国家投入，不能进入市场”等等。刘诗白教授一扫这些观念，明确地指出，在知识经济的时代、在发达的市场经济中，文化正在被大规模的合并、嫁接于生产，商品性文化生产成为当代社会大生产的新组件，文化产品成为现代国民财富的重要内容，文化产业成为促进经济增长和财富增值的支

① 具体而言，参与科学成果的使用价值创造的是社会化劳动——直接的和间接的劳动，但是只有参与科学成果创造的直接生产劳动和有偿原知中体现的劳动参与价值形成，这就是知识商品生产固有的内在矛盾。

柱产业。这意味着文化已经具有了生产力的性质。

然而，进入市场的文化、精神产品是具有意识性和商品性的特殊商品，所以刘教授强调，文化生产、特别是商品性文化生产，它的健康发展离不开一个政府规制的和有制度的约束、有调控的、完善的市场体制。为了求得文化财富又多又好的创造，以服务于社会主义事业，在商品性文化、精神生产领域，应该实行政府主导和有规制的商品生产模式，实行看不见的手、看得见的手和先进思想指导作用相结合。

8. 对马克思劳动价值理论的新探讨

2001 年 5 月以来刘诗白教授发表了有关《论科技创新劳动》、《论服务劳动》等多篇论文，提出在新的条件下进一步丰富劳动价值论的新观点。首先，他认为社会财富其根本规定性是劳动生产物，即劳动财富。劳动是价值的唯一源泉，抽象的一般人类劳动是价值实体，形成价值的劳动不能简单地理解为“实物形态的劳动”，而应当按照马克思理论的本意，理解为“对象化劳动”。马克思劳动价值论的精髓不仅在于把对象化的抽象一般人类劳动看成是价值的唯一源泉，更在于把价值看成是一定社会历史条件下的生产关系。

其次，在坚持马克思劳动价值论的同时，对当代社会主义市场经济条件下价值形成的重要变化做出了新的理论解释。他认为，在我国社会主义市场经济制度下，众多的商品生产部门，无论是物质、实物产品生产部门还是商业、金融及其他服务部门以及科学、文化产品生产部门，其从业和职能人员都参与了商品使用价值的创造。那么，是否所有劳动都无不具有生产性呢？该著作实事求是地指出，流通部门的劳动具有创造使用价值为价值以及价值实现的双重功能；还明确界定，只有必要流通劳动才创造价值。同样地，金融劳动有积极性劳动和消极性劳动的区分，指出只有积极性金融劳动才能创造价值。这种区分也完全适用于商业领域，在商业领域的假冒伪劣、以次充好、坑蒙拐骗乃至于贩黄贩毒等活动，不仅具有消极性，甚至可以说是具有破坏性的。在我国尚处于社会主义初级阶段，市场经济制度以及监管制度、调控措施都还很不健全的情况下，这部分活动的分量并不轻。经过该著作的缜密、辩证的分析，流通领域劳动的生产性问题的讨论可以说有了一个比较合乎实际而无片面性的结论，这无论在理论建设还是在实践上都有着重大的意义，应该说，该书的这些理论阐述和创新，为马克思主义的中国化做出了努力。从而增强了马克思科学理论和方法对现代经济诸多新事物、新现象的解释力。

在对刘诗白教授经济思想与学术贡献进行梳理和述评的过程中，笔者深切感受到刘诗白教授在这 65 年的学术生涯中之所以著述宏丰，并取得如此多的具有创造性的研究成果，是与他严谨的专业精神、深厚的理论功底、实事求是的科学态度、不断否定超越自己的治学精神，以及对社会的高度责任感分不开的。

倾心尽力　情牵国防

——刘诗白教授与国防经济博士生培养纪实

凌胜银　姜海洋

2011 年 6 月 3 日，由西南财经大学、南京陆军指挥学院（两校）联合招收培养的 2008 级国防经济博士论文答辩会和 2009 级国防经济博士论文开题会，在南京陆军指挥学院隆重举行，答辩会和开题会顺利完成预定议程，获得圆满成功。2003 年到 2011 年，“两校”已经联合招收 12 名国防经济专业博士生，已有 4 名博士生完成学业，并授予经济学博士学位。

回顾“两校”联合培养国防经济博士生的历程，我们深深感到，国防经济专业的每一步发展都凝聚着刘诗白教授的心血和汗水，都倾注着一个有着 86 岁高龄的经济学家的爱国爱军情怀。从倡议到招生，从培养到毕业，从每一个选题的确定到对每一篇博士论文的修改审阅，从答辩会上博士生们的精彩阐述到回答专家问题时的从容不迫、侃侃而谈，怎样的言辞都表达不尽我们对导师刘诗白教授的感激和尊重。

“两校”联合培养国防经济博士生突破了“近亲繁殖”的困境，“合成优势”十分明显。已经毕业的博士生凌胜银、赵晨、周涛、姜海洋发挥科研优势和业务特长，组织参加国防和军队重大课题研究55项，在权威期刊和核心期刊发表276篇论文和调研报告，在国防战略、战争动员、国民经济动员、非战争军事行动、军队核心军事能力建设、军队思想政治建设等领域已经取得一批创新性研究成果，受到军队领率机关、军事高等院校和军事科研部门的高度关注和重视。凌胜银已从副教授晋升为教授，并担任南京陆军指挥学院政治工作教研室主任；赵晨进入军事科学院博士后流动站，获得2项中国博士后科学特别资助基金；周涛被表彰为全军优秀参谋；姜海洋在全国20余家期刊发表文章75篇。

（一）

军地院校联合培养国防经济博士生顺应了世界新军事革命的发展趋势，是适应中国特色军事变革和科技强军战略的必然要求。进入新世纪，世界军事强国大力度全方位推进国防和军队改革，我国的国防和军队对合成型高层次军事人才需求急增。面对汹涌澎湃的新军事革命浪潮，我国国防和军队转型的制高点在哪里？关键在人才。刘诗白教授提出，按照“军民结合、校际合作、强强联合、联合培养”的模式，西南财经大学与军事院校联合设置和培养国防经济博士生的构想。

西南财经大学是教育部直属的国家重点大学，拥有理论经济学、应用经济学、工商管理、法学、管理科学与工程5个博士学位授予权一级学科，38 个博士学位培养专业，并设有理论经济学、应用经济学、工商管理 3 个博士后流动站。作为综合性财经大学，西南财经大学的应用经济学领域，理应设置和培养国防经济博士生，但是西南财经大学是地方大学，客观上不具备独立设置和培养与军事学交叉的国防经济博士生。

基于刘诗白教授的构想，与西南财经大学进行校际合作，南京陆军指挥学院成为首选。这是因为，南京陆军指挥学院是总参谋部直属中级合成指挥院校，担负全军指挥军官中级培训和研究生培养任务，而招收和培养国防经济硕士生从 1995 年就开始了，可以说，南京陆军指挥学院在培养指挥和技术合成型国防经济硕士生方面有丰富的实践经验。经总参领导推荐，再经“两校”全面对接，全力推动，全方位合作，决定从 2003 年秋季正式启动联合培养“高层次国防经济人才工程”。

2003 年 9 月 27 日，“两校”在西南财经大学光华楼联合举行合作培养国防经济博士生协议签字仪式。四川省学位委员会办公室主任李义，南京陆军指挥学院院长陈勇少将、训练部副部长周师华大校，西南财经大学原党委书记兼校长王永锡教授、校长王裕国教授、副书记朱世宏教授、副校长刘灿教授和博士生导师刘诗白教授、杨洪江教授，西南财经大学经济学院、南京陆军指挥学院军队政工系和“两校”研究生部门的主要负责人，新华社、中央人民广播电台、四川电视台、华西都市报等媒体应邀出席。

王裕国校长和陈勇院长分别在《协议书》上签字并发表讲话。王校长指出，西南财经大学通过与军队院校联合培养军事指挥人才和学科带头人，为服务国防和军队建设开辟了新途径，为全校师生开展高层次国防教育提供了新师资，为应用经济学一级学科博士生培养拓宽了新领域，是建设综合型、开放型、创新型财经大学的新发展，军队联合培养模式符合党中央提出的军民融合式发展思想。陈勇院长指出，中国特色军事变革对我国的国防和军事教育发展提出了新要求，与西南财经大学合作办学，就是贯彻军委实施人才战略工程的实际行动，必将推动南京陆军指挥学院的改革和发展；同时也表明西南财经大学特有的国际视野、战略眼光、全局意识和对国防现代化建设的全力支持，它顺应了党的十六大提出的军队要实施科技强军战略，加强质量建设的新形势，这种军地联合培养模式必将为我国国防和军队建设做出新的贡献。

（二）

博士生招进来，向哪个方向发展？如何培养？刘诗白教授结合多年的执教经验，瞄准国防和军队对未来高层次经济人才的需求，提出"厚基础、宽视野、强能力"的培养目标。依据这个目标，"两校"教学、管理、科研部门通力协作，拟订联合招生计划和培养方案，按照公共基础课、专业基础课、专业方向课共设置15门必修课程，为成体系研究型培养国防经济博士生提供了遵循和方向。

2003年9月，第一批两名国防经济博士生按期入学，"两校"联合培养由此进入实际培养程序。

国防经济博士生招收的对象是军队现役干部，南京陆军指挥学院负责生源推荐和政审，入学考试则由西南财经大学纳入年度博士生招生计划，统一组织实施。入学考试由笔试、科研成果、面试三部分组成，按比例计入总分，由西南财经大学统一划定录取线，“两校”共同决定录取。2003 年招收第一批博士生凌胜银、李德中，2004 年第二批赵晨，2006 年第三批周涛、谢毅，2008 年第四批姜海洋，2009 年第五批李思静、商建程，2010 年第六批汪雷，2011 年第七批陈旺。从 2003 年到 2011 年，“两校”从陆军、空军部队和军事院校、战区指挥机关，共招收 12 名国防经济博士生。

国防经济博士生在读时间 3 年，最长 6 年。第一年在西南财经大学学习英语、西方经济学、国民经济学等 9 门基础课，第二年上半学期在南京陆军指挥学院学习军事学、战争动员学、国防经济理论等 6 门必修课。第二年下半学期和第三年为博士生论文开题、调研、撰写、预答辩、答辩时间。

国防经济博士生培养以科学研究为主，采取导师培养与集体培养相结合的方式进行。攻读博士学位期间必须修满 44 学分。其中，课程学习 28 至 32 学分；教学或社会实践 2 学分，组织参与教学、训练、演习、调研等军事活动；科研训练 4 学分，在军队权威期刊和核心期刊发表 5 篇论文；博士学位论文 10 学分，要求不少于 8 万字，并通过答辩。其目的是，通过对军事学、经济学、战争动员学课程的系统学习，广泛开展教学实践和科学研究活动，着重提高博士生的国防经济理论水平，培养独立分析和研究深层次学术问题的能力，取得创造性的理论实践成果。

博士生导师由军地著名经济学家和知名教授担任，实行军地“双导师”制。刘诗白教授是第一导师，担任导师的还有南京陆军指挥学院冯均义教授、杨洪江教授、张燕萍教授，理工大学宋方敏教授。同时成立由西南财经大学丁任重教授、刘方健教授、姜凌教授和南京陆军指挥学院副院长周师华少将等组成的博士生专家指导组，发挥集体智慧，提高博士生培养质量。为严把博士论文评阅关，“两校”建立了由国防大学、军事科学院、后勤指挥学院、南京政治学院、南京陆军指挥学院、西南财经大学等多所军地高等院校、资深教授组成的论文盲评专家库，随机抽取盲评专家，保证论文评阅质量。论文答辩委员按“军地互补”原则组成，南京大学洪银兴教授，四川大学杜肯堂教授、周春教授，西南财经大学赵德武教授、刘灿教授、丁任重教授、李萍教授、姜玉梅教授，南京航空航天大学李东教授，南京政治学院赵学清教授、杜人淮教授、谈万强教授，南京陆军指挥学院柴宇球教授（少将）、万福临教授都先后担任国防经济博士生论文答辩委员。

2006年12月9日，第一批博士生凌胜银论文答辩会在西南财经大学圆融厅举行；2007年6月10日，第二批博士生赵晨论文答辩会在南京陆军指挥学院学术报告厅举行；2010年6月11日，第三批博士生周涛论文答辩会在西南财经大学光华楼举行；2011年6月3日，第四批博士生姜海洋论文答辩会在南京陆军指挥学院训练部举行。答辩委员会专家由西南财经大学、南京陆军指挥学院和成都、南京两地军地高校联合组成，专家组的组成贯彻了刘诗白教授关于国防经济博士生导师组、盲评组、答辩委员会坚持高层次、权威性的思想，反响强烈。

（三）

从 2003 年到今天，经刘诗白教授主持和指导，“两校”联培的国防经济博士生就读和工作期间，组织参与了信息化战争与国防经济、世界新军事革命与中国国防战略、现代战争与现代后勤、科学发展观与中国特色军事变革等诸多课题的系统性研究。其间，刘诗白教授多次就国防的经济问题和经济的国防问题进行了阐述，形成了丰富的国防经济思想。主要体现在以下几个方面：

——国防和经济关系的思想。刘诗白教授认为，国防和经济相互依存；经济是国防与战争的基础，也是武器装备发展的基础；经济为国防和军事提供物质力量，影响国家的国防政策、战争形态、军事思想，决定着国防和军队发展的规模、速度；战争和国防受经济的制约。如果没有雄厚的经济实力，要想取得战争的最后胜利，是不可能的。

——国防科技思想。刘诗白教授认为，国防经济的发展和国防现代化的实现，必须依靠科学技术的进步。科学技术作为国防生产力和国防战斗力的要素，在现代军事活动中已经越来越显示出它的重要地位和作用。我国必须准确把握当今世界国防高技术的发展趋势，积极利用国防科学技术为国民经济服务。加快我国国防科技发展，以确定我国国防科技发展目标，是当前一项紧迫的任务。

——国防人口思想。刘诗白教授认为，国防归根结底是“人防”，人口是国防和军事活动的决定性因素，是产生“活力”的酵母，是主导国防和军事发展的能动性因素；国防人力资源，不仅是国家武装力量的基础，而且是军事潜力的要素，影响着国防建设和战争的进程、结局；现代国防和信息化战争对国防人力资源的数量、质量和分配等提出了更高要求；制定人口政策必须树立国防和军事观念。

——国防工业思想。刘诗白教授认为，国防工业是国防经济的重要支撑，战争是产生国防工业的前提，又是国防工业发展的动力；没有战争，就不会有国防工业的产生与发展；要实现国防现代化，必须发展国防工业；只有发展国防工业，才能从根本上解决武器装备的更新和发展。我国必须建立、完善和发展强大的国防工业，必须有独立的国防科研和军工生产体系，这是我国国家战略和国防战略的需要。

——国民经济动员思想。刘诗白教授认为，国民经济动员能力的强弱事关国家利益和战争胜负；国民经济动员是平时经济向战时经济转化的重要杠杆；经济动员具有威慑力量；国民经济动员具有非军事功能；和平时期必须高度重视国民经济动员的基础建设，提高国民经济动员信息化水平；等等。

我的导师——刘诗白

姜海洋

2008 年 9 月，西南财经大学录取的 221 个博士生从天南海北赶赴学校报到，我是其中一员，刚刚从“5·12”地震救灾一线班师回营。在部队摸爬滚打 18 年之后，重回学生时代，心潮澎湃，激情满怀。

部队是执行特殊政治任务的武装集团，大学是追寻科学和真理的知识集团。我既在军队任职，又在大学学习，因此，我的成长经历和观察问题的方式与同学们有些不同——“双重”视角，既有理论层面的思考，也有实践层面的锻炼；既有军队的纪律意识，也有大学的思想自由；再加上职业的习惯，我曾经是连队的通信员，军分区的新闻干事，军区的动员参谋、警备区的作战参谋，因此，我勤于思考，善于观察，更注重细节，经意不经意地就把部队和大学进行对比研究，这种对比和思考的结果，使我的人生观、价值观、世界观得以重塑。我是不是太幸运？我坚信，我的导师——刘诗白先生高尚的道德观和严谨的治学精神，将深刻地影响和伴随我的一生；我也坚信，我的人生之路会更充实，更平坦，更值得期待。

从军之前，我修过路，挑过煤，种过地，忍冻挨饿。我深深地知道，我的一生，除了父母，影响最深关注最多，总给我以信心和力量的就是我的首长和老师。父母赐予我生命，养育我长大。首长关心我的前程，从士兵成长为军官。老师则以特有的方式给我以启迪，教我如何做人，如何做事？每当想起与老师共度的时光，内心总是由衷地充满感激。师恩似海，情重如山。我的博士梦得以完成，离不开导师博大、厚重、无私的爱。这是我进入西南财经大学攻读博士学位最大的收获。

2008 年 12 月 24 日，西南财经大学光华楼东厅座无虚席，我的导师应邀出席"公管讲堂"第一讲——金融自由演化与美国金融危机，尹庆双院长主持，这是我第一次近距离聆听导师的学术讲座。当时，全球金融系统面临着自 1929 年以来的根本性系统重建，我国也正在积极应对因世界经济危机导致的国内经济转型。美国的次贷危机如何酿成全球性的深重危机？昔日翻云覆雨的华尔街何以脆弱不堪？"政府之手"和"市场之手"在这场危机中应当扮演什么角色？世界各国如何才能挽全球经济于既倒？这些问题对于一个整天只和战争打交道的军人来说，是很有冲击力和震撼力的。演讲结束，导师的学生——尹庆双院长、邢祖礼、周涛、江宗德和我，陪同送导师回家。站在导师的家门口，尹院长把一个信封送给导师："导师，这是公共管理学院的文件，还有这次的讲课费。"我们看到，导师接过信封，把文件取出来，然后把那个信封递给尹院长："这个你拿回去！"就在导师和我们告别转身的那一刻，我的脑海里突然浮现出我慈爱的父亲，导师 83 岁高龄的背影更高大更伟岸，它深深地刻进我的心里。

2009 年 1 月 19 日，中华民族的传统节日春节就要到了。我和我的妻子刘春、儿子姜河源一起到导师家拜年，我们带上牛奶、土鸡蛋和巧克力，当然还准备了一个部队的制式贺年卡，里面装着我们一家三口对导师的美好祝愿，也装着我们给导师拜年的一个红包。我 7 岁的儿子轻轻地敲开导师的家门，我们和导师、师母坐在一起，屋里开着空调，温暖流进我们心里。就在我们和导师、师母攀谈之间，四川大学经济学院的学生代表也来给导师、师母拜年了，一桶“金龙鱼”、一袋“阿泰哥”和一个周春教授赠送的贺年信封。2009 年，周春教授、林凌教授和我的导师共同入选“建国 60 周年四川省杰出贡献经济学家”。寒暄之时，我看到，导师拿着那个贺年信封捏了又捏，这时，站在一旁的四川大学经济学院的女生态度诚恳地说话了：“刘校长，就是一张贺年片！”但导师还是不放心地拆开了，确认真的就是贺年片时，导师才把它放在茶几上，我看在眼里，记在心头。我当时就想，站在我们面前的导师，不就是他们那一个时代，那一代人的最好代表吗？也就是当时，我小时候童话般的两个梦想回来了——当一名军人，打击侵略者，保卫全中国；当一名老师，传道、授业、解惑。我的军官梦已经实现，我的老师梦呢？我仿佛又回到天真灿烂的童年，儿时刻画在脑海里的老师就在我的面前，我是多么的幸运啊。

在准备离开导师家的时候，我的儿子送上我们的贺年卡，“爷爷，祝您新年好！”导师接过贺年卡，把那个红包拿出来交给我。导师说：“不要把规矩兴坏了！”我和我的妻子无言以对，怎样的言辞都表达不尽我对导师的尊重和敬意。从那以后，我们每次去导师家，要么一个大花篮，要么一箱“特伦舒”，要么一袋“北大荒”，要么两瓶“阿芙 AFU”，礼品很轻，导师却很开怀；也正因为礼品很轻，师生情谊却很深。基于对导师的崇敬和祝愿，我特地为导师制作了一张照片，其背景就是一根挂满露珠的青青竹竿，青翠欲滴，冰清玉洁，淡泊儒雅。

时光如水，静静地流淌。2011 年不知不觉地就来到我们的面前，我的学生时代行将结束。在导师的悉心指导和培养下，按照我们共同研究确定的思路，我以 20 年的专业积淀，用了整整 10 个月的时间，完成了 15 万字的毕业论文。我丝毫不敢懈怠，仔细地推敲，反复地修改，认真地校对，直到最终确认无误，我才决定把论文打印出来。在送给导师审阅之前，我又将论文纸从 A4 调整为 8K，这样整个字体放大了一倍，导师看起来会舒服一些，不伤眼睛。导师已经 86 岁高龄，我不愿导师太劳累，否则，我心不安。我原本打算，导师把论文的“摘要”和“目录”两部分看完就可以了，导师说要全部看完。当我把导师审阅的论文稿拿到手上的时候，我吃惊地发现，导师不仅通看了整个论文，而且对定义不准、用词不准、数字不准的地方还进行了详尽的修改和批注，面对那一道道红色的批注线和一张张“折痕”，我深切地感受到，它就是导师执教 65 周年的一个缩影，也是导师镌刻在校门前的“经世济民，孜孜以求”的最好注释，它凝聚着导师的心血和对学术的尊重，尤其是将论文引用的我国国民经济的数据，从 2009 年调整为 2010 年，这更增加了笔者构建的总供给和总需求模型的时效性，更具说服力。

宋代，岳飞有句名言："文官不爱财，武官不惜死，则天下太平!"900 年前的这句话，言犹在耳，久久回荡。今天的中国，面对国际环境的重大变化，面对国内环境的巨大压力，我们的军队难道不应该深刻地警醒？我们的大学难道不应该深刻地反思？我们必须牢记历史，反思现实，面向未来，在重新恢复中华民族汉唐儒雅的同时，坚定地树立尚武精神；否则，我国或重新受到世界列强的侵略和伤害。

三、访谈部分

智者诗白

——记西南财经大学名誉校长刘诗白

周闻　陈庆

他在 1981 年较早提出所有制改革，以独到的见解被誉为中国三大产权理论流派的代表人物之一。

他在 1988 年率先提出银行企业化改革的设想，如今已成为中国金融体制改革的现实。

他在 1990 年提出“缓解市场疲软十策”被中央采纳，对当时疲软的经济起到了强力拉动作用。

进入新世纪，他以高龄之躯老骥伏枥，几乎年年都有重要专著问世。

他，就是“影响四川·改革开放 30 周年十大最具标志性风云人物”之一的西南财经大学名誉校长、著名学者刘诗白。

本刊记者登门拜访刘老，听他讲述那一个个看似平淡无奇，实则荡气回肠的故事……

学者，要勇于站在时代的前列

“实行经济体制改革必须打破公有制经济的垄断局面，引进多种经济成分活跃经济生活。为此，我们必须调整完善所有制结构，进而制定扶持多种经济成分发展的相关政策，而这首先需要经济学家从理论上解决人们的认识问题。”刘诗白老人直言不讳地阐述了这一观点。

所有制问题过去一直是我国经济理论研究的“禁区”，而刘诗白是我国较早提出社会主义所有制多元性的学者之一。早在 1979 年，他就开始认真思索，如何调整和完善所有制结构，寻找公有制新的实现形式，以取代传统的国有国营模式。

1979 年，他在《试论经济改革与社会主义全民所有制的完善》一文中，提出了社会主义“全民所有制”应该是“不完全的”的新观点，从理论上阐明了把统收统支、吃国家“大锅饭”的国营企业改造为实行自负盈亏的市场主体的必然性和合理性。在当时，这种观点无疑具有相当的超前性。

1981 年，在成都召开的首次全国所有制理论讨论会上，刘诗白系统提出了社会主义社会所有制结构的多元性、所有制形式的多样性、公有制具体形式的多层次性的“三性”观点，在当时引起了强烈的社会反响。

“当时传统单一的公有制已经让国民经济到了濒临崩溃的境地。党的十一届三中全会把党的工作重心转移到经济建设上来，我们理论工作者就必须有预见性，拿出创新的理论解决人们在思想和认识上存在的一系列问题。没有理论的创新，我们的任何改革开放新政策都难以执行。”时隔近30年，老人回忆当时的情形仍心潮起伏。

正是基于这样的认识，刘诗白大胆突破禁区，形成了社会主义所有制是公有制经济加非公有经济并拥有多种经济成分的观点和见解，从理论上解决了要不要非公经济的问题。

1986年以来，刘诗白发表了一系列有关国有企业进行产权制度改革的论文，对过去理论界认为“离经叛道”的产权问题，进行了不懈的理论探索。他认为，一个真正的企业，其行为特征是围绕市场运转，是真正的市场主体；企业要成为市场主体，它首先必须是产权主体，即必须拥有财产所有权或支配权，并能享有“产益”和承担“产责”。因此，构建市场机制，必须着眼于改革公有制的实现形式，重点是进行产权制度的改革，即按照两权分离的原则，探索和构建确保国家所有权，强化企业经营权的法人财产制度，并由此建立现代企业制度。

“刘诗白主张构建新的产权制度，是搞活我国国有企业的突破口。”当时舆论这样评价。

“在社会转型时期，人们的认识有先有后，我不过属于思想转弯较早的人而已。”多年以后，刘诗白平静地叙述这些当时让人振聋发聩的事。

理论，来自生动鲜活的实践

“经济学家如果没有亲身的体验，无法将自己的见解上升为理论，就不能对社会有所贡献。我对非公经济、企业产权等领域的探索，来自于从上世纪五十年代就开始的对企业、农村的调研。经过多年亲历考察，我真正认识到，中国必须走改革之路，不改真的不行了!”老人沉浸于对往事的回忆中。

早在20世纪80年代初期，刘诗白就密切关注刚成立不久的深圳特区，几乎每年都要前往广东和特区进行调研，后来，调查范围也从深圳、珠海等特区扩大到珠江三角洲以及后来崛起的上海、无锡、温州……从沿海地区改革开放的生动实践中，刘诗白给自己的理论探索找到了有力依据，更加强化了其一贯主张的理论研究要为经济建设和改革服务的思想，使自己的许多对策建议屡屡为政府决策部门所采纳。

1985年，他针对我国金融体制缺乏活力和资金分配吃大锅饭的诸多弊端，率先提出银行企业化改革的设想，多年后终于成为我国金融体制改革的现实。

1988年，在全国人大七届一次会议上，作为全国人大代表的刘诗白与蒋一苇等43名人大代表联合提出提案，建议加强中央银行独立执行货币政策权力，建立货币委员会，拓展了中国金融体制改革的思路 。

1988年，为了平抑物价，中央实行治理整顿。急刹车方式的全面紧缩带来负面效应，1989年春出现市场销售疲软，9月以后更出现严重的生产滑坡与效益滑坡。“情况的变化，需要调整‘紧缩’力度，实行松动银根的政策。”刘诗白在1990年全国七届人大三次会议上提出“缓解市场疲软十策”的建议，主张用活资金来启动市场、强化商业功能以疏通市场、用消费来激励市场、用好投资来带动市场等，实践表明，这些政策建议收到了较好的效果，对缓解市场疲软起到了明显作用。

1992年初，小平同志南方谈话发表前夕，刘诗白根据多年对广东的观察和调研，写出了一系列为广东“鼓与呼”的文章，称广东是中国改革的排头兵，这在当时中国改革开放进入低谷的时候，无疑需要极大的勇气。

“经济学家的正确思想只能来自于实践，书斋里永远找不出现成的答案!”刘诗白谆谆告诫弟子。

贡献，源自与时俱进并不断突破自身

20世纪80年代后期，从学校行政领导岗位退下来的刘诗白把更多的精力投入到为地方改革和建设建言献策上，发挥着“智囊”的重要作用。

1990年，针对全国发展形势和四川省情，他和其他专家一起提出了以抓重点带动全面的发展思路，被四川省委、省政府采纳，推动形成了“先抓一条线”的政策措施；1993年，他带领西南财经大学一批优秀学者参与四川省国有企业改革工作，在省委（1993）27号文件（即国企改革“33条”）的起草形成中作出了积极贡献；1996年，四川行政区划调整，受省委、省政府委托，他带领调研组深入四川各地，提出了调整四川经济发展战略布局，构建大成都经济圈的思路，被省委、省政府采纳实施……

在学术研究上，刘诗白也老骥伏枥，不断拓宽研究范围，提出了不少颇具影响、具有独创性的见解。20世纪90年代以来，刘诗白密切关注时代发展变化，探寻并研究适应时代要求的经济学新课题。他以理论经济学家广阔的视野，对当代世界范围内高科技经济的发展及其对社会生产力的巨大推动作用、知识经济对我国社会经济发展带来的革命性变革、当代新科技革命对于现代市场经济体制及其运行机制的影响进行了深入研究。

1993 年和 1999 年出版的《产权新论》与《产权主体论》，成为探索我国企业产权改革的重要理论专著，刘诗白因此被学术界称为中国三大产权理论流派之一的代表人物。

2005 年和 2008 年，《现代财富论》、《体制转型论》相继出版。《现代财富论》是刘诗白十多年来对当代财富生产机制和加快我国富民强国之路的理论思考和总结，也是这位老人不断突破自身，学术研究与时俱进的见证。

2008 年 12 月，83 岁的刘诗白因在经济理论领域取得巨大成就和对四川经济发展作出卓越贡献，荣膺“影响四川·改革开放 30 周年十大最具标志性风云人物”称号。

“改革开放要把经济搞上去，第一需要的就是财经人才，正是这样的时代需求，给了我们发挥作用的舞台。”面对荣誉，刘诗白感慨地说。耄耋之年的他，还是坚持不懈地进行学术研究，还在关注经济发展的最新形势。

“每个人都应该对国家抱有一份责任心，作为经济学家，我要为国家发展站好自己的这一班岗，能出力的时候就要继续努力。”淡定从容的刘诗白，眼中始终闪烁着睿智的光芒。

此文载于：四川党的建设（城市版），2009（4）.

一代大家刘诗白

拂晓　山丘

2005年1月，生活·读书·新知三联书店出版了《现代财富论》。该书多层面地分析了当代最新的财富生产方式，为我国新时期经济理论研究拓展了新视野、新领域。它的出版，在理论界引起了重大反响。该书的作者就是已达八十高龄却依然走在时代前沿的著名经济学家刘诗白。

漫漫求索路

理论探索和改革之路从来不是平坦笔直的长安大街。在刘诗白从事学术探讨的半个世纪中，正值中国由民主革命转向社会主义革命和建设、由产品经济过渡到市场经济的转轨历史时期。与国家的命运一样，刘诗白的学术生涯也有着不平常的经历。

一

1925 年，刘诗白出生在一个教育世家，父亲当时系成都法政专科学校校长，在抗战时期曾担任四川省教育厅厅长。老先生是一位崇尚民主的爱国知识分子，热衷于哲学、文史研究，博览群书，从中国的诸子百家，到西方的启蒙学者，甚至马克思和列宁的著作，均有涉猎。而母亲则工于诗词歌赋，其造诣不俗，与当时有名的女词人沈祖芬是好友。书香门第浓郁的文化熏陶，使刘诗白从小就热爱文学和社会科学。

他的学生时代，正值旧中国外受帝国主义列强掠夺，内遭新旧军阀和专制政府横征暴敛，人民群众处于水深火热灾难境地的时期。1937 年，日本侵略军大举进攻上海，“八一三”事变爆发，刘诗白一家从上海逃亡到重庆。一路上，刘诗白耳闻目睹侵略者的野蛮暴行，在他幼小的心灵中萌生出救国兴邦的最初愿望。在重庆读中学时，大后方风起云涌的抗日救亡运动和革命文化的传播，对刘诗白影响极大。他从高尔基、托尔斯泰等俄国作家的著作中受到进步思想的启迪；从鲁迅、郭沫若、茅盾、巴金等革命作家的大批文艺作品中反照中国的现实。当时，地处抗战后方的重庆，并非世外桃源。日本侵略军的飞机不时狂轰滥炸，山城弹痕累累，人们天天跑警报。尽管如此，刘诗白仍然坚持学习，他如饥似渴地阅读马克思主义哲学、政治经济学方面的著作。特别是在学习《资本论》的过程中，商品二重性、商品拜物教、剩余价值等理论引起刘诗白极大的兴趣，引导他步入经济学研究的神圣殿堂。

二

1942 年，刘诗白考入武汉大学经济系。当时著名的教育家王星拱担任武大校长，这位崇尚科学、民主的爱国知识分子、广揽饱学之士，实行民主办学，使武大名流荟萃，学术风气甚浓。如英国文学教授朱光潜、哲学教授张颐、俄文教授缪朗山和经济系教授陶因、资深学者杨端六、刘秉麟、彭迪先等。名师出高徒，在他们的指导下，刘诗白系统阅读了马克思的经济学著作，亚当·斯密的《国富论》、大卫·李嘉图的《政治经济学及赋税原理》、马歇尔的《经济学原理》等大批西方经济学原著。为师者，知识渊博、诲人不倦；求学者，谦虚好学、勤奋刻苦，刘诗白经常向彭迪先教授请教学习《资本论》中遇到的许多疑难问题，彭迪先教授知无不言、言无不尽。武大的四年学习生涯，为刘诗白以后从事经济理论研究打下了坚实基础。

1946 年，刘诗白武汉大学毕业，应彭迪先教授之邀，受聘于四川大学经济系，开始从事经济理论研究。1947 年，他翻译了英国马克思主义经济学家多布（M. Dobb）所著《资本主义发展之研究》一书，多布曾亲自为之作序。“小荷初露尖尖角”，作为当代资本主义经济学研究的开始，刘诗白以一部译著登堂入室，显示出他较高的理论视点。

三

1951 年，全国高校进行院系调整，刘诗白由四川大学调到成华大学（后来改组为四川财经学院，即西南财经大学前身）讲授政治经济学、外国经济史、当代西方经济学说等课程。1958年以前，他主要研究当代资本主义经济和社会主义经济问题。1958年以后，研究重心则主要集中于社会主义经济理论问题，积极参与国内经济理论界有关政治经济学研究对象、社会主义经济效果等问题的讨论。这些最初的探索，为刘诗白日后研究社会主义经济理论和体制改革奠定了基础。

“文化大革命”中，我国遭受了空前未有的厄运，刘诗白也被打成“反动学术权威”，背着黑牌扫了八个月的校园。他花费了许多心血写成的近20万字的《当代资本主义经济危机》书稿和多年从事教学科研的讲稿、笔记，被洗劫一空。从学术圣殿被迫流落到文化沙漠，历经折磨，但他并未气馁，当党的十一届三中全会召开，国家迎来春天的时候，刘诗白也满怀热情地迎来了他学术生涯的春天。1977年，刘诗白被借调到中国社会科学院经济研究所工作两年，参加由著名经济学家许涤新主编的我国第一部《政治经济学辞典》的编写工作。此后，他又参加了《中国大百科全书》经济学卷、《〈资本论〉辞典》等的编写工作。

四

20世纪80年代以来，刘诗白承担了大量的行政工作。繁忙的行政工作和社会活动，并未使刘诗白放松科学研究。近20年来，他一直致力于社会主义经济理论研究，提出了不少在经济学界颇有影响、具有独创性的见解。

1. 拓宽政治经济学研究范围

早在50年代，刘诗白就曾倡导拓宽政治经济学研究范围，提出了政治经济学的研究范围中应该包括生产力和上层建筑的某些方面，而不能像传统那样只研究生产关系的本质特征。在80年代，刘诗白进一步指出，社会主义政治经济学要把生产力发展运动的规律和经济运行机制纳入研究范围，要对社会主义经济运行中的具体经济问题进行深入研究和总结。90年代初，他把人民财富的最大增值、合理分配与优化使用作为社会主义政治经济学的基本内容，把人民财富上升为一种理论形态进行全方位的分析、归纳和科学概括，为革新社会主义政治经济学提出了一条重要思路。

2. 所有制“三性”论

所有制问题过去一直是我国理论研究的“禁区”，刘诗白却较早地打破禁区，提出社会主义所有制多元性的观点。早在1979年以前，他就提出社会主义全民所有制应该是“不完全的或不成熟的”的新观点，从理论上阐明了把统收统支、吃大锅饭的国营企业改造为自负盈亏的市场主体的必然性和合理性。这种观点，在当时是具有相当超前性的。

1981年，在成都召开的首次全国所有制理论讨论会上，刘诗白提出了社会主义社会所有制结构的多元性、所有制形式的多样性、公有制具体形式的多层次性的“三性”观点。当时他明确提出的这些论点，对20年后我国所有制形式发展作出了理论预言。

1985年，上海人民出版社出版了刘诗白的专著《社会主义所有制研究》。该书根据马克思主义关于所有制的一般理论和经典作家关于社会主义所有制的论述，结合我国改革实际，对社会主义公有制的内涵重新进行了理论论证。《学术月刊》

曾载文评价《社会主义所有制研究》“揭示了社会主义所有制运动的规律，并对一系列问题作了分析和回答”。

3. 社会主义市场经济理论

刘诗白是社会主义市场经济理论研究的先驱者。早在50年代末期，他就著文论证过人民公社必须发展商品生产，重视价值规律的作用。1979 年 4 月，在无锡召开的全国价值规律作用讨论会上，刘诗白提出“社会主义经济仍然带有市场经济性质”，是“崭新的社会主义市场经济”的论点。在当前，社会主义经济是计划经济的观念是牢不可破的信条，而刘诗白明确提出社会主义市场经济这一理论命题，这不仅具有深厚的理论功底，而且需要很大的勇气。此后我国市场化改革的实践，证明了刘诗白这一理论创新的预见性。

1983 年，刘诗白在《社会主义商品生产若干问题研究》一书中指出，社会主义现阶段不完全的社会公有制和全民所有制企业之间的利益差别性，是决定社会主义经济商品性的内在条件和依据。因而，社会主义要大力发展商品经济，尤其对中国这样一个从未经历过完全的资本主义商品经济化，在许多领域带有自给自足性质的国家来说，更是如此。

4. 产权主体论

1993 年，刘诗白出版了专著《产权新论》，1999 年又出版了《产权主体论》，这两部产权理论专著见解新颖，观点独到，为此，刘诗白被学术界称为中国三大产权理论流派之一的代表。

他很早就提出企业应该是独立的产权主体这一命题。他认为，国企改革未见成效的原因就在于国企产权制度改革的滞后。企业要成为市场主体，必须是产权主体，即必须拥有财产所有权或支配权，并能享有“产益”和承担“产责”。而我国传统的国家所有制企业没有真正面向市场所必需的责、权、利，当然就不可能真正自负盈亏和拥有市场主体的行为特征。因此，他主张从产权制度入手改革国有企业，强调改革公有制的实现形式，重塑微观经济主体，大力构建和有效利用产权主体多元化的股份公司制，明确认定这种混合所有制形式的公司制是我国企业改革的方向。

1999 年 5 月，八卷本的《刘诗白文集》隆重面世，成为我国经济理论界和出版界的盛事。这重达 5 公斤的学术著作，是一个为中国社会主义振兴而苦苦求索的经济学人的思维轨迹的展示，是刘诗白数十年来经济学研究的总结。

五

在以经济建设为核心，构建中国特色社会主义的新时期，以马克思关于科学生产力的理论为指导，结合当代科技进步的实际，阐明当代财富生产的机制和我国加快富民强国之途，是时代对经济学研究提出的一个崭新课题。

2002 年 6 月，刘诗白发表《论科学力》一文，阐述了作为“现代生产力的独立要素”的科学力及其科学向生产全面渗透的思想；2002 年 8 月，刘诗白又发表《论科学进步与科学劳动的性质》。他指出，当前的现代大生产既是物质产品大生产，也是精神产品，特别是科学产品大生产。在高科技经济中，科学成果的创造更加重要，已成为扩大再生产的前提条件；2003 年初，刘诗白在《社会财富及其源泉——使用价值形成论》一文中写道，依托科学力创造财富是人类进行财富创造的最高形式，也是财富创造效率最高的方式。在使用价值形成中，非劳动要素作用和贡献的增大及活劳动的作用、功能的缩减，并不意味着劳动创造使用价值命题的失效。该文被《光明日报》进行了重点介绍。

90 年代以来，刘诗白以理论经济学家广阔的视野，抓住“财富”这一基本的社会经济范畴，对现代财富的性质、结构、源泉和加快财富创造的经济体制和规律，特别是发达的市场经济和高科技条件下社会财富创造的新情况、新特点，进行了全方位、深层次的经济学、文化学、社会学和科学学的理论思考与探寻。2005 年 1 月，三联书店出版的《现代财富论》一书，可谓是对刘诗白近 10 年来对当代世界范围内高科技经济的发展及其对社会生产力的巨大推动作用、知识经济对我国社会经济发展及其人民生活方式带来的革命性变革、当代新科技革命对于现代市场经济体制及其运行机制的影响的敏锐观察的有力总结。

六

真正的学者，“寰宇尽在胸中”。刘诗白除了在国内卓然成家外，还积极参加国际学术交流活动，并在国际上享有声誉。1984 年，他赴美国考察，访问了美国 10 多所大学；1987 年赴澳大利亚和新西兰访问，并在澳大利亚的墨尔本大学、堪培拉大学和新西兰的维卡托大学讲学；1988 年应邀到美国哈佛大学、西北大学、田纳西大学、玛里塔学院及加拿大圣玛利学院等讲学；1996 年和 1997 年赴德国高等财经学院访问。他在这些大学所作关于中国经济体制改革问题的学术讲演，受到国外经济学界的好评。1992 年，他被美国传记中心编辑出版部授予顾问称号；“刘诗白”之名被列入美国传记研究所主编的《国际名人录》（1988）、《澳洲、亚洲、远东名人录》（1988 年第一版）和《世界名人录》（1998）等多种传记中。刘诗白作为中国经济学人的杰出代表，傲然伫立于世界知名经济学家之林。

拳拳爱国心

“国家兴亡、匹夫有责”。在祖国遭受帝国主义列强掠夺和新旧军阀与专制政府残酷蹂躏的时候，少年刘诗白没有“一心只读圣贤书”，而是关心国家兴亡，积极参加各种革命活动，将一腔爱国之心转化为实际的爱国行动。

在武大求学期间，刘诗白结识了许多进步人士和学生，他不仅认真地聆听彭迪先、杨东莼等一大批进步教授在各种论坛上宣传的革命理论，而且积极参加由中共南方局领导的进步学生组织“文谈社”（1943 年）。

在走上工作岗位后，刘诗白爱国之心不改。1947 年，参加四川大学进步团体“文学笔会”及其活动。1948 年，参加了革命群众反对成都军阀王陵基镇压学生运动的示威游行。1949 年春，成都一片白色恐怖，刘诗白发起和参加了地下进步青年组织“职业青年联合会”，并亲自为该会起草了宗旨：拥护中国共产党，实行新民主主义，迎接解放军。这一年 5 月，刘诗白加入了中国民主同盟，进行争取民主和迎接解放的革命活动。1946 年至 1949 年底，刘诗白在成都的住所——奎星楼街 10 号一直是川西地下党和进步人士的秘密聚会点。川西地下党人吕英、李安澜经常在此秘密集会，策划成都迎接解放的各种活动。

新中国成立以后，百废待兴，国家建设正式摆上日程。刘诗白满腔的爱国之心转化成对国家经济建设的关注，积极为国家的经济建设出谋划策。爱国的方式变了，爱国的热情却依然沸腾。

1985 年，他针对我国金融体制缺乏活力和资金分配吃大锅饭的诸多弊端，率先提出银行企业化改革的设想，业已成为我国金融体制改革的现实；在 1988 年全国人大七届一次会议上，他与蒋一苇等 43 名人大代表联合提出提案，建议加强中央银行独立执行货币政策权力，建立货币委员会，这一提案开拓了金融体制改革的思路，1995 年的《中华人民共和国人民银行法》采纳了该建议，制定了成立货币政策委员会的条款；针对 1989 年春市场销售疲软的状况，刘诗白在全国七届人大三次会议上提出“缓解市场疲软十策”的建议，该建议收到了较好的效果。《人民日报》全文刊登了这篇论述“十策”的书面发言。

国家，家国，国即家，家即国，二者浑然一体。作为生于斯，长于斯的四川人，刘诗白的拳拳爱国心又体现在他对家乡建设无比的关注上。1990 年，刘诗白和其他专家一起针对全国发展形势和四川省情提出了以抓重点带动全面的发展思路，该建议被四川省委、省政府采纳，形成和实行了“先抓一条线”的政策措施；1993 年 5 月，新当选的中共四川省委书记谢世杰冒雨来到西南财经大学光华园，与刘诗白就深化国有企业改革诸问题进行切磋。既而，刘诗白带领西南财经大学一大批优秀教师积极参与四川省国有企业改革工作，在省委（1993）27号文件，即国企改革“33”条的起草形成中作出了积极贡献，并担任了省委、省政府企业改革试点领导小组顾问和试点企业的省委联络员；1996年，四川行政区划调整，受省委、省政府委托，刘诗白带领调研组奔赴四川各地调研，提出了调整四川经济发展战略布局，构建大成都经济圈的思路，该思路也被省委、省政府采纳实施。

浓浓书法情

刘诗白拥有深厚的文化功底。他喜爱文学，在报刊上发表过新诗、小说、散文等文艺作品和《古诗十九首的研究》等论文。他对书法艺术更是情有独钟。翻开由启功先生题字，马识途先生作序的《刘诗白书法集》，一种娟秀与飘逸跃然眼前，那不拘一格、兴之所至的笔触，匠心独运而绰约动人，令人不能不为之倾倒。四川省作家协会主席、著名作家马识途评价刘诗白的书法是：“在临摹中国传统书法上下了工夫，他学艺的功底是深厚的，并且展露才华，能在这功底上力求自成一格，有所创造。”他老实地走着“由远而近，由近而远”的路子，“于有法中求无法”，兴尽而止，必务神秀，达到了一种较高的艺术境界。

刘诗白自己则评价说，在书法上，他还是一名小学生。他坦言道：“少年时代曾一度学习二王、颜、柳、欧、苏以及魏碑等，但大学学的是经济学，新中国建立以来长期从事经济教学、研究，尽管对书法的兴趣并未消失，在闲暇时也常常练笔，但并未花精力于斯道。”可在练习的过程中，他感悟到“书能写心，可以舒心、静心、修心”，因此，他感慨“对中国书法的学习，不只是专攻艺术的人们的事，而且，也是值得普遍提倡的事”。

一番感慨，几多浓情。刘诗白在用理性的语言解析和论述他的经济学思想的同时，又用形象化的书法语言向我们展示着他的人文情趣和审美理想。他用钢笔和毛笔谱写历史，使他的经济人生和书法人生一样绚丽辉煌！

此文载于：现代人才，2005（1）.

四川的探索最具影响力

——专访著名经济学家刘诗白

付敏　刘洋

10月13日下午，我们敲响了位于西南财经大学的刘诗白教授的家门，一位慈祥的老人为我们开门，他就是我们电话中预约的刘诗白，本刊在做“开放之路”的封面故事，就改革开放中的市场经济体制、所有制等问题采访了刘诗白教授。刘诗白是我国著名的老一辈经济学家，是我国较早提出社会主义所有制多元性的学者之一，并较早提出社会主义市场经济体制这一概念。

《读城》：刘老，您好，非常感谢您能接受我们的采访。我们都知道，您是我国著名的经济理论学家，在改革开放以来，对改变我国命运的一些重大经济理论活动和决策，您亲身参与其中，那么，我们想请问：实行改革开放多年以来，您认为对我国最具影响力的事件主要是哪些呢？

刘诗白：1978年以来，我国改革开放方向明确，步伐稳健，先行试点，然后全面推广，渐进式的发展，取得举世瞩目的感就。

改革开放 30 年来，最具影响力的事件，我认为，第一是 1978 年的十一届三中全会，这是决定中国命运的重要会议，在解放思想，实事求是的思想指导下，全面总结了新中国成立以来经济建设的经验教训，找出了国民经济发展中存在的根本问题和弊端，作出了实行改革开放的伟大决策。第二就是 1992 年小平同志的南方谈话和党的十四大，把建立社会主义市场经济体制作为改革的目标模式，从此，启动了 20 世纪 90 年代全国范围内的改革深化和攻坚战。第三是 2002 年党的十六大和此后新一届中央提出的科学发展，以人为本和谐社会建设，这些新理念正在引导新时期的发展和改革不断深化，健康发展。

《读城》：20 世纪 70 年代末，您提出市场经济这一概念，您是在什么基础上提出的这个概念呢？随着我国改革的深入，您认为我国市场经济体制还需要在哪些方面去改革和完善？

刘诗白：1979 年 10 月，邓小平提出了社会主义市场经济的崭新命题，并且对社会主义可以搞市场经济进行了深刻精要的论述，这是对“计划 = 社会主义”、“市场 = 资本主义”的传统理论的突破。我是在 1979 年 5 月的一篇文章中提出社会主义市场经济的概念，但是科学的社会主义市场经济命题最早的提出者和阐述者应该是邓小平。

我国现阶段社会主义市场经济体制只是初步建立。市场制度的许多方面都还没有到位，国有企业的现代公司组织、产权、责权利等体制和行为机制还没有建成，国有企业的活力还有待释放，企业改革还需向深层推进。结构调整，产业升级是当前的迫切任务。把技术落后、耗费能源、资源以及高污染的粗放型发展转化为科技含量高的发展，在根本上有赖于改革和体制创新。

改变农村和城市的二元结构，从根本上解决农村经济发展滞后和城乡收入差别不断扩大的问题，迫切需要推进农村改革。

《读城》：1980年8月，国家正式批准建立深圳经济特区，在中国改革开放的进程中，深圳经济特区一直发挥着“试验田”的作用，因为它是一个沿海城市，有着改革开放的较好环境。那么为什么会选择成渝作为城乡一体化的试点呢？

刘诗白：改革的经验就是先行试点，点上突破，然后全面推开。越是经济滞后的地区，“三农”问题越突出，因此在内地进行城乡综合改革试点就越有意义。1978年以来，敢撞敢干是四川的风貌和四川的优势，许多重大改革都曾在四川先行。比如：（1）1978年初，广汉市金鱼镇实行“分组作业，定产定工，超产奖励”，即“包产到组”的责任制，成为四川乃至全国第一个实施这种农业生产责任制的地方。随后才是安徽凤阳的“包产到户”责任制；（2）1980年6月18日，四川省广汉县向阳公社实行人民公社摘牌，在全国也是最早的；（3）城市国有企业改革，成渝两地有10多户企业试点，把“大锅饭”体制改为自负盈亏；（4）20世纪80年代末90年代初的四川股份制改革，走在全国前列。四川当时股改的企业在全国最多，单是乐山就有5家左右；（5）1993年，四川省委实行国有企业以产权制度为中心的改革，也称为33条，在全国发生了重要影响，体现了勇于改革探索的精神。

《读城》：20 世纪 80 年代，在成都召开的首次全国所有制理论讨论会上，您提出了社会主义社会所有制结构的多元性、所有制形式的多样性、公有制具体形式的多层次性的“三性”观点，引起了较大的社会反响。根据当时的情况，您是怎么提出的？

刘诗白：1981 年，中国社科院经济所召开的首次全国所有制理论讨论会在成都召开。所有制改革的核心是如何搞好公有制改革，使它与市场接轨。传统公有制是吃“大锅饭”的，它与市场不兼容，要发展社会主义市场经济就必须使公有制自负盈亏，成为真正的市场主体。当时国有企业已经在实行自负盈亏改革的探索，初步积累了实践经验，在推进企业联合中，国有企业组织经营管理形式都在变化，还出现了“国有+集体”的混合所有制的企业形式，实际上公有制已表现出多种具体形式，因此我提出和阐述了所有制具体形式和创新公有制具体形式的论题。我国的国有制改革，实质是改变和完善公有制的实现形式，并不是实行全盘私有化。

《读城》：目前，美国的金融危机已经进入了一个高潮，那么，对冲国的经济是否有影响呢？

刘诗白：在市场化全球化的大环境下，我国经济已经参与国际经济运行，国内经济运行也与世界经济运行互相牵连，美国和世界信贷金融危机的发展，无疑会对中国经济发生影响。

主要表现在这两个方面：一是出口减少，特别是美国是我国产品的重要市场，美国经济不景气会影响对美出口；二是我国金融机构持有的某些金融资产会受到国外市值变动的影响。但是，我国实行有效的宏观调控，国民经济既与世界相连，又能够独立自主运行，加之，外汇储备近3万亿美元，特别是2008年经济运行总体势态良好，明年仍可保持经济平稳增长。我们要高度重视和认真应对世界金融经济危机给我们带来的负效应，采取必要的措施，切实扩大内需，加大居民消费，促进经济增长，满怀信心地迎接挑战，继续保持我国经济发展的良好势头。

此文载于：读城，2008（11）.

积一生辛劳　绘辉煌篇章

——记著名经济学家、民盟四川省委名誉主委刘诗白

朱晶莹

1948 年的一天，成都还笼罩在天亮前最黑暗的肃杀气氛里，然而，在一座普通的私宅内，有一对青年和与他们同样年轻的朋友们正举起右手庄严地宣誓，决心加入中国民主同盟，为中国的民主、独立、自由、富强而奋斗。这对青年不是别人，就是现已年过 70 的民盟四川省委名誉主委、西南财经大学名誉校长刘诗白和他的夫人——西南财经大学经济系教授柴诚。

经济学家的人生注定与祖国的命运紧密相连。1925 年，刘诗白出生于重庆一个教育世家。其父是一位崇尚民主的爱国知识分子，其母工于诗词歌赋，生活在这样的家庭中，刘诗白从小就受到浓郁的文化熏陶。1937 年，抗日战争爆发，曾在上海读书的刘诗白随家人逃亡到重庆。耳闻目睹侵略者的野蛮行径，民艰国难深深刺激着他幼小的心灵，使他激荡起爱国的

思想热潮。他如饥似渴地捧读当时所能找到的进步书籍，如《母亲》、《战争与和平》、《呐喊》、《彷徨》……也就在这时，马克思的《资本论》、恩格斯的《家庭、私有财产和国家的起源》和列宁的《帝国主义论》，启蒙了他的思想。尤其是《资本论》，更是从此把他引入到经济学的殿堂，决定了他为之不懈奋斗的一生。

1942 年，刘诗白考入武汉大学经济系。这时，抗日战争的烽火硝烟已使武大不再宁静，刘诗白一边啃读大量的马克思主义著作和西方经济学原著，一边积极投身于各种进步组织的活动，并结识了彭迪先、杨东莼等一大批进步教授和学生。

1946 年，刘诗白从武汉大学毕业，应彭迪先教授之邀，来到四川大学经济系。在川大，他一边在系主任彭迪先的指导关怀下从事经济理论研究，翻译英国马克思主义经济学家多布(M. Dobb)所著《资本主义发展之研究》一书，以及多布亲自作的序，一边积极参加进步学生运动，加入了四川大学进步团体“文学笔会”。刘诗白不为成都一片白色恐怖所吓倒，反而在这时积极加入了中国民主同盟，并从 1946 年至 1949 年底，一直将自己的家——奎星楼街 10 号作为川西地下党和进步人士的秘密聚会点。他凭藉自己的父亲是国民党中央立法委员的身份，以此掩护中共地下党人和进步人士的革命活动。每当地下党人秘密接头时，他亲自为他们把门放哨。

新中国成立后，刘诗白可以全身心地投入到学术的海洋。1951 年，全国高校进行院系调整，刘诗白由四川大学调到成华大学讲授政治经济学、外国经济史、当代资产阶级经济学说等课程。这期间他主要研究的是当代资本主义经济问题。1958

年，人民公社成立。如何发展社会主义的生产力的问题提到了党和国家领导人的面前，这时，作为经济学者的刘诗白也将主要精力放到了对社会主义经济理论的研究上，并提出人民公社必须发展商品生产，重视价值规律，发展农村家庭副业等观点。与此同时，他还参与国内经济理论界关于政治经济学的研究对象和社会主义经济效果等问题的讨论。他曾在《论马克思列宁主义政治经济学的对象》一文中强调，社会主义政治经济学要把研究的范围拓宽，把生产力发展的规律和经济运行机制纳入其研究范围。要对社会主义经济运行中的具体经济问题进行深入研究和总结，以指导经济活动的实践。这篇发表在《经济研究》1961 年第 10 期上的文章，在当时即引起了国内外理论界的关注。1962 年刘诗白又在《江汉学刊》上发表了《关于社会主义经济效果》一文，从理论上较完整地阐述了讲求经济效果的重要意义，从而成为我国社会主义经济效益理论体系的先驱之作。由于他是当时学术论坛上的活跃分子，他被邀请参加了 1964 年全国哲学社会科学学部扩大会议，成为与会经济学家中最年轻的代表。在这次会议上，来自西南的刘诗白得以与大名鼎鼎的孙冶方、王亚南等经济学先辈同组讨论，深受他们的启发。1977 年，刘诗白被借调到中国社会科学院经济研究所工作，他参加了许涤新主编的我国第一部《政治经济学辞典》的编写工作，此后还参加了《中国大百科全书》的经济学卷、《〈资本论〉辞典》等的编写工作。

1979 年，党的十一届三中全会的召开，使我国迎来了经济体制改革和经济理论创新的新时代。这时，刘诗白的思想空前活跃。他发表在《经济研究》上的《试论经济改革与社会主义全民所有制的完善》一文，提出了社会主义“全民所有制”应该是“不完全的”新观点，从理论上论证了把统收统支、吃国家“大锅饭”的国营企业改造为实行自负盈亏的市场主体的必然性和合理性。这在当时是相当超前的。1981年，在成都召开的首次全国所有制理论讨论会上，刘诗白提出了社会主义社会所有制结构的多元性、所有制形式的多样性、公有制具体形式的多层次性的“三性”观点，引起了较大的社会反响。可以说“三性”观点对20年后我国所有制形式的变革作出了理论预言。1985年，他的专著《社会主义所有制结构》一书出版。

刘诗白还较早地对社会主义市场经济理论进行了研究。早在1979年4月，他就提出了“社会主义经济仍然带有市场经济性质”，是“崭新的社会主义市场经济”的论点。在当时，提出这样的理论命题，不仅需要深厚的理论功底，尤其需要有很大的理论勇气。事实证明了刘诗白这一理论创新的预见性。

1986年以来，刘诗白发表了一系列有关国有企业进行产权制度改革的论文，对过去理论界认为“离经叛道”的产权问题，进行了不懈的理论探索。他提出企业应该是独立的产权主体，种种改革措施未使企业真正活起来的原因，就是国有企业产权制度改革的滞后。他的观点在当时仍是超前的，他认为，经济学家要根据实践提出新的命题，而决不能只是“唯书”、“唯上”。

刘诗白主张理论研究要为经济建设和改革服务，他的许多对策建议屡屡为政府决策部门所采纳。1987年他率先提出的银行企业化改革的设想，业已成为我国金融体制改革的现实。

在 1988 年全国人大七届一次会议上，他与蒋一苇等 43 名人大代表联合提交议案，建议加强中央银行独立执行货币政策权力，建立货币委员会。这一议案曾在国内外引起强烈反响，它不仅开拓了金融体制改革的思路，而且有利于强化和改善宏观调控。1995 年，《中华人民共和国中国人民银行法》中有关成立货币委员会的条款，就采纳了当时议案的建议。1990 年全国七届人大三次会议上，刘诗白针对当时的实际，提出了“缓解市场疲软十策”的建议，被《人民日报》全文刊登。刘诗白始终十分关注国有企业的改革，亲自参加了四川省现代企业制度试点及 1993 年国有企业改革 33 条等重要文件的起草工作。1993 年省委书记冒雨登门拜访他，与他就四川经济发展战略和深化国有企业改革问题进行切磋，一时在巴蜀大地传为佳话。

从 1980 年起，刘诗白逐步走上领导岗位。1980 年成华大学改为四川财经学院，刘诗白担任副院长。1985 年财经学院改为西南财经大学，刘诗白担任校长。1988 年他被选为全国人大代表，1993 年他担任全国政协常委、四川省政协副主席、民盟四川省委常务副主委。1997 年，他虽然从行政领导岗位上退了下来，但他的科研并未从此终止，且成果日丰。1998 年 12 月，国家社会科学基金“九五”规划重点项目、由刘诗白主笔的《主体产权论》现已由经济科学出版社出版，填补了我国社会主义产权经济学的空白。1999 年 5 月，八卷本的《刘诗白文集》隆重面世。2000 年，他的《我国经济转轨期经济过剩运行研究》新著出版。2001 年以来，刘诗白还先后在《求是》、《经济学家》、《宏观经济研究》等权威刊物发表有关研究劳动价值理论的文章，研究科技创新劳动的性质以及有关科技创新劳动的报酬等问题。

刘诗白一家堪称经济学者之家，夫人、儿女都从事有关经济学方面的教学工作。他温和、儒雅而又平实的风格和他对盟务工作的关心，令盟内同志至今感念不忘，他在经济学研究领域的精深造诣，同样让人赞叹不已。

此文载于：四川统一战线，2003（4）.

与刘诗白教授
谈国有企业的产权制度改革

廖　彬

廖彬：国有企业改革已有十多年历史了，如今面临许多困难，您如何看待企业界的现状？

刘诗白：当前国有企业，特别是大中型企业，由于机制不活，面临许多困境，亏损较为严重，亏损面有 1/3，还有 1/3 潜亏，获得效益的只有 1/3，多数企业尚未活起来。而另一方面，非国有的城市集体企业、乡镇企业、个体企业、三资企业都获得迅速发展。1994 年国有工业产值增加 6.5%，包括国家控股企业增长 8%，而乡办企业增长 42%，其他经济成分（主要是三资企业）增长 42.2%。在 1994 年增加值中，国有企业仅占 15.2%，非国有企业占 84.8%。

目前国有企业已经呈逐步萎缩的趋势。1978 年国有企业占工业产值 80% 左右，1993 年退到 52.2%，1994 年再退到 43.7%。因此，我们必须正视客观现实，认真对待，谋求对策。

廖彬：如何才能扭转这种萎缩的趋势，真正把国有大中型企业搞活呢？

刘诗白：对于搞活国有大中型企业，我有以下几点思考。

第一点，应明确搞活的目标和方向。国有大中型企业改革的目标是建立现代企业制度。那么，什么是现代企业制度呢？就是要使企业成为以盈利极大化为目标，实行自主经营、自负盈亏、自行发展、自我约束的市场主体，和拥有自行支配的经营财产的产权主体，也就是说是一个真正的企业。应明确这一点，而不要在什么是现代企业制度，什么不是现代企业制度的概念上去纠缠。社会主义市场经济需要微观主体，这个主体是政府不干预的，自主营运的，对市场做出灵敏反应的，自我增长、自我增值的主体。

第二点，搞活国有企业要突出重点。国有企业搞活的重点是大中型企业要集中力量打攻坚战。今年的攻坚战，不能全面推进，要有舍有取，要腾出手脚来，集中精力财力，搞好骨干企业和支柱产业。这部分搞上去了，国有企业就活了。

对那些效益不好的小型国有企业，应实行转、租、卖等多种形式，中等国有企业要搞好嫁接、联姻，与乡镇企业、集体企业、个体企业、三资企业联合，从而实行多种所有制的联合，形成杂交的优势，这就是运用各种经济成分的力量把企业搞活。

第三点，搞活国有企业，要抓住一个重心。企业困难，原因是多方面的，比如资金紧，技术陈旧，产品过时，企业的组织不合理，管理很差，冗员负担等。我们就要分门别类，根据实际，它有啥问题，都要解决。对有些企业的债务负担、利息负担，就要通过一些方法，或“拨改贷”，或“贷改投”、“贷改股”。

搞活一个企业，一定要针对其具体问题。我曾到乐山考察过被四川省政府列为“全省二十二户建立现代企业制度试点企业”的乐山造纸厂，该厂目前面临的最大困境就是贷款几千万美元从国外购回的二手设备闲置，利息负担甚重。只有解决了这个厂的利息负担问题，企业才能活起来。

第四点，关于企业重组的问题。目前，许多企业的国有资产闲置，没有充分利用盘活存量。要使企业盘活存量，让国有资产保值增值，应走企业重组之路。企业重组是指企业联合、合并、兼并，通过各种形式把企业的组织结构优化，把历史包袱甩掉，让潜力发挥出来，形成优势互补、余缺调剂、存量盘活。

企业要搞活，如果全靠国家拿钱来解决它的利息负担、债务负担、冗员问题，是较为困难的，因此，我主张企业实行重组。关于重组，首先应发挥企业自我重组，其次才是国家给一些扶持。

国有的骨干企业，包括基础工作，国防设施、能源、航空、邮电等，这些产业应走国家投资扶持的路，并可在一定范围内由国家指导进行筹资；此外，涉及人民日常生活的公益型企业，如水、电、交通，则应实行国家控股。其余那些经营性的产业，竞争性的产业，不是关系国计民生的产业，应放手让企业重组。企业之间或参股、兼并、合并、收购股权，或者破产，通过产权流动化、交易化实现企业重组，从而形成优势互补。

廖彬：目前，许多企业都推行了股份制，实行了“工者有其股”，这样做是否会导致私有化？

刘诗白：目前实行股份制的企业，个人股仅占20%左右，而法人股和国家股则占80%左右，因此不会导致私有化。对这个问题，我们应正确的认识，不能把产权的多元化当做私有化。谁投资，谁受益，工者有其股这是符合社会主义的分配原则的。那些把整个产权都交给职工的小型企业，是股份合作制，不是私有化。股份合作制是全体职工都参加劳动，股权都有，多劳多得，实行按劳分配。

目前，农村推行的股份合作制，是一种新生事物，正处于试验阶段，它可以说是在坚持以社会主义公有制主体情况下，实行的多种所有制形式的一种新的探索。

廖彬：当前国有资产流失严重，您怎样看这个问题？

刘诗白：据国有资产管理局介绍，截至1993年末，我国国有资产总额（不含境外国有资产）34 950亿元，其中经营性国有资产占资产总量的74.5%；非经营性的国有资产8924亿元，占资产总量的25.5%。

现在，我国国有资产流失较为严重，据估计每天流失量为一个亿，主要渠道有几个方面：一是在办中外合资企业和对企业股份制改造时，对国有资产不评估或者低估；二是股份制企业，对国家股不配股，不分红；三是一些企事业单位部分国家资产没有入账，形成大量账外企业资产；四是在不规范的产权交易中，把国有资产廉价出售等等不一而足。对这个问题，我们的有关部门应引起高度重视，要规范化管理，建立一整套切实可行的，保证国有资产保值、增值的措施。

此文载于：改革，2005（3）.

专访著名经济学家刘诗白：提升企业竞争力是构建四川核心竞争力的根本

曾全红

在今年召开的九届全国人大五次会议上，朱镕基总理在《政府工作报告》中首次引入了“竞争力”这个概念；而“区域竞争力”、“国际竞争力”更是成为“两会”代表委员们使用频率很高的一个词。面对中国加入世贸组织后迎来的日益激烈的国际竞争环境，如何提高自身竞争力，发挥区域优势，已成为各级党政领导高度关注的问题。

四川作为西部大省，面对西部大开发的良好机遇，应该怎样培育核心竞争力，发挥竞争优势，真正成为西部的“龙头”省份呢，针对这个问题，本刊记者专访了著名经济学家、西南财经大学刘诗白教授。

记者：“十五”期间是我省建设经济强省的关键时期，如何抓住西部大开发机遇，全面提升四川社会经济竞争力，应是我省“十五”期间及今后一段时期经济工作的主题。因此，请问刘教授，对这个问题您有何见解？您认为四川企业的竞争力状况如何？

刘诗白：“竞争力”之所以成为一个重大的为人们所关注的问题，是因为当今世界经济已进入了激烈竞争阶段。一些国家有竞争力，经济增长就加快，国力增强；一些国家竞争力较弱，便出现了出口下降，外汇收入减少等问题。其实，这个名词在经济学里早已提及：市场经济就是竞争经济。20 世纪 90 年代初，面对国际经济竞争力加剧的状况，欧洲的洛桑管理学院开始对世界各国的竞争力进行排序。时至今日，这个排序仍被各国政府高度关注。20 世纪 90 年代初随着我国经济体制改革的深化，提出了让国有企业真正成为自主经营、自负盈亏、自我发展的经济主体，不再单纯靠政府输血。于是，企业的竞争力问题便凸现出来，并开始得到各方面的普遍重视。现阶段，我国加入 WTO 后，无论国有企业还是合资企业都将面临国际、国内的双重竞争，竞争程度明显加剧了。因此，朱镕基总理在今年的人代会上强调竞争力的问题，也是在这样的新形势下提出的。

中国加入 WTO 以后，世界 500 强企业必将大举进入，中国企业面对强大的竞争对手，拿什么来应对？只有依靠提升竞争力来迎接挑战！对于四川来讲，这个问题就显得更为重要。四川经济一直存在一个竞争劣势，即：国有企业较多，国有经济的比重一直偏高，那些 50 年代建立起来的军工企业由于受体制限制，更是不能适应市场经济形势，企业普遍竞争力很薄弱，有的甚至没有。四川经济在多年的运行中出现的省际贸易逆差，许多年前即达 200 亿元左右，现在应在 300 亿元以上了。这说明“四川造”产品占有的市场份额越来越少，沿海等地的产品占有的市场份额越来越大，且无论轻工产品还是生产资料、消费资料等均如此。我们在成都的丝绸商店里，看不到南充这个四川丝绸之乡的产品，四川的丝绸产品比不上浙江的；电冰箱、空调器等比不上广东的。四川企业的产品卖不出去，企业就必然亏损，进而难以支撑。为什么四川的支柱产业形成得慢，难以成为真正的支柱，企业做不大，就因为四川除了烟、酒和一个长虹外，几乎没有什么其他品牌，所以，竞争力问题对于四川来讲是一个关键问题。

近两年，四川经济快速增长，每年均保持了比全国高一个百分点的增长速度。而在“十五”期间要想保持这样的增长速度，企业增产是必不可少的保证。但是，现在的市场是过剩经济，无论什么商品都面临强大的竞争，即使是优势产品也不例外：长虹电视机与海尔、TCL、康佳等品牌的竞争已到了如火如荼的阶段，现在只占有 50% 的市场份领。可见，优势企业、当家产品同样要以不断的技术创新来提高竞争力。

中药产业在四川算是一个做出了一定成绩的产业，像成都的地奥制药，每年产值十多个亿。但也同样面对来自全国各地的竞争，如哈尔滨、石家庄、柳州、广东等地。中药行业虽然没有国际上的直接敌手，但却要面对国内某些中小药厂的不规范竞争，他们用不规范的手段在市场上低价倾销，使得规范经营的大厂反而在销售上遇到麻烦。因此，不仅在困难中、改制中、重组中的大批企业要看到竞争力的问题，强势企业也同样要看到竞争力的问题，我在许多场合曾多次讲到竞争力，四川经济增长要把提升竞争力作为一个关键问题来抓，千万不能自我感觉良好，市场竞争是无情的。

提升竞争力，尤其不能搞短期行为。比如：只注重销售，而不在生产新产品、技术改造、降低成本上下工夫；只看重“堆头”，即片面强调库存多，盲目地扩大，盲目地发展。这些都是要不得的。经济发展量的增大必须建立在质的提高上，强调质，就是要强调竞争力。不能说一个企业今年销售收入、税利等增加了，竞争力就增强了，而是要看技术改造是否上了档次，有无新产品推出！四川经济最大的困难就是企业竞争力弱，产品陈旧，技术含量低，成本还下不来，所以，要千方百计地增强四川企业的竞争力。

记者：从区域竞争力来讲，四川要全面提高社会经济的竞争力，就必须构建自己的核心竞争力。请问您认为四川形成核心竞争力的关键是什么？

刘诗白：区城竞争力是一个宏观的、中观的概念，对于一个国家，一个省来讲就是指其总体竞争力。这种总体竞争力要得以形成，就必须具体落实在企业竞争力上。只有在一定区域内形成一大批有竞争力的优势企业，拿出市场公认的优势产品，占有高比例的市场份额，才能提升该区城的竞争力，并逐步形成核心竞争力。因此，提升企业竞争力是四川构建核心竞争力的关键，也是根本。

记者：那么，现阶段我省应采取哪些措施来提升四川企业的竞争力呢？

刘诗白：四川的国有企业能不能形成有竞争力的大企业，非国有企业能不能形成有竞争力的中小企业？

第一，也是最关键的一条，就是要看企业改制是否到位，体制是否有活力。四川有一些在全国都有名的重点大厂，资产和设备实力并不差，科研人员也大量聚集，且具有若干年的生产经验，为什么就生产不出有竞争力的产品来呢？这就是企业制度的问题，没有形成有活力的体制。四川的上市公司也不例外，必须要向规范的公司制度迈进，摆脱政府干预，落实经营自主权；要建立激励机制，使经营者和企业有利益上的对等关系；要建立约束机制，经营者不能取代所有者。目前，四川企业竞争力上不去的主要原因是制度问题，表现在所有制领域即是国有经济成分太高，致使体制的活力发挥不出来，企业缺乏真正的生气勃勃的不断创新的精神。

第二，企业竞争力的提升要落实在技术上。当今国际上的技术进步已到了 IT 时代，传统的工业经济要看到其技术上的约束：虽然设备数量巨大，但实际上已不适应生产这种产品的需要。因此，加大生产工艺的技术改造，增强产品的技术含量是核心的问题。例如，在打科技含量战的背景下，原来作坊式的、小而散的中药厂，其手工艺般的技术不可能有竞争力。四川中药产业必须要有现代化的观念，设备要更新，现代制药的制造、蒸馏、提炼的工艺要用，技术上要使用高科技，并不断地进行科技创新，才能形成持续的竞争力。技术创新不是短时的，要想到五至十年后的趋势，要有预见性，并且要不断地更新。

第三，四川企业要注重发挥自身优势。企业一定要正确定位，要搞自已有优势的，别人没有的东西。而四川各地也要从实际出发，发挥各自的资源优势，如攀西地区，可利用其水力、有色金属、稀土、铜冶炼等优势，以及亚热带农作物生产的优势。发挥资源优势其实就是要形成有优势的产业，把自己的优势用够。区域经济就是特色经济，就是要搞人无我有，不片面地一哄而起，这方面四川还是有潜力的。

第四，企业优势竞争力的形成要靠人。很多时候，一个企业没有把握好一些机遇，其实并不是没有力量，而是没有正确的决策。因此，形成竞争力要有科学的决策，要能够预见市场，及时调整产品结构，采取正确的生产发展和营销战略；要善于组织企业内部的力量，挖掘内在潜力。精明的 CEO 对一个企业是十分重要的，他能使企业解困。所以，形成竞争力，必须要有强人，即经营管理方面的专家。而企业经营管理其实就是一个组织问题，人、财、物，产、供、销，看你怎么组织，如果组织不好，再强的企业也要出问题。为此，我们必须明确，由干竞争时代市场的不确定性空前增大，导致企业经营风险也非常高，其不确定性也迅速增高，这时候企业有无精明的管理人才就显得十分关键。沿海和内陆企业之间其实并不是物质上差多少，而是在经营观念上，思想创新上，内陆的经营层和沿海的有差距。可见，企业经营层素质的提高，也是企业形成竞争力的重要方面。

综上所述，（1）企业形成竞争力，解决制度活力是关键。目前要把发挥体制活力放在优先地位，不应该离开制度创新而谈技术改造、结构调整，多年的经验告诉我们，制度搞不好，其他一切照样不行。（2）面对世界 500 强的激烈竞争，企业产品科技含量要提高，科技差距不缩短，谈不上竞争力。（3）人才是关键。现在是智力的时代，人力资本的时代，竞争力就是知识力。而在人力资本的素质中，具有决定性的是经营者的素质，企业经营失败，大多是因为决策失误。例如，该抓技改未抓，该调整结构未调整，却进行低水平的重复；该改善财务状况却去贷款背债务，这些都是知识力不够所致。许多企业陷入困境，就是人才素质不够，人力队伍未进行科学管理，人才素质未提升。（4）要发挥自身优势，充分利用优势资源，生产成本最低、市场需求最大的产品，形成有持续竞争力的企业。

记者：在我省的“十五”规划中，提出了要发展六大支柱产业的决策。那么，您认为四川有竞争优势的产业有哪些，应该怎样和支柱产业相结合呢？

刘诗白：四川境内的世界自然、人文遗产全国最多，所以，旅游是四川的一项优势产业。旅游是带有垄断性、不可替代、不能重复生产的资源。比如经营九寨沟，就是一项四川的自然垄断，别人是无法来经营的，因此，搞好了就很有竞争力。但是，目前在全国范围来看，四川旅游真正的竞争优势还没有确立起来，市场还未真正利用起来。旅游资源旺季利用得好一些，而平常的大段时间并没有让大家占有，很不划算。这主要是因为交通的问题还未解决，出现了滞后现象。另外，四川是农业大省，在农产品生产上有一定优势，但农产品的加工能力却亟待提高。我省猪皮年产几百万张，皮革资源十分丰富，这个领域的加工很有潜力，但也必须拥有类似于意大利先进制革工艺的技术，涌现善于生产，产品买得出去的企业，才能在这方面真正形成优势。

支柱产业能不能和优势产业相结合，成为真正具有竞争力的经济支柱，关键要看能不能占领市场，在经济总量中是否占有相当份额。主观地把某个行业定为支柱产业是不行的，支柱产业要由其竞争力来考验，如果没有竞争力，定其为支柱也不能成为支柱，因此，形成支柱产业要把竞争力放在首位。并不是销售总额多，达到几十亿甚至上百亿的大企业就应该成为支柱，如果其竞争力不够，照样难以长久保持现在的局面。被我省列为支柱产业的IT产业、电子信息产业、制约产业等，如果没有竞争力，照样不能成为经济支柱，且现在的地位也难以确保。

形成企业竞争力，从政府的角度来讲，就是要引导和支持企业不断重组，没有前途的产品不搞，没有竞争力的项目不上。现阶段，四川很多地区的企业比较困难，那就要适应市场进行大调整，只有死一大批，才能有一小批活起来，这一小批企业也才有可能成大；如果不下决心死一大批，它就会占有资金、资源、人才，反而影响全局，让大家都上不去，所以，只有对企业进行大的结构调整才能形成竞争力，不调整就没有竞争力，我们许多地方调整的深度还远远不够。

此外，我们还应看到，在新的市场竞争条件下形成区域竞争力，必须要进行新陈代谢，扶持新的经济增长点，并推动它的发展。为此，政府要作推进、引导的工作，而且在此过程中思路要清晰，要推动有竞争力的发展。以往我们讲推动国有企业发展，后来又讲推动大企业的发展，这些都是在原有的老企业上下工夫；而事实上，真正有竞争力的往往是新兴企业、中小企业。地奥制药最初是很小的企业，无法和成都的制药一厂、二厂相比，但它去年的产值却达到了几十个亿，这就充分说明，只要体制有活力，小企业也能迅速变成大企业。又比如绵阳的新华机械厂，一个小厂通过与上海企业的重组，今年一季度销售收入达到了一个亿。还有像通汇、恩威等，刚开始也都是小小的厂，但三五年的发展却超过了某些大企业十年、二十年的发展。因此，竞争力是由市场来检验的，不能主观制定什么规划、什么措施了事。企业的竞争力和它的总资产多少即所谓实力是两回事，一个小企业利用资本市场也许会长得更快。托普集团，才几年便取得了较好的成绩便是一个明证。所以说，在当今这样一个创新的时代，只有新的经济增长点才能成为一个地区真正的经济支柱，并且它还要随时接受市场的检验，也只有经得起市场检验的，才能称其为有竞争力的优势产业。

记者：谢谢刘教授！

此文载于：四川省情，2002（5）.

探寻宏观调控新机制

董瑞生　方立新

在治理整顿、全面深化改革的今天，怎样建立一个宏观调控机制，才能使得政府管理经济放而不乱、管而不死？七届全国人大代表、西南财经大学校长、经济学教授刘诗白日前在接受记者采访时说——

诊治宏观失控需寻找新方法

记者：我国经济体制改革的目标是建立“政府调节市场、市场引导企业”的新的经济运行机制，在向这个目标推进的过程中，妥善处理宏观调控与微观搞活的关来，成为政府管理经济的一大难题。放活企业易出现经济失控、经济过热、通货膨胀；而一旦实施紧缩政策，又容易出现“管死”、“停滞”，影响经济发展。您看产生这个问题的症结在哪里？

刘诗白：十年改革，成绩巨大。但是改革不是一帆风顺而是经历了曲折，曾几度发生经济过热，然后是调整，出现了放活——失控——紧缩的循环。这种状况的产生，有体制上的原因：在新旧体制转换时期，旧的控制手段削弱了，新的控制手段一时还未形成，因而需求膨胀难以完全避免；但也有主观上的原因：这就是工作指导上的急于求成，在发展中追求高速度，在对企业实行放活中，未能充分注意综合配套，加紧宏观调控体系的构建，把微观“放活”和宏观“管住”结合起来。

记者：许多经济学家都主张把微观放活和宏观管住结合起来，认为这是现实的迫切需要。可怎样才能做到这一点呢？

刘诗白：关键在于建立起适合于社会主义商品经济的宏观调控体系。目前，迫切需要探索和使用宏观调控的新方法。为了压住猛烈的需求膨胀，采用行政手段“切一刀”，迫使经济降温，是必要的选择，但从根本上、从长远来看，行政手段并不能解决经济失控的问题，只能解决燃眉之急。因为，实行商品经济必须搞活微观，赋予企业以自主经营权，让企业适应市场状况而发挥自主性与首创性，这就要实行市场调节。国家应通过调控市场手段，来引导企业，而不能采用行政手段、指令性计划。即使在目前，企业已实行承包和自主经营的情况下，行政手段的作用也不能估计过高。不分效益好坏、“一刀切”地紧缩信贷，其副作用越来越明显，它不利于产业结构的优化和有效供给的增加。可见，如果只停留在使用旧的一套控制与紧缩方法上，不能达到治理整顿的预期目标。

记者：紧缩和调整本来应扶优汰劣，优化结构，限制那些严重浪费原材料、资源而效益低下的企业，但现在看来，由于行政控制很难摆脱人为因素和地方本位主义的影响，一些效益差的企业特别是乡镇企业可以被地方保住。这是治理整顿中不可忽视的问题。

刘诗白：对。有关部门的统计资料表明，今年头两个月全国工业发展速度回落，但乡镇企业回落的幅度较小。1~2月全民企业增长速度为8%，而乡镇企业仍以超过20%的速度在发展。这表明，由于现行的财政分灶吃饭和包干体制，各级地方政府与企业存在着共同利益关系，行政手段的使用，往往会服务于地方财政收入，从而在调整产业结构中会产生保护地方利益、保护那些低效多耗企业的行为。这个问题是我们当前治理整顿中遇到的最大阻力，迫切需要我们认真清理思路，探寻新的调控方法来加以解决。

把好金融的闸门

记者：人们认为，在各种经济手段中，控制货币发行和信贷规模的金融调控，是使过热的经济降温和控制物价上涨趋势的最重要手段。当前，强化金融调控应如何进行？

刘诗白：当前迫切需要加强金融的宏观调控，特别要发挥中央银行的调控职能，把好货币信贷这个“大闸门”。使用行政手段，对信贷规模实行指令性计划的控制，这在目前是必要的，但还不够。金融调控，也必须充分使用经济手段。利率是金融调控的重要杠杆，根据世界各国和一些地区的经验，要有效地抑制需求膨胀，降低和稳定物价，不很好地利用利率杠杆是难以奏效的。第二次世界大战后，韩国和我国的台湾省为抑制急剧的通货膨胀，都曾把利率提高到40%~50%，起到了非常积极的作用。利率具有吸引存款和排斥贷款的双重职能，提高利率不仅可以吸引流通中的货币，防止储蓄滑坡和挤兑，而且可以有效地抑制企业贷款冲动，扶优汰劣，对产业结构的优化起着重要的积极作用。因而，利率能否成为金融调控的有力杠杆，是中央银行调控机制是否完善的标志，也是宏观调控体系是否有效的标志。

记者：运用利率手段，在我国刚刚开始，今年2月人民银行调高了存贷款利率三个百分点，已初见成效。为此还应在哪些方面进一步完善提高？

刘诗白：依我看，利率上调的幅度还小，吸引存款和抑制贷款的作用都还不大。特别是在当前存在着利率低于物价上涨速度的“负利率”的不正常现象，“负利率”的本性必然是对存款的排斥和对贷款的刺激。人们已经看到去年我国物价大幅度上涨时的“负利率”，导致全国性的储蓄大滑坡。特别是“负利率”促使信贷膨胀，企业贷款越多也就意味着获得国家的补贴越多。因此企业并不急于改进经营管理，加速资金周转，节约资金使用额，而是力争多贷款。所以“负利率”起不了发挥择优汰劣的作用。

记者：这些问题已被越来越多地注意到了，最近公布的《国务院关于我国产业政策要点的决定》，明确了扶优限劣的政策，这对调整信贷结构，利用和发挥利率杠杆的作用是有利的。但在金融市场尚不发育、企业改革还不彻底的情况下，运用利率杠杆调节经济是否能真正奏效呢？

刘诗白：当前我国利率杠杆对经济调控作用的发挥，受到诸多因素的制约。

第一，金融市场发育不全，例如拆借市场十分薄弱，债券市场仅在个别城市刚刚建立，股票市场尚在酝酿之中。金融市场发育不充分，市场机制就难以形成，利率对经济调节作用就难以充分发挥。

第二，利率杠杆作用的强化，必须以企业拥有活力和消化能力为前提。我国当前企业效益差，平均利润率较低，难以承担更高的贷款成本，这是在调高利率、运用利率杠杆时遇到的重大障碍。

第三，企业改革未能到位，是中央银行经济手段调控功能难以加强的重要原因。目前企业实行软预算约束，企业有财政资金为其后盾，地方政府基于增加财政收入的考虑，对企业慈父般厚爱，企业有恃无恐，并不能抑制住它的投资饥渴。

记者：*这是否意味着，要运用真正有效的宏观调控新方法，必须在治理整顿中进行必要的配套改革？*

刘诗白：是的。要运用新的调控方法，当前要抓紧进行这几方面的配套改革：首先，要积极稳妥地推进金融体制的改革，包括积极推进和发展金融资产的转让、推进债券市场化、探索股票转让等；其次，必须大力加强和改进企业经营管理，特别是通过改革，增强众业内部消化贷款成本即高利率的能力，这样即使更多地调高利率，也不致影响多数企业的还费能力和利润水平；最后，必须把企业改革作为当前深化改革的突破口，不仅要进一步在国营企业中推进和完善承包制，而且要积极稳步地推进股份制的实验，加快企业产权的界定、落实和转让工作，使企业真正成为独立自主、自负盈亏的商品生产者和经营者。

更多地使用经济和法律手段

记者：在搞好金融调控的同时，还需要采取哪些其他的手段？

刘诗白：财政、税收、价格都是主要的经济调节手段，还有法律手段。当前为控制物价涨势过大，打击流通领域中的官倒私倒，采取了一些行政手段，像实行化肥、地膜、农药等农业生产资料的专营，对粮食流通加以限制等，实际上也是动用的行政手段。这些办法在短期内可以见效，但从长远看，其副作用很多，尤其在产品短缺的情况下，各省各地区要采用行政手段设关卡，不让自己产品外流。这对发展商品经济、建立统一的商品市场是不利的，甚至还会起到阻碍的作用。所以管好流通也要采用经济手段。

记者：怎样使用价格、财政、税收及法律手段作好疏导工作，您能否具体谈谈？

刘诗白：首先要通过价格调整来抑制总需求。抑制消费需求，要强化税收杠杆。可以考虑对一批高档消费品征收高额消费税，以抑制一些高档消费品生产和消费。大力搞好对个人收入调节税的征收，以抑制一部分过高收入者的过度消费。此外，要实行住房商品化，吸引居民购买力。金融市场要继续开放，不仅要有短期拆借市场，而且要积极开拓债券市场，探索股票交易化的途径，以鼓励人们购买债券、股票的投资行为，使职工具有消费者和投资者的双重身份，从而弱化消费冲动，减轻对消费品市场的压力。

抑制通货膨胀，要利用财政手段，探索抑制地方政府投资冲动的方法。当前普遍实行的财政分灶吃饭一时难以取消，在这种情况下，要完善目前的财政包干体制，研究完善包干方法，保证地方日常财政支出，适当压缩不必要的投资支出。政府财政支出主要用于改善基础设施、发展教育、科技、文化事业，进一步实行投资主体的转换。

法律手段是经济手段实施的保证。该负法律责任的一定要予以追究，该受惩罚的一定要惩罚。这些再也不能停留在口头上，必须真正依法办事，无法可依与有法不依的现象再持续下去不得了。

总之，我国经济体制改革的中心问题在于搞活经济，放活企业，要在宏观调控的前提下充分发挥企业的积极性。因而，在当前治理整顿中，我们应该建立一个既使用行政手段、又充分利用经济手段的宏观调控体系，在宏观“管住”下把微观“放活”，使企业真正能自主经营、自负盈亏，生气勃勃地运行，而又不发生总体失控。这是一个艰难的课题，但也是中国经济体制改革成功的希望之所在。